# MUCHAS GRACIAS POR ADQUIRIR Y RECOMENDAR ESTE LIBRO.

Sé que será una gran herramienta para ti y que verás resultados efectivos si lo haces diario y lo tienes a la mano para mantenerte enfocado, realizando las tareas diarias que te acercarán a las metas mensuales y trimestrales.

Es muy probable que copies este libro o se lo pases a quien sea. Claramente yo agradecería que no lo hicieras y en vez de ello los mandaras a que me conocieran en www.yoDiegoSalama.com.

De todas formas tengo que poner los siguientes legales:

# ¿Eres de los que deja las cosas para después?

---

Dejar las cosas para después, *procrastinar* o postergar es uno de los mayores ladrones del tiempo que existen porque sin darte cuenta te han estado quitando tiempo valioso de tu vida al mantenerte preocupado por algo. Por más que te digas: ***pero es que pensar en lo que no he hecho sólo dura unos segundos***, estos se suman y multiplican, hasta que se vuelven valores exponenciales. A lo largo de tu vida, sin darte cuenta, vas **perdiendo tiempo valioso**.

Postergar hace que dejes de ser efectivo en tus actividades, tener problemas con personas que amas y hasta sentirte mal contigo mismo.

*¿Cuántas veces ha sentido angustia porque sabes que tienes que hacer algo y no lo haces?*

*¿Cuántas veces te recriminas por no haber hecho eso que dijiste que ibas a hacer la semana pasada?*

Hoy sabemos que dejar las cosas para después afecta tus relaciones y está correlacionado con tener mala salud. En el peor de los casos hipertensión y enfermedades cardiovasculares (Sirois, 2015). Esto debido a:

1. **El estrés** que genera el saber que se acerca la fecha de entrega de la actividad y qué hay esa sensación **de que no te va a dar tiempo de terminar.**
2. Cuando te acuerdas que quieres hacer algo y, aunque no haya una fecha determinada, **te sientes mal contigo por no empezar** o adelantar aquello que quieres hacer.

3. O cuando **te da impotencia el saber que no hiciste algo a tiempo** por haberlo *procrastinado* y ya no poder dar marcha atrás.

La buena noticia es que existen estrategias que te permiten cambiar para eliminar este problema y que yo te voy a enseñar en un momento. Hay gente que dice que dejar las cosas para después es un problema que va más allá del manejo del tiempo. El hecho de que tú quieras empezar, continuar o terminar algo y lo dejes para después significa que **hay emociones que afectan directamente a este problema**.

Hoy ya se considera que **dejar las cosas para después está directamente ligado al manejo de las emociones**. Mientras le pongas *emociones negativas* a la actividad que tienes que hacer, *vas a buscar evitarla* aunque intentes resistirte a ello. Esto no es sino una forma de sobrellevar la situación *para beneficios de tu presente.*

*El acto de evitar hacer el avance a la actividad, proyecto o deseo, es una forma de reparar en el corto plazo el sentido emocional dañino que te generas al pensar en la actividad misma.*

Lo malo es que esto sólo funciona en el corto plazo porque en el largo plazo sabes que **igual vas a tener que hacer dicha actividad**, pero **será con menos tiempo** y **más estrés**. Lo cual traerá **mayor angustia, frustración, aburrimiento y resentimiento** debido a que no la hiciste a tiempo y por lo tanto, también va a haber una **sensación constante** entre ese corto plazo y esa fecha antes de realizar la actividad de que **hay algo que no está terminado**.

# La Gran Batalla

Existe una batalla entre dos momentos de tu ser. **El corto plazo y el largo plazo**.

En el largo plazo está esa parte tuya que eventualmente se va a enfrentar a la actividad en cuestión. Es la parte que va a recibir el peso de la presión del tiempo, el **odio** por no ponerse a hacer la actividad con tiempo y el **estrés** de que tienes que terminarla. Esta parte sabe que *es necesario hacerlo ahora* y que podrías haber evitado perder tiempo. Esa parte le quiere poner *orden con urgencia* cuando no hay urgencia, precisamente para *evitar el dolor futuro*.

Pero **hay otra parte** tuya que no quiere esto. Que, de hecho, **humilla a la otra parte**, por decirle de una forma. Esta parte es la que ve el corto plazo.

*Necesitas del presente para predecir el futuro*

O al menos, el cómo te vas a sentir en el futuro. Cuando me piden ejemplos para este tipo de situaciones, me enfoco principalmente en este:

Si vas a un restaurante y comes ensalada o pan antes del platillo principal, seguramente comerás menos después y puede que no llegues al postre.

*El presente, determina y predice al futuro*

Según el profesor Gilbert de Harvard University, cuando dejas las cosas para después, *sientes alivio al no tener que enfrentar en este momento*, aquella actividad a la que le asociamos **sentimientos negativos**. Por eso prefieres dejarlo para después. Así no tienes que enfrentar eso que es **desagradable**.

Mejor, te dedicas a hacer algo más agradable. Sentirte bien en el momento. También conocido como **gratificación inmediata** que sólo puede suceder en el presente (por eso se llama inmediata).

Como te quieres sentir mejor inmediatamente, con total seguridad y confianza te dices **"mejor lo hago mañana"**, aunque tu parte que ve hacia el futuro, no le parece buena idea y comienza esta *Gran batalla*. Como generalmente gana el sentir placer inmediato contra el evitar dolor futuro, después te sientes mal por haberlo dejado para otro momento.

*El sentir placer inmediato le gana al dolor del futuro.*

El profesor Hershfield ya lo ha estudiado mucho y dice que cuando procesas información sobre tu futuro, tu cerebro actúa de forma irracional porque es exactamente igual que cuando procesas información de una persona extraña.

*No te importa realmente tu parte que piensa en el futuro.*
*Más bien, te importa tu presente.*

Lo malo es que **luego sientes culpa y vergüenza** por haber dejado las cosas para después y a veces **las consecuencias pueden ser muy negativas** para ti. Lo digo de propia experiencia.

Siempre supe que mi camino era ayudar a otros a cerrar asuntos pendientes en sus vidas. Es algo que ha estado dentro de mí desde que era niño. Crecí sabiendo mucho sobre las personas y sus vidas porque mis amigos me invitaban a sus casas o a comer con ellos solo para poder contarme sus historias de vida y recibir consejos míos. Mis padres han sido terapeutas desde que tengo memoria, así que me crié en este mundo.

Sin embargo no tuve las agallas para estudiar psicología cuando entré a la universidad, quería ser actor de teatro o presentador de radio/televisión. Y así pasaron mis años universitarios, chocando con callejones sin salida sobre la vida, porque sabía que, aunque estudié mucho sobre la comunicación humana, no me involucré nunca de lleno. Estaba en una industria que no era para mí.

Fue entonces que un día que estaba en el veterinario con mi mascota que estaba muy deprimida, esperando a que nos atendieran, que recibí una llamada de mamá que me informa de un accidente. Mi papá acababa de ser atropellado por un carro, no sabían cómo estaba y creían que posiblemente no lograría sobrevivir la noche. Lo habían llevado a la Cruz Roja.

Todo tipo de pensamientos pasaron por mi cabeza. Sentía muchísima culpa y vergüenza de que no hubiese aprendido todo lo que mi papá sabía sobre la Psicoterapia Gestalt y que quizá ya se me había pasado el tiempo. Si él hubiera muerto, habría recibido las peores consecuencias que la vida podría haberme arrojado.

*Quizás, sólo cuando la vida te oprime lo suficiente, cuando nos odiamos a nosotros mismos por algo, es cuando decidimos cambiar.*

En mi caso, al menos, así fue. Entonces decidí dejar de postergar mi pasión. Dejar de pensar que mi camino no debía ser transitado por mí mismo… imagínate que terrible pensamiento agresivo tenía sobre mí. Empecé a actuar pero, debido a mis conocimientos de la comunicación humana y del uso de la tecnología, decidí documentar mi proceso y fue así como *descubrí cómo vencer* estos pensamientos de **dejar las cosas para después**. Y es que efectivamente me di cuenta de que es un asunto de *regulación de emociones*, de *obtener resultados en el corto plazo* y de *no ser racional*,

*¿Qué puedes hacer para vencer la postergación? Esto fue lo que descubrí y ahora te digo cómo lo puedes hacer tú.*

# Regular tus emociones

Primero que nada, regula tus emociones. Para poder hacer esto es necesario que primero estés alerta de cuáles emociones están apareciendo cuando te propones hacer algo y no lo haces, para luego apoyarte en el momento en el que experimentamos emociones negativas. Esto te permite ser flexible y lo mejor del caso es que efectivamente es algo que todos pueden aprender.

*Una vez que eres capaz de regular tus emociones, te darás cuenta que empiezas a reducir el postergar lo que tienes que hacer.*

Para ello te sugiero responder las siguientes preguntas sobre las emociones que sientes en este momento:

1. ¿Qué emoción siento?

2. ¿Por qué la siento de esa forma?

3. ¿Qué tanto acepto mi emoción?

4. ¿Siento que puedo sobrellevar esta emoción negativa?

5. ¿Soy capaz de influenciar o cambiar mi emoción negativa?

Si la respuesta es clara y positiva en todas ellas, entonces tienes una capacidad elevada que te permite regular tus emociones más fácilmente. Mientras más capacidad tengas para modificar las emociones negativas, mayor será la capacidad de hacer las actividades cuando quieras y no postergarlas.

# Obtener resultados fáciles en el corto plazo

Muchas intenciones, o sub actividades de la actividad mayor son muy genéricas y sin trasfondo, por lo que no generan motivación alguna. Una estrategia efectiva para lograr ganarle a la postergación es tener intenciones más efectivas.

De acuerdo con Gollwitzer, docente de la universidad de New York, si estableces intenciones claras y específicas, por ejemplo, establecer un cuando pase esto, entonces sucede aquello, aumentará el lograr el éxito en lo que deseas enormemente. La razón fundamental es porque estás poniendo los elementos de la acción dentro del contexto real dónde la estás desenvolviendo. Además de hacer una puntuación de secuencia que permite a tu mente eliminar las distracciones y enfocarse en lo encomendado.

*Una acción que sigue a otra tiene mayor posibilidad de ser concretada que aquella que está aislada*

Los tres pasos que debe llevar este tipo de acciones son:

1. Cuando pase esto
2. Haré aquello,
3. Para obtener eso.

Todo a través de acciones que vas a poder hacer para llegar a la meta.

La realidad es que lo difícil no es hacer la actividad a la que le pusimos emociones negativas. Lo difícil es iniciar dicha actividad. Casi siempre, nuestra fantasía supera la realidad. Pero si subdivides la actividad en pequeñas acciones, te darás cuenta de que es más sencillo y probable que las lleves a cabo.

*Divide la actividad que quieras iniciar en muy pequeñas acciones y te será más fácil iniciar.*

Un buen tip que puedes usar es que la acción sea concreta y que no necesites hacer mucho para poderla realizar al inicio. Como cuando le dan un empuje a la hélice de una avioneta, la idea es darle un empujón al inicio del proceso para que se vaya auto alimentando de motivación al ver que lo vas haciendo poco a poco.

# Ser racional

Dejar las cosas para después no siempre es malo. Si lo haces de forma consciente y racional, entonces dejar las cosas para después es una gran estrategia. Pero cuando lo haces de forma irracional y sabiendo que te va a afectar en el futuro si no lo empiezas a hacer desde hoy, entonces hay que buscar hacer un cambio.

*Dejar las cosas para después es un acto voluntario que busca evitar la molestia de la actividad desagradable. El problema es que pagarás más adelante el no haber hecho la actividad con tiempo y sin estrés.*

Tú eres el único responsable de ello y tu mente cree realmente que está actuando a favor de ti. Aunque sea una decisión que pareciera irracional, **no lo es**.

Te estás *protegiendo* de **emociones negativas**. Pero puedes ser capaz de decidir si dejas las cosas para después o no, a través del análisis y buen juicio. *Tú puedes determinar cuándo conviene y cuando no hacerlo.*

Hay que reconocer que existen personalidades que hacen que algunas personas no desarrollen su nivel de consciencia, de medir su preocupación, impulsividad o perfeccionismo. Este tipo de personalidades tienden a ser los que más dejan las cosas para después. **El problema es creer que esa personalidad no puede ser modificada**. Es necesario reconocer el potencial y comenzar a generar una estrategia que sea efectiva para tu vida.

Ser racional significa elegir correctamente por el bien del futuro. Significa aprender del pasado, recordar todas esas acciones que hiciste de forma irracional y entender que ahora tienes la oportunidad de empezar a guiar tu vida.

Aquellas personas que ven hacia adelante, que no se quedan en el enojo por lo que ya no hicieron, que se perdonan y perdonan, que tienen auto compasión y compasión por los demás, son las personas que postergaron menos en el futuro de acuerdo con el estudio de Wohl, Bennett realizado en 2010.

Así que ya sabes:

*Una persona que se perdona, tiene compasión por sí misma y por el otro y, además, se enfoca en el futuro, postergará muchísimo menos que quien lo hace esto.*

# La motivación nace de saber que puedes hacer cambios

**La motivación no aparece cuando te sientes atrapado en un círculo vicioso** donde como ya no te puedes perdonar por lo que dejaste hasta el final, entonces ya para qué te esfuerzas la próxima vez.

L*a motivación viene de saber que eres capaz de hacer los cambios* necesarios en el *presente* para lograr el futuro que deseas.

Sólo necesitas dejar fluir a tu *ser auténtico* y entender que eres humano y cometes errores. Ya sabes, ese ser auténtico que algunos dicen que tienes y que tú sabes qué existe porque hay personas que sí pueden definir hacia dónde quieren llevar su vida y no dejar que la vida los lleve.

Te prometo que tú tienes esa capacidad, porque yo pensaba así y lo estoy cambiando día a día. Sólo es cuestión de que la pongas en práctica.

Para ello te comparto el método de 2 páginas para cumplir tus sueños. Este método lo aprendí de Jack Butcher y lo fui mejorando hasta lograr el que te presento a continuación.

# LOGRA TUS METAS

DIEGO SALAMA

365 días de planificación enfocada
al logro de tus sueños

# Instrucciones del Método de 2 páginas para cumplir tus sueños

## Hoja 1

1. Pones el número de día en el que estás haciendo tus dos hojas (1,2,3,4,5 y así sucesivamente)

2. Escribes 3 metas para lograr en 3 meses. La primera meta es de cómo tener más tiempo. La segunda meta es una personal. La tercera meta es una que quieras alcanzar desde la parte económica.

3. Luego escribes 3 actividades que debes hacer en ese día para acercarte a una, a dos o a las tres metas mensuales o trimestrales.

4. Luego marcas si estás aprendiendo algo de un libro, audio o video para que haya constancia en ese aprendizaje. Sirve mucho poner la página o el tiempo del audio o video en el que te quedaste, para que lo retomes al día siguiente.
5. Luego escribes 3 hábitos buenos que estés haciendo o quieras lograr. Los palomeas si lograste hacerlos.

6. Luego 3 hábitos malos que ya no quieras seguir haciendo. Y pones un tache en cada uno que sigues haciendo.

7. Luego pones tres reflexiones del día. Si fueron positivas, le pones la palomita. Si fueron negativas, le pones el tache.

## Hoja 2

1. Escribe una frase que hayas aprendido en el día o que se te ocurra que pudiera resumir tu día.

2. Luego escribe 10 logros que hayas tenido. Pueden ser tan pequeños o tan grandes como tú quieras, pero tienes que lograr escribir los 10. Este ejercicio te permitirá que cuando regreses a ver lo que has logrado en el pasado, te llenes de motivación sabiendo que has logrado muchísimas acciones cada día. Al principio parece difícil, pero te acostumbras y luego ya escribirás tus 10 logros por día de forma rapidísima.

3. Luego escribes 5 momentos especiales o mágicos que hayas tenido en el día. Cuando digo momentos mágicos, me refiero a momentos especiales. Por ejemplo, cuando tu hijo recién nacido te toma por primera vez de tu mano; cuando recibes un beso de esa persona especial en tu vida; o cuando te defendiste de una agresión que recibiste de alguna persona de la que antes recibías sus abusos y no hacías nada. Tú sabrás qué momentos consideras especiales o mágicos.

4. Por último, escribe 3 cosas por las que agradezcas. Puedes repetir de días anteriores, pero intenta no hacerlo.

| DÍA | # LOGRO A LARGO PLAZO: |
|---|---|

**METAS EN 3 MESES**

| | |
|---|---|
| TIEMPO | |
| PERSONAL | |
| ECONÓMICA | |

**METAS EN 1 MES**

| | |
|---|---|
| TIEMPO | |
| PERSONAL | |
| ECONÓMICA | |

**ACTIVIDADES PARA HOY**
(O MAÑANA SI SE HACE EN LA NOCHE)

| | | |
|---|---|---|
| 1 | | ○ |
| 2 | | ○ |
| 3 | | ○ |

| ESTOY APRENDIENDO DE: | ○ LIBRO | ○ AUDIO | ○ VIDEO |
|---|---|---|---|
| NOMBRE: | | | |
| ESTOY EN LA PÁGINA O TIEMPO DEL VIDEO: | | | |

**HÁBITOS BUENOS**

| |
|---|
| ○ |
| ○ |
| ○ |

**HÁBITOS MALOS**

| |
|---|
| ○ |
| ○ |
| ○ |

**REFLECCIONES POSITIVAS O NEGATIVAS**

| | | |
|---|---|---|
| ✓ | ✕ | |
| ✓ | ✕ | |
| ✓ | ✕ | |

El éxito está en la perseverancia

| FRASE DEL DÍA: | |
|---|---|

## ESCRIBE 10 LOGROS DEL DÍA

| | |
|---|---|
| 1 | |
| 2 | |
| 3 | |
| 4 | |
| 5 | |
| 6 | |
| 7 | |
| 8 | |
| 9 | |
| 10 | |

## MOMENTOS MÁGICOS PARA RECORDAR

| | |
|---|---|
| 1 | |
| 2 | |
| 3 | |
| 4 | |
| 5 | |

## YO AGRADEZCO POR...

| | |
|---|---|
| 1 | |
| 2 | |
| 3 | |

| DÍA | LOGRO A LARGO PLAZO: |
|---|---|

| METAS EN 3 MESES | |
|---|---|
| TIEMPO | |
| PERSONAL | |
| ECONÓMICA | |

| METAS EN 1 MES | |
|---|---|
| TIEMPO | |
| PERSONAL | |
| ECONÓMICA | |

| ACTIVIDADES PARA HOY (O MAÑANA SI SE HACE EN LA NOCHE) | | |
|---|---|---|
| 1 | | ○ |
| 2 | | ○ |
| 3 | | ○ |

| ESTOY APRENDIENDO DE: | ○ LIBRO | ○ AUDIO | ○ VIDEO |
|---|---|---|---|
| NOMBRE: | | | |
| ESTOY EN LA PÁGINA O TIEMPO DEL VIDEO: | | | |

| HÁBITOS BUENOS |
|---|
| ○ |
| ○ |
| ○ |

| HÁBITOS MALOS |
|---|
| ○ |
| ○ |
| ○ |

| REFLECCIONES POSITIVAS O NEGATIVAS | | |
|---|---|---|
| ✓ | ✕ | |
| ✓ | ✕ | |
| ✓ | ✕ | |

El éxito está en la perseverancia

| FRASE DEL DÍA: | |
|---|---|

## ESCRIBE 10 LOGROS DEL DÍA

| | |
|---|---|
| 1 | |
| 2 | |
| 3 | |
| 4 | |
| 5 | |
| 6 | |
| 7 | |
| 8 | |
| 9 | |
| 10 | |

## MOMENTOS MÁGICOS PARA RECORDAR

| | |
|---|---|
| 1 | |
| 2 | |
| 3 | |
| 4 | |
| 5 | |

## YO AGRADEZCO POR...

| | |
|---|---|
| 1 | |
| 2 | |
| 3 | |

| DÍA | LOGRO A LARGO PLAZO: |
|---|---|

| METAS EN 3 MESES | |
|---|---|
| TIEMPO | |
| PERSONAL | |
| ECONÓMICA | |

| METAS EN 1 MES | |
|---|---|
| TIEMPO | |
| PERSONAL | |
| ECONÓMICA | |

| ACTIVIDADES PARA HOY (O MAÑANA SI SE HACE EN LA NOCHE) | | |
|---|---|---|
| 1 | | ○ |
| 2 | | ○ |
| 3 | | ○ |

| ESTOY APRENDIENDO DE: | ○ LIBRO ○ AUDIO ○ VIDEO |
|---|---|
| NOMBRE: | |
| ESTOY EN LA PÁGINA O TIEMPO DEL VIDEO: | |

| HÁBITOS BUENOS |
|---|
| ○ |
| ○ |
| ○ |

| HÁBITOS MALOS |
|---|
| ○ |
| ○ |
| ○ |

| REFLECCIONES POSITIVAS O NEGATIVAS | | |
|---|---|---|
| ✓ | × | |
| ✓ | × | |
| ✓ | × | |

El éxito está en la perseverancia

| FRASE DEL DÍA: | |
|---|---|

## ESCRIBE 10 LOGROS DEL DÍA

| | |
|---|---|
| 1 | |
| 2 | |
| 3 | |
| 4 | |
| 5 | |
| 6 | |
| 7 | |
| 8 | |
| 9 | |
| 10 | |

## MOMENTOS MÁGICOS PARA RECORDAR

| | |
|---|---|
| 1 | |
| 2 | |
| 3 | |
| 4 | |
| 5 | |

## YO AGRADEZCO POR…

| | |
|---|---|
| 1 | |
| 2 | |
| 3 | |

| DÍA | LOGRO A LARGO PLAZO: |
|---|---|

| METAS EN 3 MESES | |
|---|---|
| TIEMPO | |
| PERSONAL | |
| ECONÓMICA | |

| METAS EN 1 MES | |
|---|---|
| TIEMPO | |
| PERSONAL | |
| ECONÓMICA | |

| ACTIVIDADES PARA HOY<br>(O MAÑANA SI SE HACE EN LA NOCHE) | | |
|---|---|---|
| 1 | | ○ |
| 2 | | ○ |
| 3 | | ○ |

| ESTOY APRENDIENDO DE: | ○ LIBRO ○ AUDIO ○ VIDEO |
|---|---|
| NOMBRE: | |
| ESTOY EN LA PÁGINA O TIEMPO DEL VIDEO: | |

| HÁBITOS BUENOS |
|---|
| ○ |
| ○ |
| ○ |

| HÁBITOS MALOS |
|---|
| ○ |
| ○ |
| ○ |

| REFLECCIONES POSITIVAS O NEGATIVAS | | |
|---|---|---|
| ✓ | ✕ | |
| ✓ | ✕ | |
| ✓ | ✕ | |

El éxito está en la perseverancia

| FRASE DEL DÍA: | |
|---|---|

## ESCRIBE 10 LOGROS DEL DÍA

| | |
|---|---|
| 1 | |
| 2 | |
| 3 | |
| 4 | |
| 5 | |
| 6 | |
| 7 | |
| 8 | |
| 9 | |
| 10 | |

## MOMENTOS MÁGICOS PARA RECORDAR

| | |
|---|---|
| 1 | |
| 2 | |
| 3 | |
| 4 | |
| 5 | |

## YO AGRADEZCO POR…

| | |
|---|---|
| 1 | |
| 2 | |
| 3 | |

| DÍA | # LOGRO A LARGO PLAZO: |
|---|---|

| METAS EN 3 MESES | |
|---|---|
| TIEMPO | |
| PERSONAL | |
| ECONÓMICA | |

| METAS EN 1 MES | |
|---|---|
| TIEMPO | |
| PERSONAL | |
| ECONÓMICA | |

| ACTIVIDADES PARA HOY<br>(O MAÑANA SI SE HACE EN LA NOCHE) | | |
|---|---|---|
| 1 | | ○ |
| 2 | | ○ |
| 3 | | ○ |

| ESTOY APRENDIENDO DE: | ○ LIBRO | ○ AUDIO | ○ VIDEO |
|---|---|---|---|
| NOMBRE: | | | |
| ESTOY EN LA PÁGINA O TIEMPO DEL VIDEO: | | | |

| HÁBITOS BUENOS |
|---|
| ○ |
| ○ |
| ○ |

| HÁBITOS MALOS |
|---|
| ○ |
| ○ |
| ○ |

| REFLECCIONES POSITIVAS O NEGATIVAS | | |
|---|---|---|
| ✓ | ✕ | |
| ✓ | ✕ | |
| ✓ | ✕ | |

El éxito está en la perseverancia

| FRASE DEL DÍA: | |
|---|---|

## ESCRIBE 10 LOGROS DEL DÍA

| | |
|---|---|
| 1 | |
| 2 | |
| 3 | |
| 4 | |
| 5 | |
| 6 | |
| 7 | |
| 8 | |
| 9 | |
| 10 | |

## MOMENTOS MÁGICOS PARA RECORDAR

| | |
|---|---|
| 1 | |
| 2 | |
| 3 | |
| 4 | |
| 5 | |

## YO AGRADEZCO POR…

| | |
|---|---|
| 1 | |
| 2 | |
| 3 | |

| DÍA | # LOGRO A LARGO PLAZO: |
|---|---|

| METAS EN 3 MESES | |
|---|---|
| TIEMPO | |
| PERSONAL | |
| ECONÓMICA | |

| METAS EN 1 MES | |
|---|---|
| TIEMPO | |
| PERSONAL | |
| ECONÓMICA | |

| ACTIVIDADES PARA HOY<br>(O MAÑANA SI SE HACE EN LA NOCHE) | | |
|---|---|---|
| 1 | | ○ |
| 2 | | ○ |
| 3 | | ○ |

| ESTOY APRENDIENDO DE: | ○ LIBRO | ○ AUDIO | ○ VIDEO |
|---|---|---|---|
| NOMBRE: | | | |
| ESTOY EN LA PÁGINA O TIEMPO DEL VIDEO: | | | |

| HÁBITOS BUENOS |
|---|
| ○ |
| ○ |
| ○ |

| HÁBITOS MALOS |
|---|
| ○ |
| ○ |
| ○ |

| REFLECCIONES POSITIVAS O NEGATIVAS | | |
|---|---|---|
| ✓ | ✕ | |
| ✓ | ✕ | |
| ✓ | ✕ | |

El éxito está en la perseverancia

| FRASE DEL DÍA: | |
|---|---|

## ESCRIBE 10 LOGROS DEL DÍA

| | |
|---|---|
| 1 | |
| 2 | |
| 3 | |
| 4 | |
| 5 | |
| 6 | |
| 7 | |
| 8 | |
| 9 | |
| 10 | |

## MOMENTOS MÁGICOS PARA RECORDAR

| | |
|---|---|
| 1 | |
| 2 | |
| 3 | |
| 4 | |
| 5 | |

## YO AGRADEZCO POR…

| | |
|---|---|
| 1 | |
| 2 | |
| 3 | |

| DÍA | LOGRO A LARGO PLAZO: |
|---|---|

| METAS EN 3 MESES | |
|---|---|
| TIEMPO | |
| PERSONAL | |
| ECONÓMICA | |

| METAS EN 1 MES | |
|---|---|
| TIEMPO | |
| PERSONAL | |
| ECONÓMICA | |

| ACTIVIDADES PARA HOY (O MAÑANA SI SE HACE EN LA NOCHE) | | |
|---|---|---|
| 1 | | ○ |
| 2 | | ○ |
| 3 | | ○ |

| ESTOY APRENDIENDO DE: | ○ LIBRO | ○ AUDIO | ○ VIDEO |
|---|---|---|---|
| NOMBRE: | | | |
| ESTOY EN LA PÁGINA O TIEMPO DEL VIDEO: | | | |

| HÁBITOS BUENOS |
|---|
| ○ |
| ○ |
| ○ |

| HÁBITOS MALOS |
|---|
| ○ |
| ○ |
| ○ |

| REFLECCIONES POSITIVAS O NEGATIVAS | | |
|---|---|---|
| ✓ | ✕ | |
| ✓ | ✕ | |
| ✓ | ✕ | |

El éxito está en la perseverancia

| FRASE DEL DÍA: | |
|---|---|

## ESCRIBE 10 LOGROS DEL DÍA

| | |
|---|---|
| 1 | |
| 2 | |
| 3 | |
| 4 | |
| 5 | |
| 6 | |
| 7 | |
| 8 | |
| 9 | |
| 10 | |

## MOMENTOS MÁGICOS PARA RECORDAR

| | |
|---|---|
| 1 | |
| 2 | |
| 3 | |
| 4 | |
| 5 | |

## YO AGRADEZCO POR…

| | |
|---|---|
| 1 | |
| 2 | |
| 3 | |

| DÍA | LOGRO A LARGO PLAZO: |
|---|---|

**METAS EN 3 MESES**

| | |
|---|---|
| TIEMPO | |
| PERSONAL | |
| ECONÓMICA | |

**METAS EN 1 MES**

| | |
|---|---|
| TIEMPO | |
| PERSONAL | |
| ECONÓMICA | |

**ACTIVIDADES PARA HOY**
(O MAÑANA SI SE HACE EN LA NOCHE)

| | | |
|---|---|---|
| 1 | | ○ |
| 2 | | ○ |
| 3 | | ○ |

| ESTOY APRENDIENDO DE: | ○ LIBRO | ○ AUDIO | ○ VIDEO |
|---|---|---|---|
| NOMBRE: | | | |
| ESTOY EN LA PÁGINA O TIEMPO DEL VIDEO: | | | |

**HÁBITOS BUENOS**

- ○
- ○
- ○

**HÁBITOS MALOS**

- ○
- ○
- ○

**REFLECCIONES POSITIVAS O NEGATIVAS**

| | | |
|---|---|---|
| ✓ | ✕ | |
| ✓ | ✕ | |
| ✓ | ✕ | |

El éxito está en la perseverancia

| FRASE DEL DÍA: | |
|---|---|

## ESCRIBE 10 LOGROS DEL DÍA

| | |
|---|---|
| 1 | |
| 2 | |
| 3 | |
| 4 | |
| 5 | |
| 6 | |
| 7 | |
| 8 | |
| 9 | |
| 10 | |

## MOMENTOS MÁGICOS PARA RECORDAR

| | |
|---|---|
| 1 | |
| 2 | |
| 3 | |
| 4 | |
| 5 | |

## YO AGRADEZCO POR…

| | |
|---|---|
| 1 | |
| 2 | |
| 3 | |

| DÍA | LOGRO A LARGO PLAZO: |
|---|---|

**METAS EN 3 MESES**

| | |
|---|---|
| TIEMPO | |
| PERSONAL | |
| ECONÓMICA | |

**METAS EN 1 MES**

| | |
|---|---|
| TIEMPO | |
| PERSONAL | |
| ECONÓMICA | |

**ACTIVIDADES PARA HOY**
(O MAÑANA SI SE HACE EN LA NOCHE)

| | | |
|---|---|---|
| 1 | | ○ |
| 2 | | ○ |
| 3 | | ○ |

| ESTOY APRENDIENDO DE: | ○ LIBRO | ○ AUDIO | ○ VIDEO |
|---|---|---|---|
| NOMBRE: | | | |
| ESTOY EN LA PÁGINA O TIEMPO DEL VIDEO: | | | |

**HÁBITOS BUENOS**

- ○
- ○
- ○

**HÁBITOS MALOS**

- ○
- ○
- ○

**REFLECCIONES POSITIVAS O NEGATIVAS**

| | | |
|---|---|---|
| ✓ | ✕ | |
| ✓ | ✕ | |
| ✓ | ✕ | |

El éxito está en la perseverancia

| FRASE DEL DÍA: | |
|---|---|

## ESCRIBE 10 LOGROS DEL DÍA

| | |
|---|---|
| 1 | |
| 2 | |
| 3 | |
| 4 | |
| 5 | |
| 6 | |
| 7 | |
| 8 | |
| 9 | |
| 10 | |

## MOMENTOS MÁGICOS PARA RECORDAR

| | |
|---|---|
| 1 | |
| 2 | |
| 3 | |
| 4 | |
| 5 | |

## YO AGRADEZCO POR…

| | |
|---|---|
| 1 | |
| 2 | |
| 3 | |

| DÍA | LOGRO A LARGO PLAZO: |
|---|---|

| METAS EN 3 MESES | |
|---|---|
| TIEMPO | |
| PERSONAL | |
| ECONÓMICA | |

| METAS EN 1 MES | |
|---|---|
| TIEMPO | |
| PERSONAL | |
| ECONÓMICA | |

| ACTIVIDADES PARA HOY (O MAÑANA SI SE HACE EN LA NOCHE) | | |
|---|---|---|
| 1 | | ○ |
| 2 | | ○ |
| 3 | | ○ |

| ESTOY APRENDIENDO DE: | ○ LIBRO | ○ AUDIO | ○ VIDEO |
|---|---|---|---|
| NOMBRE: | | | |
| ESTOY EN LA PÁGINA O TIEMPO DEL VIDEO: | | | |

| HÁBITOS BUENOS |
|---|
| ○ |
| ○ |
| ○ |

| HÁBITOS MALOS |
|---|
| ○ |
| ○ |
| ○ |

| REFLECCIONES POSITIVAS O NEGATIVAS | | |
|---|---|---|
| ✓ | ✕ | |
| ✓ | ✕ | |
| ✓ | ✕ | |

El éxito está en la perseverancia

| FRASE DEL DÍA: | |
|---|---|

## ESCRIBE 10 LOGROS DEL DÍA

| | |
|---|---|
| 1 | |
| 2 | |
| 3 | |
| 4 | |
| 5 | |
| 6 | |
| 7 | |
| 8 | |
| 9 | |
| 10 | |

## MOMENTOS MÁGICOS PARA RECORDAR

| | |
|---|---|
| 1 | |
| 2 | |
| 3 | |
| 4 | |
| 5 | |

## YO AGRADEZCO POR...

| | |
|---|---|
| 1 | |
| 2 | |
| 3 | |

| DÍA | LOGRO A LARGO PLAZO: |
|---|---|

| METAS EN 3 MESES | |
|---|---|
| TIEMPO | |
| PERSONAL | |
| ECONÓMICA | |

| METAS EN 1 MES | |
|---|---|
| TIEMPO | |
| PERSONAL | |
| ECONÓMICA | |

| ACTIVIDADES PARA HOY (O MAÑANA SI SE HACE EN LA NOCHE) | | |
|---|---|---|
| 1 | | ○ |
| 2 | | ○ |
| 3 | | ○ |

| ESTOY APRENDIENDO DE: | ○ LIBRO | ○ AUDIO | ○ VIDEO |
|---|---|---|---|
| NOMBRE: | | | |
| ESTOY EN LA PÁGINA O TIEMPO DEL VIDEO: | | | |

| HÁBITOS BUENOS |
|---|
| ○ |
| ○ |
| ○ |

| HÁBITOS MALOS |
|---|
| ○ |
| ○ |
| ○ |

| REFLECCIONES POSITIVAS O NEGATIVAS | | |
|---|---|---|
| ✓ | ✕ | |
| ✓ | ✕ | |
| ✓ | ✕ | |

El éxito está en la perseverancia

| FRASE DEL DÍA: | |
|---|---|

## ESCRIBE 10 LOGROS DEL DÍA

| | |
|---|---|
| 1 | |
| 2 | |
| 3 | |
| 4 | |
| 5 | |
| 6 | |
| 7 | |
| 8 | |
| 9 | |
| 10 | |

## MOMENTOS MÁGICOS PARA RECORDAR

| | |
|---|---|
| 1 | |
| 2 | |
| 3 | |
| 4 | |
| 5 | |

## YO AGRADEZCO POR…

| | |
|---|---|
| 1 | |
| 2 | |
| 3 | |

| DÍA | # LOGRO A LARGO PLAZO: |
|---|---|

**METAS EN 3 MESES**

| | |
|---|---|
| TIEMPO | |
| PERSONAL | |
| ECONÓMICA | |

**METAS EN 1 MES**

| | |
|---|---|
| TIEMPO | |
| PERSONAL | |
| ECONÓMICA | |

**ACTIVIDADES PARA HOY**
**(O MAÑANA SI SE HACE EN LA NOCHE)**

| | | |
|---|---|---|
| 1 | | ○ |
| 2 | | ○ |
| 3 | | ○ |

| ESTOY APRENDIENDO DE: | ○ LIBRO | ○ AUDIO | ○ VIDEO |
|---|---|---|---|
| NOMBRE: | | | |
| ESTOY EN LA PÁGINA O TIEMPO DEL VIDEO: | | | |

**HÁBITOS BUENOS**

- ○
- ○
- ○

**HÁBITOS MALOS**

- ○
- ○
- ○

**REFLECCIONES POSITIVAS O NEGATIVAS**

| | | |
|---|---|---|
| ✓ | ✕ | |
| ✓ | ✕ | |
| ✓ | ✕ | |

El éxito está en la perseverancia

| FRASE DEL DÍA: | |
|---|---|

## ESCRIBE 10 LOGROS DEL DÍA

| | |
|---|---|
| 1 | |
| 2 | |
| 3 | |
| 4 | |
| 5 | |
| 6 | |
| 7 | |
| 8 | |
| 9 | |
| 10 | |

## MOMENTOS MÁGICOS PARA RECORDAR

| | |
|---|---|
| 1 | |
| 2 | |
| 3 | |
| 4 | |
| 5 | |

## YO AGRADEZCO POR...

| | |
|---|---|
| 1 | |
| 2 | |
| 3 | |

| DÍA | # LOGRO A LARGO PLAZO: |
| --- | --- |

| METAS EN 3 MESES | |
| --- | --- |
| TIEMPO | |
| PERSONAL | |
| ECONÓMICA | |

| METAS EN 1 MES | |
| --- | --- |
| TIEMPO | |
| PERSONAL | |
| ECONÓMICA | |

| ACTIVIDADES PARA HOY (O MAÑANA SI SE HACE EN LA NOCHE) | | |
| --- | --- | --- |
| 1 | | ○ |
| 2 | | ○ |
| 3 | | ○ |

| ESTOY APRENDIENDO DE: | ○ LIBRO | ○ AUDIO | ○ VIDEO |
| --- | --- | --- | --- |
| NOMBRE: | | | |
| ESTOY EN LA PÁGINA O TIEMPO DEL VIDEO: | | | |

| HÁBITOS BUENOS |
| --- |
| ○ |
| ○ |
| ○ |

| HÁBITOS MALOS |
| --- |
| ○ |
| ○ |
| ○ |

| REFLECCIONES POSITIVAS O NEGATIVAS | | |
| --- | --- | --- |
| ✓ | ✕ | |
| ✓ | ✕ | |
| ✓ | ✕ | |

El éxito está en la perseverancia

| FRASE DEL DÍA: | |
|---|---|

## ESCRIBE 10 LOGROS DEL DÍA

| | |
|---|---|
| 1 | |
| 2 | |
| 3 | |
| 4 | |
| 5 | |
| 6 | |
| 7 | |
| 8 | |
| 9 | |
| 10 | |

## MOMENTOS MÁGICOS PARA RECORDAR

| | |
|---|---|
| 1 | |
| 2 | |
| 3 | |
| 4 | |
| 5 | |

## YO AGRADEZCO POR...

| | |
|---|---|
| 1 | |
| 2 | |
| 3 | |

| DÍA | LOGRO A LARGO PLAZO: |
|---|---|

| METAS EN 3 MESES | |
|---|---|
| TIEMPO | |
| PERSONAL | |
| ECONÓMICA | |

| METAS EN 1 MES | |
|---|---|
| TIEMPO | |
| PERSONAL | |
| ECONÓMICA | |

| ACTIVIDADES PARA HOY<br>(O MAÑANA SI SE HACE EN LA NOCHE) | | |
|---|---|---|
| 1 | | ○ |
| 2 | | ○ |
| 3 | | ○ |

| ESTOY APRENDIENDO DE: | ○ LIBRO ○ AUDIO ○ VIDEO |
|---|---|
| NOMBRE: | |
| ESTOY EN LA PÁGINA O TIEMPO DEL VIDEO: | |

| HÁBITOS BUENOS |
|---|
| ○ |
| ○ |
| ○ |

| HÁBITOS MALOS |
|---|
| ○ |
| ○ |
| ○ |

| REFLECCIONES POSITIVAS O NEGATIVAS | | |
|---|---|---|
| ✓ | ✗ | |
| ✓ | ✗ | |
| ✓ | ✗ | |

El éxito está en la perseverancia

| FRASE DEL DÍA: | |
|---|---|

## ESCRIBE 10 LOGROS DEL DÍA

| | |
|---|---|
| 1 | |
| 2 | |
| 3 | |
| 4 | |
| 5 | |
| 6 | |
| 7 | |
| 8 | |
| 9 | |
| 10 | |

## MOMENTOS MÁGICOS PARA RECORDAR

| | |
|---|---|
| 1 | |
| 2 | |
| 3 | |
| 4 | |
| 5 | |

## YO AGRADEZCO POR...

| | |
|---|---|
| 1 | |
| 2 | |
| 3 | |

| DÍA | # LOGRO A LARGO PLAZO: |
|---|---|

**METAS EN 3 MESES**

| | |
|---|---|
| TIEMPO | |
| PERSONAL | |
| ECONÓMICA | |

**METAS EN 1 MES**

| | |
|---|---|
| TIEMPO | |
| PERSONAL | |
| ECONÓMICA | |

**ACTIVIDADES PARA HOY**
(O MAÑANA SI SE HACE EN LA NOCHE)

| | | |
|---|---|---|
| 1 | | ○ |
| 2 | | ○ |
| 3 | | ○ |

| ESTOY APRENDIENDO DE: | ○ LIBRO | ○ AUDIO | ○ VIDEO |
|---|---|---|---|
| NOMBRE: | | | |
| ESTOY EN LA PÁGINA O TIEMPO DEL VIDEO: | | | |

**HÁBITOS BUENOS**

| |
|---|
| ○ |
| ○ |
| ○ |

**HÁBITOS MALOS**

| |
|---|
| ○ |
| ○ |
| ○ |

**REFLECCIONES POSITIVAS O NEGATIVAS**

| | | |
|---|---|---|
| ✓ | ✕ | |
| ✓ | ✕ | |
| ✓ | ✕ | |

El éxito está en la perseverancia

| FRASE DEL DÍA: | |
|---|---|

## ESCRIBE 10 LOGROS DEL DÍA

| | |
|---|---|
| 1 | |
| 2 | |
| 3 | |
| 4 | |
| 5 | |
| 6 | |
| 7 | |
| 8 | |
| 9 | |
| 10 | |

## MOMENTOS MÁGICOS PARA RECORDAR

| | |
|---|---|
| 1 | |
| 2 | |
| 3 | |
| 4 | |
| 5 | |

## YO AGRADEZCO POR…

| | |
|---|---|
| 1 | |
| 2 | |
| 3 | |

| DÍA | LOGRO A LARGO PLAZO: |
|---|---|

**METAS EN 3 MESES**

| | |
|---|---|
| TIEMPO | |
| PERSONAL | |
| ECONÓMICA | |

**METAS EN 1 MES**

| | |
|---|---|
| TIEMPO | |
| PERSONAL | |
| ECONÓMICA | |

**ACTIVIDADES PARA HOY**
(O MAÑANA SI SE HACE EN LA NOCHE)

| | | |
|---|---|---|
| 1 | | ○ |
| 2 | | ○ |
| 3 | | ○ |

| ESTOY APRENDIENDO DE: | ○ LIBRO | ○ AUDIO | ○ VIDEO |
|---|---|---|---|
| NOMBRE: | | | |
| ESTOY EN LA PÁGINA O TIEMPO DEL VIDEO: | | | |

**HÁBITOS BUENOS**

| |
|---|
| ○ |
| ○ |
| ○ |

**HÁBITOS MALOS**

| |
|---|
| ○ |
| ○ |
| ○ |

**REFLECCIONES POSITIVAS O NEGATIVAS**

| | | |
|---|---|---|
| ✓ | ✕ | |
| ✓ | ✕ | |
| ✓ | ✕ | |

El éxito está en la perseverancia

| FRASE DEL DÍA: | |
|---|---|

## ESCRIBE 10 LOGROS DEL DÍA

| | |
|---|---|
| 1 | |
| 2 | |
| 3 | |
| 4 | |
| 5 | |
| 6 | |
| 7 | |
| 8 | |
| 9 | |
| 10 | |

## MOMENTOS MÁGICOS PARA RECORDAR

| | |
|---|---|
| 1 | |
| 2 | |
| 3 | |
| 4 | |
| 5 | |

## YO AGRADEZCO POR…

| | |
|---|---|
| 1 | |
| 2 | |
| 3 | |

| DÍA | # LOGRO A LARGO PLAZO: |
|---|---|

| METAS EN 3 MESES | |
|---|---|
| TIEMPO | |
| PERSONAL | |
| ECONÓMICA | |

| METAS EN 1 MES | |
|---|---|
| TIEMPO | |
| PERSONAL | |
| ECONÓMICA | |

| ACTIVIDADES PARA HOY<br>(O MAÑANA SI SE HACE EN LA NOCHE) | | |
|---|---|---|
| 1 | | ○ |
| 2 | | ○ |
| 3 | | ○ |

| ESTOY APRENDIENDO DE: | ○ LIBRO | ○ AUDIO | ○ VIDEO |
|---|---|---|---|
| NOMBRE: | | | |
| ESTOY EN LA PÁGINA O TIEMPO DEL VIDEO: | | | |

| HÁBITOS BUENOS |
|---|
| ○ |
| ○ |
| ○ |

| HÁBITOS MALOS |
|---|
| ○ |
| ○ |
| ○ |

| REFLECCIONES POSITIVAS O NEGATIVAS | | |
|---|---|---|
| ✓ | ✕ | |
| ✓ | ✕ | |
| ✓ | ✕ | |

El éxito está en la perseverancia

| FRASE DEL DÍA: | |
|---|---|

## ESCRIBE 10 LOGROS DEL DÍA

| | |
|---|---|
| 1 | |
| 2 | |
| 3 | |
| 4 | |
| 5 | |
| 6 | |
| 7 | |
| 8 | |
| 9 | |
| 10 | |

## MOMENTOS MÁGICOS PARA RECORDAR

| | |
|---|---|
| 1 | |
| 2 | |
| 3 | |
| 4 | |
| 5 | |

## YO AGRADEZCO POR…

| | |
|---|---|
| 1 | |
| 2 | |
| 3 | |

| DÍA | LOGRO A LARGO PLAZO: |
|---|---|

| METAS EN 3 MESES | |
|---|---|
| TIEMPO | |
| PERSONAL | |
| ECONÓMICA | |

| METAS EN 1 MES | |
|---|---|
| TIEMPO | |
| PERSONAL | |
| ECONÓMICA | |

| ACTIVIDADES PARA HOY<br>(O MAÑANA SI SE HACE EN LA NOCHE) | | |
|---|---|---|
| 1 | | ○ |
| 2 | | ○ |
| 3 | | ○ |

| ESTOY APRENDIENDO DE: | ○ LIBRO | ○ AUDIO | ○ VIDEO |
|---|---|---|---|
| NOMBRE: | | | |
| ESTOY EN LA PÁGINA O TIEMPO DEL VIDEO: | | | |

| HÁBITOS BUENOS |
|---|
| ○ |
| ○ |
| ○ |

| HÁBITOS MALOS |
|---|
| ○ |
| ○ |
| ○ |

| REFLECCIONES POSITIVAS O NEGATIVAS | | |
|---|---|---|
| ✓ | ✕ | |
| ✓ | ✕ | |
| ✓ | ✕ | |

El éxito está en la perseverancia

| FRASE DEL DÍA: | |
|---|---|

| ESCRIBE 10 LOGROS DEL DÍA | |
|---|---|
| 1 | |
| 2 | |
| 3 | |
| 4 | |
| 5 | |
| 6 | |
| 7 | |
| 8 | |
| 9 | |
| 10 | |

| MOMENTOS MÁGICOS PARA RECORDAR | |
|---|---|
| 1 | |
| 2 | |
| 3 | |
| 4 | |
| 5 | |

| YO AGRADEZCO POR… | |
|---|---|
| 1 | |
| 2 | |
| 3 | |

| DÍA | # LOGRO A LARGO PLAZO: |
|---|---|

| METAS EN 3 MESES | |
|---|---|
| TIEMPO | |
| PERSONAL | |
| ECONÓMICA | |

| METAS EN 1 MES | |
|---|---|
| TIEMPO | |
| PERSONAL | |
| ECONÓMICA | |

| ACTIVIDADES PARA HOY (O MAÑANA SI SE HACE EN LA NOCHE) | | |
|---|---|---|
| 1 | | ○ |
| 2 | | ○ |
| 3 | | ○ |

| ESTOY APRENDIENDO DE: | ○ LIBRO | ○ AUDIO | ○ VIDEO |
|---|---|---|---|
| NOMBRE: | | | |
| ESTOY EN LA PÁGINA O TIEMPO DEL VIDEO: | | | |

| HÁBITOS BUENOS |
|---|
| ○ |
| ○ |
| ○ |

| HÁBITOS MALOS |
|---|
| ○ |
| ○ |
| ○ |

| REFLECCIONES POSITIVAS O NEGATIVAS | | |
|---|---|---|
| ✓ | × | |
| ✓ | × | |
| ✓ | × | |

El éxito está en la perseverancia

| FRASE DEL DÍA: | |
|---|---|

## ESCRIBE 10 LOGROS DEL DÍA

| | |
|---|---|
| 1 | |
| 2 | |
| 3 | |
| 4 | |
| 5 | |
| 6 | |
| 7 | |
| 8 | |
| 9 | |
| 10 | |

## MOMENTOS MÁGICOS PARA RECORDAR

| | |
|---|---|
| 1 | |
| 2 | |
| 3 | |
| 4 | |
| 5 | |

## YO AGRADEZCO POR…

| | |
|---|---|
| 1 | |
| 2 | |
| 3 | |

| DÍA | LOGRO A LARGO PLAZO: |
|---|---|

| METAS EN 3 MESES | |
|---|---|
| TIEMPO | |
| PERSONAL | |
| ECONÓMICA | |

| METAS EN 1 MES | |
|---|---|
| TIEMPO | |
| PERSONAL | |
| ECONÓMICA | |

| ACTIVIDADES PARA HOY (O MAÑANA SI SE HACE EN LA NOCHE) | | |
|---|---|---|
| 1 | | ○ |
| 2 | | ○ |
| 3 | | ○ |

| ESTOY APRENDIENDO DE: | ○ LIBRO ○ AUDIO ○ VIDEO |
|---|---|
| NOMBRE: | |
| ESTOY EN LA PÁGINA O TIEMPO DEL VIDEO: | |

| HÁBITOS BUENOS |
|---|
| ○ |
| ○ |
| ○ |

| HÁBITOS MALOS |
|---|
| ○ |
| ○ |
| ○ |

| REFLECCIONES POSITIVAS O NEGATIVAS | | |
|---|---|---|
| ✓ | ✕ | |
| ✓ | ✕ | |
| ✓ | ✕ | |

El éxito está en la perseverancia

| FRASE DEL DÍA: | |
|---|---|

| ESCRIBE 10 LOGROS DEL DÍA | |
|---|---|
| 1 | |
| 2 | |
| 3 | |
| 4 | |
| 5 | |
| 6 | |
| 7 | |
| 8 | |
| 9 | |
| 10 | |

| MOMENTOS MÁGICOS PARA RECORDAR | |
|---|---|
| 1 | |
| 2 | |
| 3 | |
| 4 | |
| 5 | |

| YO AGRADEZCO POR… | |
|---|---|
| 1 | |
| 2 | |
| 3 | |

| DÍA | # LOGRO A LARGO PLAZO: |
|---|---|

**METAS EN 3 MESES**

| | |
|---|---|
| TIEMPO | |
| PERSONAL | |
| ECONÓMICA | |

**METAS EN 1 MES**

| | |
|---|---|
| TIEMPO | |
| PERSONAL | |
| ECONÓMICA | |

**ACTIVIDADES PARA HOY**
**(O MAÑANA SI SE HACE EN LA NOCHE)**

| | | |
|---|---|---|
| 1 | | ○ |
| 2 | | ○ |
| 3 | | ○ |

| ESTOY APRENDIENDO DE: | ○ LIBRO | ○ AUDIO | ○ VIDEO |
|---|---|---|---|
| NOMBRE: | | | |
| ESTOY EN LA PÁGINA O TIEMPO DEL VIDEO: | | | |

**HÁBITOS BUENOS**

| |
|---|
| ○ |
| ○ |
| ○ |

**HÁBITOS MALOS**

| |
|---|
| ○ |
| ○ |
| ○ |

**REFLECCIONES POSITIVAS O NEGATIVAS**

| | | |
|---|---|---|
| ✓ | ✕ | |
| ✓ | ✕ | |
| ✓ | ✕ | |

El éxito está en la perseverancia

| FRASE DEL DÍA: | |
|---|---|

## ESCRIBE 10 LOGROS DEL DÍA

| | |
|---|---|
| 1 | |
| 2 | |
| 3 | |
| 4 | |
| 5 | |
| 6 | |
| 7 | |
| 8 | |
| 9 | |
| 10 | |

## MOMENTOS MÁGICOS PARA RECORDAR

| | |
|---|---|
| 1 | |
| 2 | |
| 3 | |
| 4 | |
| 5 | |

## YO AGRADEZCO POR…

| | |
|---|---|
| 1 | |
| 2 | |
| 3 | |

| DÍA | LOGRO A LARGO PLAZO: |
|---|---|

| METAS EN 3 MESES | |
|---|---|
| TIEMPO | |
| PERSONAL | |
| ECONÓMICA | |

| METAS EN 1 MES | |
|---|---|
| TIEMPO | |
| PERSONAL | |
| ECONÓMICA | |

| ACTIVIDADES PARA HOY (O MAÑANA SI SE HACE EN LA NOCHE) | | |
|---|---|---|
| 1 | | ○ |
| 2 | | ○ |
| 3 | | ○ |

| ESTOY APRENDIENDO DE: | ○ LIBRO | ○ AUDIO | ○ VIDEO |
|---|---|---|---|
| NOMBRE: | | | |
| ESTOY EN LA PÁGINA O TIEMPO DEL VIDEO: | | | |

| HÁBITOS BUENOS |
|---|
| ○ |
| ○ |
| ○ |

| HÁBITOS MALOS |
|---|
| ○ |
| ○ |
| ○ |

| REFLECCIONES POSITIVAS O NEGATIVAS | | |
|---|---|---|
| ✓ | ✕ | |
| ✓ | ✕ | |
| ✓ | ✕ | |

El éxito está en la perseverancia

| FRASE DEL DÍA: | |
|---|---|

| ESCRIBE 10 LOGROS DEL DÍA | |
|---|---|
| 1 | |
| 2 | |
| 3 | |
| 4 | |
| 5 | |
| 6 | |
| 7 | |
| 8 | |
| 9 | |
| 10 | |

| MOMENTOS MÁGICOS PARA RECORDAR | |
|---|---|
| 1 | |
| 2 | |
| 3 | |
| 4 | |
| 5 | |

| YO AGRADEZCO POR... | |
|---|---|
| 1 | |
| 2 | |
| 3 | |

| DÍA | LOGRO A LARGO PLAZO: |
|---|---|

**METAS EN 3 MESES**

| | |
|---|---|
| TIEMPO | |
| PERSONAL | |
| ECONÓMICA | |

**METAS EN 1 MES**

| | |
|---|---|
| TIEMPO | |
| PERSONAL | |
| ECONÓMICA | |

**ACTIVIDADES PARA HOY**
(O MAÑANA SI SE HACE EN LA NOCHE)

| | | |
|---|---|---|
| 1 | | ○ |
| 2 | | ○ |
| 3 | | ○ |

| ESTOY APRENDIENDO DE: | ○ LIBRO | ○ AUDIO | ○ VIDEO |
|---|---|---|---|
| NOMBRE: | | | |
| ESTOY EN LA PÁGINA O TIEMPO DEL VIDEO: | | | |

**HÁBITOS BUENOS**

| |
|---|
| ○ |
| ○ |
| ○ |

**HÁBITOS MALOS**

| |
|---|
| ○ |
| ○ |
| ○ |

**REFLECCIONES POSITIVAS O NEGATIVAS**

| | | |
|---|---|---|
| ✓ | ✕ | |
| ✓ | ✕ | |
| ✓ | ✕ | |

El éxito está en la perseverancia

| FRASE DEL DÍA: | |
|---|---|

## ESCRIBE 10 LOGROS DEL DÍA

| | |
|---|---|
| 1 | |
| 2 | |
| 3 | |
| 4 | |
| 5 | |
| 6 | |
| 7 | |
| 8 | |
| 9 | |
| 10 | |

## MOMENTOS MÁGICOS PARA RECORDAR

| | |
|---|---|
| 1 | |
| 2 | |
| 3 | |
| 4 | |
| 5 | |

## YO AGRADEZCO POR...

| | |
|---|---|
| 1 | |
| 2 | |
| 3 | |

| DÍA | # LOGRO A LARGO PLAZO: |
|---|---|

**METAS EN 3 MESES**

| | |
|---|---|
| TIEMPO | |
| PERSONAL | |
| ECONÓMICA | |

**METAS EN 1 MES**

| | |
|---|---|
| TIEMPO | |
| PERSONAL | |
| ECONÓMICA | |

**ACTIVIDADES PARA HOY**
**(O MAÑANA SI SE HACE EN LA NOCHE)**

| | | |
|---|---|---|
| 1 | | ○ |
| 2 | | ○ |
| 3 | | ○ |

| ESTOY APRENDIENDO DE: | ○ LIBRO | ○ AUDIO | ○ VIDEO |
|---|---|---|---|
| NOMBRE: | | | |
| ESTOY EN LA PÁGINA O TIEMPO DEL VIDEO: | | | |

**HÁBITOS BUENOS**

| |
|---|
| ○ |
| ○ |
| ○ |

**HÁBITOS MALOS**

| |
|---|
| ○ |
| ○ |
| ○ |

**REFLECCIONES POSITIVAS O NEGATIVAS**

| | | |
|---|---|---|
| ✓ | × | |
| ✓ | × | |
| ✓ | × | |

El éxito está en la perseverancia

| FRASE DEL DÍA: | |
|---|---|

| ESCRIBE 10 LOGROS DEL DÍA | |
|---|---|
| 1 | |
| 2 | |
| 3 | |
| 4 | |
| 5 | |
| 6 | |
| 7 | |
| 8 | |
| 9 | |
| 10 | |

| MOMENTOS MÁGICOS PARA RECORDAR | |
|---|---|
| 1 | |
| 2 | |
| 3 | |
| 4 | |
| 5 | |

| YO AGRADEZCO POR… | |
|---|---|
| 1 | |
| 2 | |
| 3 | |

| DÍA | LOGRO A LARGO PLAZO: |
|---|---|

**METAS EN 3 MESES**

| | |
|---|---|
| TIEMPO | |
| PERSONAL | |
| ECONÓMICA | |

**METAS EN 1 MES**

| | |
|---|---|
| TIEMPO | |
| PERSONAL | |
| ECONÓMICA | |

**ACTIVIDADES PARA HOY**
**(O MAÑANA SI SE HACE EN LA NOCHE)**

| | | |
|---|---|---|
| 1 | | ○ |
| 2 | | ○ |
| 3 | | ○ |

| ESTOY APRENDIENDO DE: | ○ LIBRO | ○ AUDIO | ○ VIDEO |
|---|---|---|---|
| NOMBRE: | | | |
| ESTOY EN LA PÁGINA O TIEMPO DEL VIDEO: | | | |

**HÁBITOS BUENOS**

| |
|---|
| ○ |
| ○ |
| ○ |

**HÁBITOS MALOS**

| |
|---|
| ○ |
| ○ |
| ○ |

**REFLECCIONES POSITIVAS O NEGATIVAS**

| | | |
|---|---|---|
| ✓ | ✕ | |
| ✓ | ✕ | |
| ✓ | ✕ | |

El éxito está en la perseverancia

| FRASE DEL DÍA: | |
|---|---|

| ESCRIBE 10 LOGROS DEL DÍA | |
|---|---|
| 1 | |
| 2 | |
| 3 | |
| 4 | |
| 5 | |
| 6 | |
| 7 | |
| 8 | |
| 9 | |
| 10 | |

| MOMENTOS MÁGICOS PARA RECORDAR | |
|---|---|
| 1 | |
| 2 | |
| 3 | |
| 4 | |
| 5 | |

| YO AGRADEZCO POR… | |
|---|---|
| 1 | |
| 2 | |
| 3 | |

| DÍA | LOGRO A LARGO PLAZO: |
|---|---|

| METAS EN 3 MESES | |
|---|---|
| TIEMPO | |
| PERSONAL | |
| ECONÓMICA | |

| METAS EN 1 MES | |
|---|---|
| TIEMPO | |
| PERSONAL | |
| ECONÓMICA | |

| ACTIVIDADES PARA HOY (O MAÑANA SI SE HACE EN LA NOCHE) | | |
|---|---|---|
| 1 | | ○ |
| 2 | | ○ |
| 3 | | ○ |

| ESTOY APRENDIENDO DE: | ○ LIBRO | ○ AUDIO | ○ VIDEO |
|---|---|---|---|
| NOMBRE: | | | |
| ESTOY EN LA PÁGINA O TIEMPO DEL VIDEO: | | | |

| HÁBITOS BUENOS |
|---|
| ○ |
| ○ |
| ○ |

| HÁBITOS MALOS |
|---|
| ○ |
| ○ |
| ○ |

| REFLECCIONES POSITIVAS O NEGATIVAS | | |
|---|---|---|
| ✓ | ✕ | |
| ✓ | ✕ | |
| ✓ | ✕ | |

El éxito está en la perseverancia

| FRASE DEL DÍA: | |
|---|---|

## ESCRIBE 10 LOGROS DEL DÍA

| | |
|---|---|
| 1 | |
| 2 | |
| 3 | |
| 4 | |
| 5 | |
| 6 | |
| 7 | |
| 8 | |
| 9 | |
| 10 | |

## MOMENTOS MÁGICOS PARA RECORDAR

| | |
|---|---|
| 1 | |
| 2 | |
| 3 | |
| 4 | |
| 5 | |

## YO AGRADEZCO POR…

| | |
|---|---|
| 1 | |
| 2 | |
| 3 | |

| DÍA | LOGRO A LARGO PLAZO: |
|---|---|

**METAS EN 3 MESES**

| | |
|---|---|
| TIEMPO | |
| PERSONAL | |
| ECONÓMICA | |

**METAS EN 1 MES**

| | |
|---|---|
| TIEMPO | |
| PERSONAL | |
| ECONÓMICA | |

**ACTIVIDADES PARA HOY**
(O MAÑANA SI SE HACE EN LA NOCHE)

| | | |
|---|---|---|
| 1 | | ○ |
| 2 | | ○ |
| 3 | | ○ |

| ESTOY APRENDIENDO DE: | ○ LIBRO | ○ AUDIO | ○ VIDEO |
|---|---|---|---|
| NOMBRE: | | | |
| ESTOY EN LA PÁGINA O TIEMPO DEL VIDEO: | | | |

**HÁBITOS BUENOS**

| |
|---|
| ○ |
| ○ |
| ○ |

**HÁBITOS MALOS**

| |
|---|
| ○ |
| ○ |
| ○ |

**REFLECCIONES POSITIVAS O NEGATIVAS**

| | | |
|---|---|---|
| ✓ | ✕ | |
| ✓ | ✕ | |
| ✓ | ✕ | |

El éxito está en la perseverancia

| FRASE DEL DÍA: | |
|---|---|

## ESCRIBE 10 LOGROS DEL DÍA

| | |
|---|---|
| 1 | |
| 2 | |
| 3 | |
| 4 | |
| 5 | |
| 6 | |
| 7 | |
| 8 | |
| 9 | |
| 10 | |

## MOMENTOS MÁGICOS PARA RECORDAR

| | |
|---|---|
| 1 | |
| 2 | |
| 3 | |
| 4 | |
| 5 | |

## YO AGRADEZCO POR...

| | |
|---|---|
| 1 | |
| 2 | |
| 3 | |

| DÍA | # LOGRO A LARGO PLAZO: |
|---|---|

**METAS EN 3 MESES**

| | |
|---|---|
| TIEMPO | |
| PERSONAL | |
| ECONÓMICA | |

**METAS EN 1 MES**

| | |
|---|---|
| TIEMPO | |
| PERSONAL | |
| ECONÓMICA | |

**ACTIVIDADES PARA HOY**
**(O MAÑANA SI SE HACE EN LA NOCHE)**

| | | |
|---|---|---|
| 1 | | ○ |
| 2 | | ○ |
| 3 | | ○ |

| ESTOY APRENDIENDO DE: | ○ LIBRO | ○ AUDIO | ○ VIDEO |
|---|---|---|---|
| NOMBRE: | | | |
| ESTOY EN LA PÁGINA O TIEMPO DEL VIDEO: | | | |

**HÁBITOS BUENOS**

| |
|---|
| ○ |
| ○ |
| ○ |

**HÁBITOS MALOS**

| |
|---|
| ○ |
| ○ |
| ○ |

**REFLECCIONES POSITIVAS O NEGATIVAS**

| | | |
|---|---|---|
| ✓ | ✕ | |
| ✓ | ✕ | |
| ✓ | ✕ | |

El éxito está en la perseverancia

| FRASE DEL DÍA: | |
|---|---|

## ESCRIBE 10 LOGROS DEL DÍA

| | |
|---|---|
| 1 | |
| 2 | |
| 3 | |
| 4 | |
| 5 | |
| 6 | |
| 7 | |
| 8 | |
| 9 | |
| 10 | |

## MOMENTOS MÁGICOS PARA RECORDAR

| | |
|---|---|
| 1 | |
| 2 | |
| 3 | |
| 4 | |
| 5 | |

## YO AGRADEZCO POR…

| | |
|---|---|
| 1 | |
| 2 | |
| 3 | |

| DÍA | LOGRO A LARGO PLAZO: |
|---|---|

**METAS EN 3 MESES**

| | |
|---|---|
| TIEMPO | |
| PERSONAL | |
| ECONÓMICA | |

**METAS EN 1 MES**

| | |
|---|---|
| TIEMPO | |
| PERSONAL | |
| ECONÓMICA | |

**ACTIVIDADES PARA HOY**
(O MAÑANA SI SE HACE EN LA NOCHE)

| | | |
|---|---|---|
| 1 | | ○ |
| 2 | | ○ |
| 3 | | ○ |

| ESTOY APRENDIENDO DE: | ○ LIBRO | ○ AUDIO | ○ VIDEO |
|---|---|---|---|
| NOMBRE: | | | |
| ESTOY EN LA PÁGINA O TIEMPO DEL VIDEO: | | | |

**HÁBITOS BUENOS**

| |
|---|
| ○ |
| ○ |
| ○ |

**HÁBITOS MALOS**

| |
|---|
| ○ |
| ○ |
| ○ |

**REFLECCIONES POSITIVAS O NEGATIVAS**

| | | |
|---|---|---|
| ✓ | ✕ | |
| ✓ | ✕ | |
| ✓ | ✕ | |

El éxito está en la perseverancia

| FRASE DEL DÍA: | |
|---|---|

## ESCRIBE 10 LOGROS DEL DÍA

| | |
|---|---|
| 1 | |
| 2 | |
| 3 | |
| 4 | |
| 5 | |
| 6 | |
| 7 | |
| 8 | |
| 9 | |
| 10 | |

## MOMENTOS MÁGICOS PARA RECORDAR

| | |
|---|---|
| 1 | |
| 2 | |
| 3 | |
| 4 | |
| 5 | |

## YO AGRADEZCO POR…

| | |
|---|---|
| 1 | |
| 2 | |
| 3 | |

| DÍA | # LOGRO A LARGO PLAZO: |
|---|---|

| METAS EN 3 MESES | |
|---|---|
| TIEMPO | |
| PERSONAL | |
| ECONÓMICA | |

| METAS EN 1 MES | |
|---|---|
| TIEMPO | |
| PERSONAL | |
| ECONÓMICA | |

| ACTIVIDADES PARA HOY (O MAÑANA SI SE HACE EN LA NOCHE) | | |
|---|---|---|
| 1 | | ○ |
| 2 | | ○ |
| 3 | | ○ |

| ESTOY APRENDIENDO DE: | ○ LIBRO | ○ AUDIO | ○ VIDEO |
|---|---|---|---|
| NOMBRE: | | | |
| ESTOY EN LA PÁGINA O TIEMPO DEL VIDEO: | | | |

| HÁBITOS BUENOS |
|---|
| ○ |
| ○ |
| ○ |

| HÁBITOS MALOS |
|---|
| ○ |
| ○ |
| ○ |

| REFLECCIONES POSITIVAS O NEGATIVAS | | |
|---|---|---|
| ✓ | ✕ | |
| ✓ | ✕ | |
| ✓ | ✕ | |

El éxito está en la perseverancia

| FRASE DEL DÍA: | |
|---|---|

## ESCRIBE 10 LOGROS DEL DÍA

| | |
|---|---|
| 1 | |
| 2 | |
| 3 | |
| 4 | |
| 5 | |
| 6 | |
| 7 | |
| 8 | |
| 9 | |
| 10 | |

## MOMENTOS MÁGICOS PARA RECORDAR

| | |
|---|---|
| 1 | |
| 2 | |
| 3 | |
| 4 | |
| 5 | |

## YO AGRADEZCO POR…

| | |
|---|---|
| 1 | |
| 2 | |
| 3 | |

| DÍA | LOGRO A LARGO PLAZO: |
|---|---|

**METAS EN 3 MESES**

| | |
|---|---|
| TIEMPO | |
| PERSONAL | |
| ECONÓMICA | |

**METAS EN 1 MES**

| | |
|---|---|
| TIEMPO | |
| PERSONAL | |
| ECONÓMICA | |

**ACTIVIDADES PARA HOY**
**(O MAÑANA SI SE HACE EN LA NOCHE)**

| | | |
|---|---|---|
| 1 | | ○ |
| 2 | | ○ |
| 3 | | ○ |

| ESTOY APRENDIENDO DE: | ○ LIBRO | ○ AUDIO | ○ VIDEO |
|---|---|---|---|
| NOMBRE: | | | |
| ESTOY EN LA PÁGINA O TIEMPO DEL VIDEO: | | | |

**HÁBITOS BUENOS**

| |
|---|
| ○ |
| ○ |
| ○ |

**HÁBITOS MALOS**

| |
|---|
| ○ |
| ○ |
| ○ |

**REFLECCIONES POSITIVAS O NEGATIVAS**

| | | |
|---|---|---|
| ✓ | ✕ | |
| ✓ | ✕ | |
| ✓ | ✕ | |

El éxito está en la perseverancia

| FRASE DEL DÍA: | |
|---|---|

| ESCRIBE 10 LOGROS DEL DÍA | |
|---|---|
| 1 | |
| 2 | |
| 3 | |
| 4 | |
| 5 | |
| 6 | |
| 7 | |
| 8 | |
| 9 | |
| 10 | |

| MOMENTOS MÁGICOS PARA RECORDAR | |
|---|---|
| 1 | |
| 2 | |
| 3 | |
| 4 | |
| 5 | |

| YO AGRADEZCO POR... | |
|---|---|
| 1 | |
| 2 | |
| 3 | |

| DÍA | # LOGRO A LARGO PLAZO: |
|---|---|

**METAS EN 3 MESES**

| | |
|---|---|
| TIEMPO | |
| PERSONAL | |
| ECONÓMICA | |

**METAS EN 1 MES**

| | |
|---|---|
| TIEMPO | |
| PERSONAL | |
| ECONÓMICA | |

**ACTIVIDADES PARA HOY**
**(O MAÑANA SI SE HACE EN LA NOCHE)**

| | | |
|---|---|---|
| 1 | | ○ |
| 2 | | ○ |
| 3 | | ○ |

| ESTOY APRENDIENDO DE: | ○ LIBRO | ○ AUDIO | ○ VIDEO |
|---|---|---|---|
| NOMBRE: | | | |
| ESTOY EN LA PÁGINA O TIEMPO DEL VIDEO: | | | |

**HÁBITOS BUENOS**

| |
|---|
| ○ |
| ○ |
| ○ |

**HÁBITOS MALOS**

| |
|---|
| ○ |
| ○ |
| ○ |

**REFLECCIONES POSITIVAS O NEGATIVAS**

| | | |
|---|---|---|
| ✓ | ✕ | |
| ✓ | ✕ | |
| ✓ | ✕ | |

El éxito está en la perseverancia

| FRASE DEL DÍA: | |
|---|---|

## ESCRIBE 10 LOGROS DEL DÍA

| | |
|---|---|
| 1 | |
| 2 | |
| 3 | |
| 4 | |
| 5 | |
| 6 | |
| 7 | |
| 8 | |
| 9 | |
| 10 | |

## MOMENTOS MÁGICOS PARA RECORDAR

| | |
|---|---|
| 1 | |
| 2 | |
| 3 | |
| 4 | |
| 5 | |

## YO AGRADEZCO POR…

| | |
|---|---|
| 1 | |
| 2 | |
| 3 | |

| DÍA | # LOGRO A LARGO PLAZO: |
| --- | --- |

**METAS EN 3 MESES**

| | |
| --- | --- |
| TIEMPO | |
| PERSONAL | |
| ECONÓMICA | |

**METAS EN 1 MES**

| | |
| --- | --- |
| TIEMPO | |
| PERSONAL | |
| ECONÓMICA | |

**ACTIVIDADES PARA HOY**
(O MAÑANA SI SE HACE EN LA NOCHE)

| | | |
| --- | --- | --- |
| 1 | | ○ |
| 2 | | ○ |
| 3 | | ○ |

| ESTOY APRENDIENDO DE: | ○ LIBRO | ○ AUDIO | ○ VIDEO |
| --- | --- | --- | --- |
| NOMBRE: | | | |
| ESTOY EN LA PÁGINA O TIEMPO DEL VIDEO: | | | |

**HÁBITOS BUENOS**

- ○
- ○
- ○

**HÁBITOS MALOS**

- ○
- ○
- ○

**REFLECCIONES POSITIVAS O NEGATIVAS**

| | | |
| --- | --- | --- |
| ✓ | × | |
| ✓ | × | |
| ✓ | × | |

El éxito está en la perseverancia

| FRASE DEL DÍA: | |
|---|---|

## ESCRIBE 10 LOGROS DEL DÍA

| | |
|---|---|
| 1 | |
| 2 | |
| 3 | |
| 4 | |
| 5 | |
| 6 | |
| 7 | |
| 8 | |
| 9 | |
| 10 | |

## MOMENTOS MÁGICOS PARA RECORDAR

| | |
|---|---|
| 1 | |
| 2 | |
| 3 | |
| 4 | |
| 5 | |

## YO AGRADEZCO POR…

| | |
|---|---|
| 1 | |
| 2 | |
| 3 | |

| DÍA | # LOGRO A LARGO PLAZO: |
|---|---|

**METAS EN 3 MESES**

| | |
|---|---|
| TIEMPO | |
| PERSONAL | |
| ECONÓMICA | |

**METAS EN 1 MES**

| | |
|---|---|
| TIEMPO | |
| PERSONAL | |
| ECONÓMICA | |

**ACTIVIDADES PARA HOY**
(O MAÑANA SI SE HACE EN LA NOCHE)

| | | |
|---|---|---|
| 1 | | ○ |
| 2 | | ○ |
| 3 | | ○ |

| ESTOY APRENDIENDO DE: | ○ LIBRO ○ AUDIO ○ VIDEO |
|---|---|
| NOMBRE: | |
| ESTOY EN LA PÁGINA O TIEMPO DEL VIDEO: | |

**HÁBITOS BUENOS**

| |
|---|
| ○ |
| ○ |
| ○ |

**HÁBITOS MALOS**

| |
|---|
| ○ |
| ○ |
| ○ |

**REFLECCIONES POSITIVAS O NEGATIVAS**

| | | |
|---|---|---|
| ✓ | × | |
| ✓ | × | |
| ✓ | × | |

El éxito está en la perseverancia

| FRASE DEL DÍA: | |
|---|---|

## ESCRIBE 10 LOGROS DEL DÍA

| | |
|---|---|
| 1 | |
| 2 | |
| 3 | |
| 4 | |
| 5 | |
| 6 | |
| 7 | |
| 8 | |
| 9 | |
| 10 | |

## MOMENTOS MÁGICOS PARA RECORDAR

| | |
|---|---|
| 1 | |
| 2 | |
| 3 | |
| 4 | |
| 5 | |

## YO AGRADEZCO POR…

| | |
|---|---|
| 1 | |
| 2 | |
| 3 | |

| DÍA | LOGRO A LARGO PLAZO: |
|---|---|

**METAS EN 3 MESES**

| | |
|---|---|
| TIEMPO | |
| PERSONAL | |
| ECONÓMICA | |

**METAS EN 1 MES**

| | |
|---|---|
| TIEMPO | |
| PERSONAL | |
| ECONÓMICA | |

**ACTIVIDADES PARA HOY**
**(O MAÑANA SI SE HACE EN LA NOCHE)**

| | | |
|---|---|---|
| 1 | | ○ |
| 2 | | ○ |
| 3 | | ○ |

| ESTOY APRENDIENDO DE: | ○ LIBRO | ○ AUDIO | ○ VIDEO |
|---|---|---|---|
| NOMBRE: | | | |
| ESTOY EN LA PÁGINA O TIEMPO DEL VIDEO: | | | |

**HÁBITOS BUENOS**

| |
|---|
| ○ |
| ○ |
| ○ |

**HÁBITOS MALOS**

| |
|---|
| ○ |
| ○ |
| ○ |

**REFLECCIONES POSITIVAS O NEGATIVAS**

| | | |
|---|---|---|
| ✓ | ✕ | |
| ✓ | ✕ | |
| ✓ | ✕ | |

El éxito está en la perseverancia

| FRASE DEL DÍA: | |
|---|---|

## ESCRIBE 10 LOGROS DEL DÍA

| | |
|---|---|
| 1 | |
| 2 | |
| 3 | |
| 4 | |
| 5 | |
| 6 | |
| 7 | |
| 8 | |
| 9 | |
| 10 | |

## MOMENTOS MÁGICOS PARA RECORDAR

| | |
|---|---|
| 1 | |
| 2 | |
| 3 | |
| 4 | |
| 5 | |

## YO AGRADEZCO POR…

| | |
|---|---|
| 1 | |
| 2 | |
| 3 | |

| DÍA | # LOGRO A LARGO PLAZO: |
|---|---|

**METAS EN 3 MESES**

| | |
|---|---|
| TIEMPO | |
| PERSONAL | |
| ECONÓMICA | |

**METAS EN 1 MES**

| | |
|---|---|
| TIEMPO | |
| PERSONAL | |
| ECONÓMICA | |

**ACTIVIDADES PARA HOY**
(O MAÑANA SI SE HACE EN LA NOCHE)

| | | |
|---|---|---|
| 1 | | ○ |
| 2 | | ○ |
| 3 | | ○ |

| ESTOY APRENDIENDO DE: | ○ LIBRO | ○ AUDIO | ○ VIDEO |
|---|---|---|---|
| NOMBRE: | | | |
| ESTOY EN LA PÁGINA O TIEMPO DEL VIDEO: | | | |

**HÁBITOS BUENOS**

| |
|---|
| ○ |
| ○ |
| ○ |

**HÁBITOS MALOS**

| |
|---|
| ○ |
| ○ |
| ○ |

**REFLECCIONES POSITIVAS O NEGATIVAS**

| | | |
|---|---|---|
| ✓ | × | |
| ✓ | × | |
| ✓ | × | |

El éxito está en la perseverancia

| FRASE DEL DÍA: | |
|---|---|

## ESCRIBE 10 LOGROS DEL DÍA

| | |
|---|---|
| 1 | |
| 2 | |
| 3 | |
| 4 | |
| 5 | |
| 6 | |
| 7 | |
| 8 | |
| 9 | |
| 10 | |

## MOMENTOS MÁGICOS PARA RECORDAR

| | |
|---|---|
| 1 | |
| 2 | |
| 3 | |
| 4 | |
| 5 | |

## YO AGRADEZCO POR…

| | |
|---|---|
| 1 | |
| 2 | |
| 3 | |

| DÍA | LOGRO A LARGO PLAZO: |
|---|---|

| METAS EN 3 MESES | |
|---|---|
| TIEMPO | |
| PERSONAL | |
| ECONÓMICA | |

| METAS EN 1 MES | |
|---|---|
| TIEMPO | |
| PERSONAL | |
| ECONÓMICA | |

| ACTIVIDADES PARA HOY (O MAÑANA SI SE HACE EN LA NOCHE) | | |
|---|---|---|
| 1 | | ○ |
| 2 | | ○ |
| 3 | | ○ |

| ESTOY APRENDIENDO DE: | ○ LIBRO | ○ AUDIO | ○ VIDEO |
|---|---|---|---|
| NOMBRE: | | | |
| ESTOY EN LA PÁGINA O TIEMPO DEL VIDEO: | | | |

| HÁBITOS BUENOS |
|---|
| ○ |
| ○ |
| ○ |

| HÁBITOS MALOS |
|---|
| ○ |
| ○ |
| ○ |

| REFLECCIONES POSITIVAS O NEGATIVAS | | |
|---|---|---|
| ✓ | ✕ | |
| ✓ | ✕ | |
| ✓ | ✕ | |

El éxito está en la perseverancia

| FRASE DEL DÍA: | |
|---|---|

## ESCRIBE 10 LOGROS DEL DÍA

| | |
|---|---|
| 1 | |
| 2 | |
| 3 | |
| 4 | |
| 5 | |
| 6 | |
| 7 | |
| 8 | |
| 9 | |
| 10 | |

## MOMENTOS MÁGICOS PARA RECORDAR

| | |
|---|---|
| 1 | |
| 2 | |
| 3 | |
| 4 | |
| 5 | |

## YO AGRADEZCO POR…

| | |
|---|---|
| 1 | |
| 2 | |
| 3 | |

| DÍA | # LOGRO A LARGO PLAZO: |
|---|---|

**METAS EN 3 MESES**

| | |
|---|---|
| TIEMPO | |
| PERSONAL | |
| ECONÓMICA | |

**METAS EN 1 MES**

| | |
|---|---|
| TIEMPO | |
| PERSONAL | |
| ECONÓMICA | |

**ACTIVIDADES PARA HOY**
(O MAÑANA SI SE HACE EN LA NOCHE)

| | | |
|---|---|---|
| 1 | | ○ |
| 2 | | ○ |
| 3 | | ○ |

| ESTOY APRENDIENDO DE: | ○ LIBRO | ○ AUDIO | ○ VIDEO |
|---|---|---|---|
| NOMBRE: | | | |
| ESTOY EN LA PÁGINA O TIEMPO DEL VIDEO: | | | |

**HÁBITOS BUENOS**

- ○
- ○
- ○

**HÁBITOS MALOS**

- ○
- ○
- ○

**REFLECCIONES POSITIVAS O NEGATIVAS**

| | | |
|---|---|---|
| ✓ | ✕ | |
| ✓ | ✕ | |
| ✓ | ✕ | |

El éxito está en la perseverancia

| FRASE DEL DÍA: | |
|---|---|

## ESCRIBE 10 LOGROS DEL DÍA

| | |
|---|---|
| 1 | |
| 2 | |
| 3 | |
| 4 | |
| 5 | |
| 6 | |
| 7 | |
| 8 | |
| 9 | |
| 10 | |

## MOMENTOS MÁGICOS PARA RECORDAR

| | |
|---|---|
| 1 | |
| 2 | |
| 3 | |
| 4 | |
| 5 | |

## YO AGRADEZCO POR...

| | |
|---|---|
| 1 | |
| 2 | |
| 3 | |

| DÍA | # LOGRO A LARGO PLAZO: |
|---|---|

| METAS EN 3 MESES | |
|---|---|
| TIEMPO | |
| PERSONAL | |
| ECONÓMICA | |

| METAS EN 1 MES | |
|---|---|
| TIEMPO | |
| PERSONAL | |
| ECONÓMICA | |

| ACTIVIDADES PARA HOY<br>(O MAÑANA SI SE HACE EN LA NOCHE) | | |
|---|---|---|
| 1 | | ○ |
| 2 | | ○ |
| 3 | | ○ |

| ESTOY APRENDIENDO DE: | ○ LIBRO ○ AUDIO ○ VIDEO |
|---|---|
| NOMBRE: | |
| ESTOY EN LA PÁGINA O TIEMPO DEL VIDEO: | |

| HÁBITOS BUENOS |
|---|
| ○ |
| ○ |
| ○ |

| HÁBITOS MALOS |
|---|
| ○ |
| ○ |
| ○ |

| REFLECCIONES POSITIVAS O NEGATIVAS | | |
|---|---|---|
| ✓ | ✕ | |
| ✓ | ✕ | |
| ✓ | ✕ | |

El éxito está en la perseverancia

| FRASE DEL DÍA: | |
|---|---|

## ESCRIBE 10 LOGROS DEL DÍA

| | |
|---|---|
| 1 | |
| 2 | |
| 3 | |
| 4 | |
| 5 | |
| 6 | |
| 7 | |
| 8 | |
| 9 | |
| 10 | |

## MOMENTOS MÁGICOS PARA RECORDAR

| | |
|---|---|
| 1 | |
| 2 | |
| 3 | |
| 4 | |
| 5 | |

## YO AGRADEZCO POR…

| | |
|---|---|
| 1 | |
| 2 | |
| 3 | |

| DÍA | LOGRO A LARGO PLAZO: |
|---|---|

| METAS EN 3 MESES | |
|---|---|
| TIEMPO | |
| PERSONAL | |
| ECONÓMICA | |

| METAS EN 1 MES | |
|---|---|
| TIEMPO | |
| PERSONAL | |
| ECONÓMICA | |

| ACTIVIDADES PARA HOY (O MAÑANA SI SE HACE EN LA NOCHE) | | |
|---|---|---|
| 1 | | ○ |
| 2 | | ○ |
| 3 | | ○ |

| ESTOY APRENDIENDO DE: | ○ LIBRO | ○ AUDIO | ○ VIDEO |
|---|---|---|---|
| NOMBRE: | | | |
| ESTOY EN LA PÁGINA O TIEMPO DEL VIDEO: | | | |

| HÁBITOS BUENOS |
|---|
| ○ |
| ○ |
| ○ |

| HÁBITOS MALOS |
|---|
| ○ |
| ○ |
| ○ |

| REFLECCIONES POSITIVAS O NEGATIVAS | | |
|---|---|---|
| ✓ | ✕ | |
| ✓ | ✕ | |
| ✓ | ✕ | |

El éxito está en la perseverancia

| FRASE DEL DÍA: | |
|---|---|

| ESCRIBE 10 LOGROS DEL DÍA | |
|---|---|
| 1 | |
| 2 | |
| 3 | |
| 4 | |
| 5 | |
| 6 | |
| 7 | |
| 8 | |
| 9 | |
| 10 | |

| MOMENTOS MÁGICOS PARA RECORDAR | |
|---|---|
| 1 | |
| 2 | |
| 3 | |
| 4 | |
| 5 | |

| YO AGRADEZCO POR… | |
|---|---|
| 1 | |
| 2 | |
| 3 | |

| DÍA | LOGRO A LARGO PLAZO: |
|---|---|

**METAS EN 3 MESES**

| | |
|---|---|
| TIEMPO | |
| PERSONAL | |
| ECONÓMICA | |

**METAS EN 1 MES**

| | |
|---|---|
| TIEMPO | |
| PERSONAL | |
| ECONÓMICA | |

**ACTIVIDADES PARA HOY**
(O MAÑANA SI SE HACE EN LA NOCHE)

| | | |
|---|---|---|
| 1 | | ○ |
| 2 | | ○ |
| 3 | | ○ |

| ESTOY APRENDIENDO DE: | ○ LIBRO | ○ AUDIO | ○ VIDEO |
|---|---|---|---|
| NOMBRE: | | | |
| ESTOY EN LA PÁGINA O TIEMPO DEL VIDEO: | | | |

**HÁBITOS BUENOS**

- ○
- ○
- ○

**HÁBITOS MALOS**

- ○
- ○
- ○

**REFLECCIONES POSITIVAS O NEGATIVAS**

| | | |
|---|---|---|
| ✓ | ✕ | |
| ✓ | ✕ | |
| ✓ | ✕ | |

El éxito está en la perseverancia

| FRASE DEL DÍA: | |
|---|---|

## ESCRIBE 10 LOGROS DEL DÍA

| | |
|---|---|
| 1 | |
| 2 | |
| 3 | |
| 4 | |
| 5 | |
| 6 | |
| 7 | |
| 8 | |
| 9 | |
| 10 | |

## MOMENTOS MÁGICOS PARA RECORDAR

| | |
|---|---|
| 1 | |
| 2 | |
| 3 | |
| 4 | |
| 5 | |

## YO AGRADEZCO POR…

| | |
|---|---|
| 1 | |
| 2 | |
| 3 | |

| DÍA | LOGRO A LARGO PLAZO: |
|---|---|

| METAS EN 3 MESES | |
|---|---|
| TIEMPO | |
| PERSONAL | |
| ECONÓMICA | |

| METAS EN 1 MES | |
|---|---|
| TIEMPO | |
| PERSONAL | |
| ECONÓMICA | |

| ACTIVIDADES PARA HOY<br>(O MAÑANA SI SE HACE EN LA NOCHE) | | |
|---|---|---|
| 1 | | ○ |
| 2 | | ○ |
| 3 | | ○ |

| ESTOY APRENDIENDO DE: | ○ LIBRO | ○ AUDIO | ○ VIDEO |
|---|---|---|---|
| NOMBRE: | | | |
| ESTOY EN LA PÁGINA O TIEMPO DEL VIDEO: | | | |

| HÁBITOS BUENOS |
|---|
| ○ |
| ○ |
| ○ |

| HÁBITOS MALOS |
|---|
| ○ |
| ○ |
| ○ |

| REFLECCIONES POSITIVAS O NEGATIVAS | | |
|---|---|---|
| ✓ | ✗ | |
| ✓ | ✗ | |
| ✓ | ✗ | |

El éxito está en la perseverancia

| FRASE DEL DÍA: | |
|---|---|

## ESCRIBE 10 LOGROS DEL DÍA

| | |
|---|---|
| 1 | |
| 2 | |
| 3 | |
| 4 | |
| 5 | |
| 6 | |
| 7 | |
| 8 | |
| 9 | |
| 10 | |

## MOMENTOS MÁGICOS PARA RECORDAR

| | |
|---|---|
| 1 | |
| 2 | |
| 3 | |
| 4 | |
| 5 | |

## YO AGRADEZCO POR…

| | |
|---|---|
| 1 | |
| 2 | |
| 3 | |

| DÍA | # LOGRO A LARGO PLAZO: |
|---|---|

| METAS EN 3 MESES | |
|---|---|
| TIEMPO | |
| PERSONAL | |
| ECONÓMICA | |

| METAS EN 1 MES | |
|---|---|
| TIEMPO | |
| PERSONAL | |
| ECONÓMICA | |

| ACTIVIDADES PARA HOY (O MAÑANA SI SE HACE EN LA NOCHE) | | |
|---|---|---|
| 1 | | ○ |
| 2 | | ○ |
| 3 | | ○ |

| ESTOY APRENDIENDO DE: | ○ LIBRO ○ AUDIO ○ VIDEO |
|---|---|
| NOMBRE: | |
| ESTOY EN LA PÁGINA O TIEMPO DEL VIDEO: | |

| HÁBITOS BUENOS |
|---|
| ○ |
| ○ |
| ○ |

| HÁBITOS MALOS |
|---|
| ○ |
| ○ |
| ○ |

| REFLECCIONES POSITIVAS O NEGATIVAS | | |
|---|---|---|
| ✓ | ✕ | |
| ✓ | ✕ | |
| ✓ | ✕ | |

El éxito está en la perseverancia

| FRASE DEL DÍA: | |
|---|---|

| ESCRIBE 10 LOGROS DEL DÍA | |
|---|---|
| 1 | |
| 2 | |
| 3 | |
| 4 | |
| 5 | |
| 6 | |
| 7 | |
| 8 | |
| 9 | |
| 10 | |

| MOMENTOS MÁGICOS PARA RECORDAR | |
|---|---|
| 1 | |
| 2 | |
| 3 | |
| 4 | |
| 5 | |

| YO AGRADEZCO POR… | |
|---|---|
| 1 | |
| 2 | |
| 3 | |

| DÍA | # LOGRO A LARGO PLAZO: |
|---|---|

| METAS EN 3 MESES | |
|---|---|
| TIEMPO | |
| PERSONAL | |
| ECONÓMICA | |

| METAS EN 1 MES | |
|---|---|
| TIEMPO | |
| PERSONAL | |
| ECONÓMICA | |

| ACTIVIDADES PARA HOY (O MAÑANA SI SE HACE EN LA NOCHE) | | |
|---|---|---|
| 1 | | ○ |
| 2 | | ○ |
| 3 | | ○ |

| ESTOY APRENDIENDO DE: | ○ LIBRO | ○ AUDIO | ○ VIDEO |
|---|---|---|---|
| NOMBRE: | | | |
| ESTOY EN LA PÁGINA O TIEMPO DEL VIDEO: | | | |

| HÁBITOS BUENOS |
|---|
| ○ |
| ○ |
| ○ |

| HÁBITOS MALOS |
|---|
| ○ |
| ○ |
| ○ |

| REFLECCIONES POSITIVAS O NEGATIVAS | | |
|---|---|---|
| ✓ | ✗ | |
| ✓ | ✗ | |
| ✓ | ✗ | |

El éxito está en la perseverancia

| FRASE DEL DÍA: | |
|---|---|

## ESCRIBE 10 LOGROS DEL DÍA

| | |
|---|---|
| 1 | |
| 2 | |
| 3 | |
| 4 | |
| 5 | |
| 6 | |
| 7 | |
| 8 | |
| 9 | |
| 10 | |

## MOMENTOS MÁGICOS PARA RECORDAR

| | |
|---|---|
| 1 | |
| 2 | |
| 3 | |
| 4 | |
| 5 | |

## YO AGRADEZCO POR…

| | |
|---|---|
| 1 | |
| 2 | |
| 3 | |

| DÍA | # LOGRO A LARGO PLAZO: |
|---|---|

**METAS EN 3 MESES**

| | |
|---|---|
| TIEMPO | |
| PERSONAL | |
| ECONÓMICA | |

**METAS EN 1 MES**

| | |
|---|---|
| TIEMPO | |
| PERSONAL | |
| ECONÓMICA | |

**ACTIVIDADES PARA HOY**
(O MAÑANA SI SE HACE EN LA NOCHE)

| | | |
|---|---|---|
| 1 | | ○ |
| 2 | | ○ |
| 3 | | ○ |

| ESTOY APRENDIENDO DE: | ○ LIBRO | ○ AUDIO | ○ VIDEO |
|---|---|---|---|
| NOMBRE: | | | |
| ESTOY EN LA PÁGINA O TIEMPO DEL VIDEO: | | | |

**HÁBITOS BUENOS**

| |
|---|
| ○ |
| ○ |
| ○ |

**HÁBITOS MALOS**

| |
|---|
| ○ |
| ○ |
| ○ |

**REFLECCIONES POSITIVAS O NEGATIVAS**

| | | |
|---|---|---|
| ✓ | ✕ | |
| ✓ | ✕ | |
| ✓ | ✕ | |

El éxito está en la perseverancia

| FRASE DEL DÍA: | |
|---|---|

## ESCRIBE 10 LOGROS DEL DÍA

| | |
|---|---|
| 1 | |
| 2 | |
| 3 | |
| 4 | |
| 5 | |
| 6 | |
| 7 | |
| 8 | |
| 9 | |
| 10 | |

## MOMENTOS MÁGICOS PARA RECORDAR

| | |
|---|---|
| 1 | |
| 2 | |
| 3 | |
| 4 | |
| 5 | |

## YO AGRADEZCO POR...

| | |
|---|---|
| 1 | |
| 2 | |
| 3 | |

| DÍA | # LOGRO A LARGO PLAZO: |
|---|---|

| METAS EN 3 MESES | |
|---|---|
| TIEMPO | |
| PERSONAL | |
| ECONÓMICA | |

| METAS EN 1 MES | |
|---|---|
| TIEMPO | |
| PERSONAL | |
| ECONÓMICA | |

| ACTIVIDADES PARA HOY<br>(O MAÑANA SI SE HACE EN LA NOCHE) | | |
|---|---|---|
| 1 | | ○ |
| 2 | | ○ |
| 3 | | ○ |

| ESTOY APRENDIENDO DE: | ○ LIBRO ○ AUDIO ○ VIDEO |
|---|---|
| NOMBRE: | |
| ESTOY EN LA PÁGINA O TIEMPO DEL VIDEO: | |

| HÁBITOS BUENOS |
|---|
| ○ |
| ○ |
| ○ |

| HÁBITOS MALOS |
|---|
| ○ |
| ○ |
| ○ |

| REFLECCIONES POSITIVAS O NEGATIVAS | | |
|---|---|---|
| ✓ | ✕ | |
| ✓ | ✕ | |
| ✓ | ✕ | |

El éxito está en la perseverancia

| FRASE DEL DÍA: | |
|---|---|

## ESCRIBE 10 LOGROS DEL DÍA

| | |
|---|---|
| 1 | |
| 2 | |
| 3 | |
| 4 | |
| 5 | |
| 6 | |
| 7 | |
| 8 | |
| 9 | |
| 10 | |

## MOMENTOS MÁGICOS PARA RECORDAR

| | |
|---|---|
| 1 | |
| 2 | |
| 3 | |
| 4 | |
| 5 | |

## YO AGRADEZCO POR…

| | |
|---|---|
| 1 | |
| 2 | |
| 3 | |

| DÍA | LOGRO A LARGO PLAZO: |
| --- | --- |

**METAS EN 3 MESES**

| TIEMPO | |
| --- | --- |
| PERSONAL | |
| ECONÓMICA | |

**METAS EN 1 MES**

| TIEMPO | |
| --- | --- |
| PERSONAL | |
| ECONÓMICA | |

**ACTIVIDADES PARA HOY**
(O MAÑANA SI SE HACE EN LA NOCHE)

| 1 | | ○ |
| --- | --- | --- |
| 2 | | ○ |
| 3 | | ○ |

| ESTOY APRENDIENDO DE: | ○ LIBRO | ○ AUDIO | ○ VIDEO |
| --- | --- | --- | --- |
| NOMBRE: | | | |
| ESTOY EN LA PÁGINA O TIEMPO DEL VIDEO: | | | |

**HÁBITOS BUENOS**

| ○ |
| --- |
| ○ |
| ○ |

**HÁBITOS MALOS**

| ○ |
| --- |
| ○ |
| ○ |

**REFLECCIONES POSITIVAS O NEGATIVAS**

| ✓ | ✕ | |
| --- | --- | --- |
| ✓ | ✕ | |
| ✓ | ✕ | |

El éxito está en la perseverancia

| FRASE DEL DÍA: | |
|---|---|

## ESCRIBE 10 LOGROS DEL DÍA

| | |
|---|---|
| 1 | |
| 2 | |
| 3 | |
| 4 | |
| 5 | |
| 6 | |
| 7 | |
| 8 | |
| 9 | |
| 10 | |

## MOMENTOS MÁGICOS PARA RECORDAR

| | |
|---|---|
| 1 | |
| 2 | |
| 3 | |
| 4 | |
| 5 | |

## YO AGRADEZCO POR...

| | |
|---|---|
| 1 | |
| 2 | |
| 3 | |

| DÍA | # LOGRO A LARGO PLAZO: |
|---|---|

**METAS EN 3 MESES**

| | |
|---|---|
| TIEMPO | |
| PERSONAL | |
| ECONÓMICA | |

**METAS EN 1 MES**

| | |
|---|---|
| TIEMPO | |
| PERSONAL | |
| ECONÓMICA | |

**ACTIVIDADES PARA HOY**
(O MAÑANA SI SE HACE EN LA NOCHE)

| | | |
|---|---|---|
| 1 | | ○ |
| 2 | | ○ |
| 3 | | ○ |

| ESTOY APRENDIENDO DE: | ○ LIBRO | ○ AUDIO | ○ VIDEO |
|---|---|---|---|
| NOMBRE: | | | |
| ESTOY EN LA PÁGINA O TIEMPO DEL VIDEO: | | | |

**HÁBITOS BUENOS**

| |
|---|
| ○ |
| ○ |
| ○ |

**HÁBITOS MALOS**

| |
|---|
| ○ |
| ○ |
| ○ |

**REFLECCIONES POSITIVAS O NEGATIVAS**

| | | |
|---|---|---|
| ✓ | × | |
| ✓ | × | |
| ✓ | × | |

El éxito está en la perseverancia

| FRASE DEL DÍA: | |
|---|---|

## ESCRIBE 10 LOGROS DEL DÍA

| | |
|---|---|
| 1 | |
| 2 | |
| 3 | |
| 4 | |
| 5 | |
| 6 | |
| 7 | |
| 8 | |
| 9 | |
| 10 | |

## MOMENTOS MÁGICOS PARA RECORDAR

| | |
|---|---|
| 1 | |
| 2 | |
| 3 | |
| 4 | |
| 5 | |

## YO AGRADEZCO POR…

| | |
|---|---|
| 1 | |
| 2 | |
| 3 | |

| DÍA | # LOGRO A LARGO PLAZO: |
|---|---|

| METAS EN 3 MESES | |
|---|---|
| TIEMPO | |
| PERSONAL | |
| ECONÓMICA | |

| METAS EN 1 MES | |
|---|---|
| TIEMPO | |
| PERSONAL | |
| ECONÓMICA | |

| ACTIVIDADES PARA HOY (O MAÑANA SI SE HACE EN LA NOCHE) | | |
|---|---|---|
| 1 | | ○ |
| 2 | | ○ |
| 3 | | ○ |

| ESTOY APRENDIENDO DE: | ○ LIBRO ○ AUDIO ○ VIDEO |
|---|---|
| NOMBRE: | |
| ESTOY EN LA PÁGINA O TIEMPO DEL VIDEO: | |

| HÁBITOS BUENOS |
|---|
| ○ |
| ○ |
| ○ |

| HÁBITOS MALOS |
|---|
| ○ |
| ○ |
| ○ |

| REFLECCIONES POSITIVAS O NEGATIVAS | | |
|---|---|---|
| ✓ | ✕ | |
| ✓ | ✕ | |
| ✓ | ✕ | |

El éxito está en la perseverancia

| FRASE DEL DÍA: | |
|---|---|

## ESCRIBE 10 LOGROS DEL DÍA

| | |
|---|---|
| 1 | |
| 2 | |
| 3 | |
| 4 | |
| 5 | |
| 6 | |
| 7 | |
| 8 | |
| 9 | |
| 10 | |

## MOMENTOS MÁGICOS PARA RECORDAR

| | |
|---|---|
| 1 | |
| 2 | |
| 3 | |
| 4 | |
| 5 | |

## YO AGRADEZCO POR…

| | |
|---|---|
| 1 | |
| 2 | |
| 3 | |

| DÍA | LOGRO A LARGO PLAZO: |
|---|---|

| METAS EN 3 MESES | |
|---|---|
| TIEMPO | |
| PERSONAL | |
| ECONÓMICA | |

| METAS EN 1 MES | |
|---|---|
| TIEMPO | |
| PERSONAL | |
| ECONÓMICA | |

| ACTIVIDADES PARA HOY (O MAÑANA SI SE HACE EN LA NOCHE) | | |
|---|---|---|
| 1 | | ○ |
| 2 | | ○ |
| 3 | | ○ |

| ESTOY APRENDIENDO DE: | ○ LIBRO | ○ AUDIO | ○ VIDEO |
|---|---|---|---|
| NOMBRE: | | | |
| ESTOY EN LA PÁGINA O TIEMPO DEL VIDEO: | | | |

| HÁBITOS BUENOS |
|---|
| ○ |
| ○ |
| ○ |

| HÁBITOS MALOS |
|---|
| ○ |
| ○ |
| ○ |

| REFLECCIONES POSITIVAS O NEGATIVAS | | |
|---|---|---|
| ✓ | ✕ | |
| ✓ | ✕ | |
| ✓ | ✕ | |

El éxito está en la perseverancia

| FRASE DEL DÍA: | |
|---|---|

## ESCRIBE 10 LOGROS DEL DÍA

| | |
|---|---|
| 1 | |
| 2 | |
| 3 | |
| 4 | |
| 5 | |
| 6 | |
| 7 | |
| 8 | |
| 9 | |
| 10 | |

## MOMENTOS MÁGICOS PARA RECORDAR

| | |
|---|---|
| 1 | |
| 2 | |
| 3 | |
| 4 | |
| 5 | |

## YO AGRADEZCO POR…

| | |
|---|---|
| 1 | |
| 2 | |
| 3 | |

| DÍA | LOGRO A LARGO PLAZO: |
|---|---|

**METAS EN 3 MESES**

| | |
|---|---|
| TIEMPO | |
| PERSONAL | |
| ECONÓMICA | |

**METAS EN 1 MES**

| | |
|---|---|
| TIEMPO | |
| PERSONAL | |
| ECONÓMICA | |

**ACTIVIDADES PARA HOY**
(O MAÑANA SI SE HACE EN LA NOCHE)

| | | |
|---|---|---|
| 1 | | ○ |
| 2 | | ○ |
| 3 | | ○ |

| ESTOY APRENDIENDO DE: | ○ LIBRO | ○ AUDIO | ○ VIDEO |
|---|---|---|---|
| NOMBRE: | | | |
| ESTOY EN LA PÁGINA O TIEMPO DEL VIDEO: | | | |

**HÁBITOS BUENOS**

- ○
- ○
- ○

**HÁBITOS MALOS**

- ○
- ○
- ○

**REFLECCIONES POSITIVAS O NEGATIVAS**

| | | |
|---|---|---|
| ✓ | ✗ | |
| ✓ | ✗ | |
| ✓ | ✗ | |

El éxito está en la perseverancia

| FRASE DEL DÍA: | |
|---|---|

## ESCRIBE 10 LOGROS DEL DÍA

| | |
|---|---|
| 1 | |
| 2 | |
| 3 | |
| 4 | |
| 5 | |
| 6 | |
| 7 | |
| 8 | |
| 9 | |
| 10 | |

## MOMENTOS MÁGICOS PARA RECORDAR

| | |
|---|---|
| 1 | |
| 2 | |
| 3 | |
| 4 | |
| 5 | |

## YO AGRADEZCO POR…

| | |
|---|---|
| 1 | |
| 2 | |
| 3 | |

| DÍA | # LOGRO A LARGO PLAZO: |
|---|---|

| METAS EN 3 MESES | |
|---|---|
| TIEMPO | |
| PERSONAL | |
| ECONÓMICA | |

| METAS EN 1 MES | |
|---|---|
| TIEMPO | |
| PERSONAL | |
| ECONÓMICA | |

| ACTIVIDADES PARA HOY (O MAÑANA SI SE HACE EN LA NOCHE) | | |
|---|---|---|
| 1 | | ○ |
| 2 | | ○ |
| 3 | | ○ |

| ESTOY APRENDIENDO DE: | ○ LIBRO | ○ AUDIO | ○ VIDEO |
|---|---|---|---|
| NOMBRE: | | | |
| ESTOY EN LA PÁGINA O TIEMPO DEL VIDEO: | | | |

| HÁBITOS BUENOS |
|---|
| ○ |
| ○ |
| ○ |

| HÁBITOS MALOS |
|---|
| ○ |
| ○ |
| ○ |

| REFLECCIONES POSITIVAS O NEGATIVAS | | |
|---|---|---|
| ✓ | ✕ | |
| ✓ | ✕ | |
| ✓ | ✕ | |

El éxito está en la perseverancia

| FRASE DEL DÍA: | |
|---|---|

## ESCRIBE 10 LOGROS DEL DÍA

| | |
|---|---|
| 1 | |
| 2 | |
| 3 | |
| 4 | |
| 5 | |
| 6 | |
| 7 | |
| 8 | |
| 9 | |
| 10 | |

## MOMENTOS MÁGICOS PARA RECORDAR

| | |
|---|---|
| 1 | |
| 2 | |
| 3 | |
| 4 | |
| 5 | |

## YO AGRADEZCO POR…

| | |
|---|---|
| 1 | |
| 2 | |
| 3 | |

| DÍA | # LOGRO A LARGO PLAZO: |
|---|---|

**METAS EN 3 MESES**

| | |
|---|---|
| TIEMPO | |
| PERSONAL | |
| ECONÓMICA | |

**METAS EN 1 MES**

| | |
|---|---|
| TIEMPO | |
| PERSONAL | |
| ECONÓMICA | |

**ACTIVIDADES PARA HOY**
(O MAÑANA SI SE HACE EN LA NOCHE)

| | | |
|---|---|---|
| 1 | | ○ |
| 2 | | ○ |
| 3 | | ○ |

| ESTOY APRENDIENDO DE: | ○ LIBRO | ○ AUDIO | ○ VIDEO |
|---|---|---|---|
| NOMBRE: | | | |
| ESTOY EN LA PÁGINA O TIEMPO DEL VIDEO: | | | |

**HÁBITOS BUENOS**

- ○
- ○
- ○

**HÁBITOS MALOS**

- ○
- ○
- ○

**REFLECCIONES POSITIVAS O NEGATIVAS**

| | | |
|---|---|---|
| ✓ | ✕ | |
| ✓ | ✕ | |
| ✓ | ✕ | |

El éxito está en la perseverancia

| FRASE DEL DÍA: | |
|---|---|

## ESCRIBE 10 LOGROS DEL DÍA

| | |
|---|---|
| 1 | |
| 2 | |
| 3 | |
| 4 | |
| 5 | |
| 6 | |
| 7 | |
| 8 | |
| 9 | |
| 10 | |

## MOMENTOS MÁGICOS PARA RECORDAR

| | |
|---|---|
| 1 | |
| 2 | |
| 3 | |
| 4 | |
| 5 | |

## YO AGRADEZCO POR…

| | |
|---|---|
| 1 | |
| 2 | |
| 3 | |

| DÍA | LOGRO A LARGO PLAZO: |
|---|---|

**METAS EN 3 MESES**

| | |
|---|---|
| TIEMPO | |
| PERSONAL | |
| ECONÓMICA | |

**METAS EN 1 MES**

| | |
|---|---|
| TIEMPO | |
| PERSONAL | |
| ECONÓMICA | |

**ACTIVIDADES PARA HOY**
**(O MAÑANA SI SE HACE EN LA NOCHE)**

| | | |
|---|---|---|
| 1 | | ○ |
| 2 | | ○ |
| 3 | | ○ |

| ESTOY APRENDIENDO DE: | ○ LIBRO | ○ AUDIO | ○ VIDEO |
|---|---|---|---|
| NOMBRE: | | | |
| ESTOY EN LA PÁGINA O TIEMPO DEL VIDEO: | | | |

**HÁBITOS BUENOS**

- ○
- ○
- ○

**HÁBITOS MALOS**

- ○
- ○
- ○

**REFLECCIONES POSITIVAS O NEGATIVAS**

| | | |
|---|---|---|
| ✓ | ✕ | |
| ✓ | ✕ | |
| ✓ | ✕ | |

El éxito está en la perseverancia

| FRASE DEL DÍA: | |
|---|---|

## ESCRIBE 10 LOGROS DEL DÍA

| | |
|---|---|
| 1 | |
| 2 | |
| 3 | |
| 4 | |
| 5 | |
| 6 | |
| 7 | |
| 8 | |
| 9 | |
| 10 | |

## MOMENTOS MÁGICOS PARA RECORDAR

| | |
|---|---|
| 1 | |
| 2 | |
| 3 | |
| 4 | |
| 5 | |

## YO AGRADEZCO POR…

| | |
|---|---|
| 1 | |
| 2 | |
| 3 | |

| DÍA | # LOGRO A LARGO PLAZO: |
|---|---|

| METAS EN 3 MESES | |
|---|---|
| TIEMPO | |
| PERSONAL | |
| ECONÓMICA | |

| METAS EN 1 MES | |
|---|---|
| TIEMPO | |
| PERSONAL | |
| ECONÓMICA | |

| ACTIVIDADES PARA HOY (O MAÑANA SI SE HACE EN LA NOCHE) | | |
|---|---|---|
| 1 | | ○ |
| 2 | | ○ |
| 3 | | ○ |

| ESTOY APRENDIENDO DE: | ○ LIBRO | ○ AUDIO | ○ VIDEO |
|---|---|---|---|
| NOMBRE: | | | |
| ESTOY EN LA PÁGINA O TIEMPO DEL VIDEO: | | | |

| HÁBITOS BUENOS |
|---|
| ○ |
| ○ |
| ○ |

| HÁBITOS MALOS |
|---|
| ○ |
| ○ |
| ○ |

| REFLECCIONES POSITIVAS O NEGATIVAS | | |
|---|---|---|
| ✓ | ✕ | |
| ✓ | ✕ | |
| ✓ | ✕ | |

El éxito está en la perseverancia

| FRASE DEL DÍA: | |
|---|---|

## ESCRIBE 10 LOGROS DEL DÍA

| | |
|---|---|
| 1 | |
| 2 | |
| 3 | |
| 4 | |
| 5 | |
| 6 | |
| 7 | |
| 8 | |
| 9 | |
| 10 | |

## MOMENTOS MÁGICOS PARA RECORDAR

| | |
|---|---|
| 1 | |
| 2 | |
| 3 | |
| 4 | |
| 5 | |

## YO AGRADEZCO POR…

| | |
|---|---|
| 1 | |
| 2 | |
| 3 | |

| DÍA | # LOGRO A LARGO PLAZO: |
|---|---|

**METAS EN 3 MESES**

| | |
|---|---|
| TIEMPO | |
| PERSONAL | |
| ECONÓMICA | |

**METAS EN 1 MES**

| | |
|---|---|
| TIEMPO | |
| PERSONAL | |
| ECONÓMICA | |

**ACTIVIDADES PARA HOY**
**(O MAÑANA SI SE HACE EN LA NOCHE)**

| | | |
|---|---|---|
| 1 | | ○ |
| 2 | | ○ |
| 3 | | ○ |

| ESTOY APRENDIENDO DE: | ○ LIBRO | ○ AUDIO | ○ VIDEO |
|---|---|---|---|
| NOMBRE: | | | |
| ESTOY EN LA PÁGINA O TIEMPO DEL VIDEO: | | | |

**HÁBITOS BUENOS**

| |
|---|
| ○ |
| ○ |
| ○ |

**HÁBITOS MALOS**

| |
|---|
| ○ |
| ○ |
| ○ |

**REFLECCIONES POSITIVAS O NEGATIVAS**

| | | |
|---|---|---|
| ✓ | ✕ | |
| ✓ | ✕ | |
| ✓ | ✕ | |

El éxito está en la perseverancia

| FRASE DEL DÍA: | |
|---|---|

## ESCRIBE 10 LOGROS DEL DÍA

| | |
|---|---|
| 1 | |
| 2 | |
| 3 | |
| 4 | |
| 5 | |
| 6 | |
| 7 | |
| 8 | |
| 9 | |
| 10 | |

## MOMENTOS MÁGICOS PARA RECORDAR

| | |
|---|---|
| 1 | |
| 2 | |
| 3 | |
| 4 | |
| 5 | |

## YO AGRADEZCO POR…

| | |
|---|---|
| 1 | |
| 2 | |
| 3 | |

| DÍA | # LOGRO A LARGO PLAZO: |
|---|---|

| METAS EN 3 MESES | |
|---|---|
| TIEMPO | |
| PERSONAL | |
| ECONÓMICA | |

| METAS EN 1 MES | |
|---|---|
| TIEMPO | |
| PERSONAL | |
| ECONÓMICA | |

| ACTIVIDADES PARA HOY<br>(O MAÑANA SI SE HACE EN LA NOCHE) | | |
|---|---|---|
| 1 | | ○ |
| 2 | | ○ |
| 3 | | ○ |

| ESTOY APRENDIENDO DE: | ○ LIBRO ○ AUDIO ○ VIDEO |
|---|---|
| NOMBRE: | |
| ESTOY EN LA PÁGINA O TIEMPO DEL VIDEO: | |

| HÁBITOS BUENOS |
|---|
| ○ |
| ○ |
| ○ |

| HÁBITOS MALOS |
|---|
| ○ |
| ○ |
| ○ |

| REFLECCIONES POSITIVAS O NEGATIVAS | | |
|---|---|---|
| ✓ | ✕ | |
| ✓ | ✕ | |
| ✓ | ✕ | |

El éxito está en la perseverancia

| FRASE DEL DÍA: | |
|---|---|

| ESCRIBE 10 LOGROS DEL DÍA | |
|---|---|
| 1 | |
| 2 | |
| 3 | |
| 4 | |
| 5 | |
| 6 | |
| 7 | |
| 8 | |
| 9 | |
| 10 | |

| MOMENTOS MÁGICOS PARA RECORDAR | |
|---|---|
| 1 | |
| 2 | |
| 3 | |
| 4 | |
| 5 | |

| YO AGRADEZCO POR... | |
|---|---|
| 1 | |
| 2 | |
| 3 | |

| DÍA | # LOGRO A LARGO PLAZO: |
|---|---|

| METAS EN 3 MESES | |
|---|---|
| TIEMPO | |
| PERSONAL | |
| ECONÓMICA | |

| METAS EN 1 MES | |
|---|---|
| TIEMPO | |
| PERSONAL | |
| ECONÓMICA | |

| ACTIVIDADES PARA HOY (O MAÑANA SI SE HACE EN LA NOCHE) | | |
|---|---|---|
| 1 | | ○ |
| 2 | | ○ |
| 3 | | ○ |

| ESTOY APRENDIENDO DE: | ○ LIBRO | ○ AUDIO | ○ VIDEO |
|---|---|---|---|
| NOMBRE: | | | |
| ESTOY EN LA PÁGINA O TIEMPO DEL VIDEO: | | | |

| HÁBITOS BUENOS |
|---|
| ○ |
| ○ |
| ○ |

| HÁBITOS MALOS |
|---|
| ○ |
| ○ |
| ○ |

| REFLECCIONES POSITIVAS O NEGATIVAS | | |
|---|---|---|
| ✓ | × | |
| ✓ | × | |
| ✓ | × | |

El éxito está en la perseverancia

| FRASE DEL DÍA: | |
|---|---|

| ESCRIBE 10 LOGROS DEL DÍA | |
|---|---|
| 1 | |
| 2 | |
| 3 | |
| 4 | |
| 5 | |
| 6 | |
| 7 | |
| 8 | |
| 9 | |
| 10 | |

| MOMENTOS MÁGICOS PARA RECORDAR | |
|---|---|
| 1 | |
| 2 | |
| 3 | |
| 4 | |
| 5 | |

| YO AGRADEZCO POR… | |
|---|---|
| 1 | |
| 2 | |
| 3 | |

| DÍA | LOGRO A LARGO PLAZO: |
|---|---|

| METAS EN 3 MESES | |
|---|---|
| TIEMPO | |
| PERSONAL | |
| ECONÓMICA | |

| METAS EN 1 MES | |
|---|---|
| TIEMPO | |
| PERSONAL | |
| ECONÓMICA | |

| ACTIVIDADES PARA HOY (O MAÑANA SI SE HACE EN LA NOCHE) | | |
|---|---|---|
| 1 | | ○ |
| 2 | | ○ |
| 3 | | ○ |

| ESTOY APRENDIENDO DE: | ○ LIBRO | ○ AUDIO | ○ VIDEO |
|---|---|---|---|
| NOMBRE: | | | |
| ESTOY EN LA PÁGINA O TIEMPO DEL VIDEO: | | | |

| HÁBITOS BUENOS |
|---|
| ○ |
| ○ |
| ○ |

| HÁBITOS MALOS |
|---|
| ○ |
| ○ |
| ○ |

| REFLECCIONES POSITIVAS O NEGATIVAS | | |
|---|---|---|
| ✓ | ✕ | |
| ✓ | ✕ | |
| ✓ | ✕ | |

El éxito está en la perseverancia

| FRASE DEL DÍA: | |
|---|---|

## ESCRIBE 10 LOGROS DEL DÍA

| | |
|---|---|
| 1 | |
| 2 | |
| 3 | |
| 4 | |
| 5 | |
| 6 | |
| 7 | |
| 8 | |
| 9 | |
| 10 | |

## MOMENTOS MÁGICOS PARA RECORDAR

| | |
|---|---|
| 1 | |
| 2 | |
| 3 | |
| 4 | |
| 5 | |

## YO AGRADEZCO POR…

| | |
|---|---|
| 1 | |
| 2 | |
| 3 | |

| DÍA | # LOGRO A LARGO PLAZO: |
|---|---|

**METAS EN 3 MESES**

| | |
|---|---|
| TIEMPO | |
| PERSONAL | |
| ECONÓMICA | |

**METAS EN 1 MES**

| | |
|---|---|
| TIEMPO | |
| PERSONAL | |
| ECONÓMICA | |

**ACTIVIDADES PARA HOY**
(O MAÑANA SI SE HACE EN LA NOCHE)

| | | |
|---|---|---|
| 1 | | ○ |
| 2 | | ○ |
| 3 | | ○ |

| ESTOY APRENDIENDO DE: | ○ LIBRO | ○ AUDIO | ○ VIDEO |
|---|---|---|---|
| NOMBRE: | | | |
| ESTOY EN LA PÁGINA O TIEMPO DEL VIDEO: | | | |

**HÁBITOS BUENOS**

| |
|---|
| ○ |
| ○ |
| ○ |

**HÁBITOS MALOS**

| |
|---|
| ○ |
| ○ |
| ○ |

**REFLECCIONES POSITIVAS O NEGATIVAS**

| | | |
|---|---|---|
| ✓ | ✕ | |
| ✓ | ✕ | |
| ✓ | ✕ | |

El éxito está en la perseverancia

| FRASE DEL DÍA: | |
|---|---|

| ESCRIBE 10 LOGROS DEL DÍA | |
|---|---|
| 1 | |
| 2 | |
| 3 | |
| 4 | |
| 5 | |
| 6 | |
| 7 | |
| 8 | |
| 9 | |
| 10 | |

| MOMENTOS MÁGICOS PARA RECORDAR | |
|---|---|
| 1 | |
| 2 | |
| 3 | |
| 4 | |
| 5 | |

| YO AGRADEZCO POR… | |
|---|---|
| 1 | |
| 2 | |
| 3 | |

| DÍA | LOGRO A LARGO PLAZO: |
|---|---|

| METAS EN 3 MESES | |
|---|---|
| TIEMPO | |
| PERSONAL | |
| ECONÓMICA | |

| METAS EN 1 MES | |
|---|---|
| TIEMPO | |
| PERSONAL | |
| ECONÓMICA | |

| ACTIVIDADES PARA HOY (O MAÑANA SI SE HACE EN LA NOCHE) | | |
|---|---|---|
| 1 | | ○ |
| 2 | | ○ |
| 3 | | ○ |

| ESTOY APRENDIENDO DE: | ○ LIBRO | ○ AUDIO | ○ VIDEO |
|---|---|---|---|
| NOMBRE: | | | |
| ESTOY EN LA PÁGINA O TIEMPO DEL VIDEO: | | | |

| HÁBITOS BUENOS |
|---|
| ○ |
| ○ |
| ○ |

| HÁBITOS MALOS |
|---|
| ○ |
| ○ |
| ○ |

| REFLECCIONES POSITIVAS O NEGATIVAS | | |
|---|---|---|
| ✓ | ✕ | |
| ✓ | ✕ | |
| ✓ | ✕ | |

El éxito está en la perseverancia

| FRASE DEL DÍA: | |
|---|---|

| ESCRIBE 10 LOGROS DEL DÍA | |
|---|---|
| 1 | |
| 2 | |
| 3 | |
| 4 | |
| 5 | |
| 6 | |
| 7 | |
| 8 | |
| 9 | |
| 10 | |

| MOMENTOS MÁGICOS PARA RECORDAR | |
|---|---|
| 1 | |
| 2 | |
| 3 | |
| 4 | |
| 5 | |

| YO AGRADEZCO POR… | |
|---|---|
| 1 | |
| 2 | |
| 3 | |

| DÍA | # LOGRO A LARGO PLAZO: |
|---|---|

**METAS EN 3 MESES**

| | |
|---|---|
| TIEMPO | |
| PERSONAL | |
| ECONÓMICA | |

**METAS EN 1 MES**

| | |
|---|---|
| TIEMPO | |
| PERSONAL | |
| ECONÓMICA | |

**ACTIVIDADES PARA HOY**
(O MAÑANA SI SE HACE EN LA NOCHE)

| | | |
|---|---|---|
| 1 | | ○ |
| 2 | | ○ |
| 3 | | ○ |

| ESTOY APRENDIENDO DE: | ○ LIBRO | ○ AUDIO | ○ VIDEO |
|---|---|---|---|
| NOMBRE: | | | |
| ESTOY EN LA PÁGINA O TIEMPO DEL VIDEO: | | | |

**HÁBITOS BUENOS**

| | |
|---|---|
| ○ | |
| ○ | |
| ○ | |

**HÁBITOS MALOS**

| | |
|---|---|
| ○ | |
| ○ | |
| ○ | |

**REFLECCIONES POSITIVAS O NEGATIVAS**

| | | |
|---|---|---|
| ✓ | ✕ | |
| ✓ | ✕ | |
| ✓ | ✕ | |

El éxito está en la perseverancia

| FRASE DEL DÍA: | |
|---|---|

## ESCRIBE 10 LOGROS DEL DÍA

| | |
|---|---|
| 1 | |
| 2 | |
| 3 | |
| 4 | |
| 5 | |
| 6 | |
| 7 | |
| 8 | |
| 9 | |
| 10 | |

## MOMENTOS MÁGICOS PARA RECORDAR

| | |
|---|---|
| 1 | |
| 2 | |
| 3 | |
| 4 | |
| 5 | |

## YO AGRADEZCO POR…

| | |
|---|---|
| 1 | |
| 2 | |
| 3 | |

| DÍA | LOGRO A LARGO PLAZO: |
| --- | --- |

| METAS EN 3 MESES | |
| --- | --- |
| TIEMPO | |
| PERSONAL | |
| ECONÓMICA | |

| METAS EN 1 MES | |
| --- | --- |
| TIEMPO | |
| PERSONAL | |
| ECONÓMICA | |

| ACTIVIDADES PARA HOY<br>(O MAÑANA SI SE HACE EN LA NOCHE) | | |
| --- | --- | --- |
| 1 | | ○ |
| 2 | | ○ |
| 3 | | ○ |

| ESTOY APRENDIENDO DE: | ○ LIBRO | ○ AUDIO | ○ VIDEO |
| --- | --- | --- | --- |
| NOMBRE: | | | |
| ESTOY EN LA PÁGINA O TIEMPO DEL VIDEO: | | | |

| HÁBITOS BUENOS |
| --- |
| ○ |
| ○ |
| ○ |

| HÁBITOS MALOS |
| --- |
| ○ |
| ○ |
| ○ |

| REFLECCIONES POSITIVAS O NEGATIVAS | | |
| --- | --- | --- |
| ✓ | ✕ | |
| ✓ | ✕ | |
| ✓ | ✕ | |

El éxito está en la perseverancia

| FRASE DEL DÍA: | |
|---|---|

## ESCRIBE 10 LOGROS DEL DÍA

| | |
|---|---|
| 1 | |
| 2 | |
| 3 | |
| 4 | |
| 5 | |
| 6 | |
| 7 | |
| 8 | |
| 9 | |
| 10 | |

## MOMENTOS MÁGICOS PARA RECORDAR

| | |
|---|---|
| 1 | |
| 2 | |
| 3 | |
| 4 | |
| 5 | |

## YO AGRADEZCO POR…

| | |
|---|---|
| 1 | |
| 2 | |
| 3 | |

| DÍA | # LOGRO A LARGO PLAZO: |
|---|---|

**METAS EN 3 MESES**

| TIEMPO | |
|---|---|
| PERSONAL | |
| ECONÓMICA | |

**METAS EN 1 MES**

| TIEMPO | |
|---|---|
| PERSONAL | |
| ECONÓMICA | |

**ACTIVIDADES PARA HOY**
**(O MAÑANA SI SE HACE EN LA NOCHE)**

| | | |
|---|---|---|
| 1 | | ○ |
| 2 | | ○ |
| 3 | | ○ |

| ESTOY APRENDIENDO DE: | ○ LIBRO | ○ AUDIO | ○ VIDEO |
|---|---|---|---|
| NOMBRE: | | | |
| ESTOY EN LA PÁGINA O TIEMPO DEL VIDEO: | | | |

**HÁBITOS BUENOS**

- ○
- ○
- ○

**HÁBITOS MALOS**

- ○
- ○
- ○

**REFLECCIONES POSITIVAS O NEGATIVAS**

| | | |
|---|---|---|
| ✓ | ✕ | |
| ✓ | ✕ | |
| ✓ | ✕ | |

El éxito está en la perseverancia

| FRASE DEL DÍA: | |
|---|---|

## ESCRIBE 10 LOGROS DEL DÍA

| | |
|---|---|
| 1 | |
| 2 | |
| 3 | |
| 4 | |
| 5 | |
| 6 | |
| 7 | |
| 8 | |
| 9 | |
| 10 | |

## MOMENTOS MÁGICOS PARA RECORDAR

| | |
|---|---|
| 1 | |
| 2 | |
| 3 | |
| 4 | |
| 5 | |

## YO AGRADEZCO POR…

| | |
|---|---|
| 1 | |
| 2 | |
| 3 | |

| DÍA | # LOGRO A LARGO PLAZO: |
|---|---|

**METAS EN 3 MESES**

| | |
|---|---|
| TIEMPO | |
| PERSONAL | |
| ECONÓMICA | |

**METAS EN 1 MES**

| | |
|---|---|
| TIEMPO | |
| PERSONAL | |
| ECONÓMICA | |

**ACTIVIDADES PARA HOY**
**(O MAÑANA SI SE HACE EN LA NOCHE)**

| | | |
|---|---|---|
| 1 | | ○ |
| 2 | | ○ |
| 3 | | ○ |

| ESTOY APRENDIENDO DE: | ○ LIBRO | ○ AUDIO | ○ VIDEO |
|---|---|---|---|
| NOMBRE: | | | |
| ESTOY EN LA PÁGINA O TIEMPO DEL VIDEO: | | | |

**HÁBITOS BUENOS**

| |
|---|
| ○ |
| ○ |
| ○ |

**HÁBITOS MALOS**

| |
|---|
| ○ |
| ○ |
| ○ |

**REFLECCIONES POSITIVAS O NEGATIVAS**

| | | |
|---|---|---|
| ✓ | ✕ | |
| ✓ | ✕ | |
| ✓ | ✕ | |

El éxito está en la perseverancia

| FRASE DEL DÍA: | |
|---|---|

## ESCRIBE 10 LOGROS DEL DÍA

| | |
|---|---|
| 1 | |
| 2 | |
| 3 | |
| 4 | |
| 5 | |
| 6 | |
| 7 | |
| 8 | |
| 9 | |
| 10 | |

## MOMENTOS MÁGICOS PARA RECORDAR

| | |
|---|---|
| 1 | |
| 2 | |
| 3 | |
| 4 | |
| 5 | |

## YO AGRADEZCO POR…

| | |
|---|---|
| 1 | |
| 2 | |
| 3 | |

| DÍA | # LOGRO A LARGO PLAZO: |
|---|---|

| METAS EN 3 MESES | |
|---|---|
| TIEMPO | |
| PERSONAL | |
| ECONÓMICA | |

| METAS EN 1 MES | |
|---|---|
| TIEMPO | |
| PERSONAL | |
| ECONÓMICA | |

| ACTIVIDADES PARA HOY (O MAÑANA SI SE HACE EN LA NOCHE) | | |
|---|---|---|
| 1 | | ○ |
| 2 | | ○ |
| 3 | | ○ |

| ESTOY APRENDIENDO DE: | ○ LIBRO ○ AUDIO ○ VIDEO |
|---|---|
| NOMBRE: | |
| ESTOY EN LA PÁGINA O TIEMPO DEL VIDEO: | |

| HÁBITOS BUENOS |
|---|
| ○ |
| ○ |
| ○ |

| HÁBITOS MALOS |
|---|
| ○ |
| ○ |
| ○ |

| REFLECCIONES POSITIVAS O NEGATIVAS | | |
|---|---|---|
| ✓ | ✕ | |
| ✓ | ✕ | |
| ✓ | ✕ | |

El éxito está en la perseverancia

| FRASE DEL DÍA: | |
|---|---|

## ESCRIBE 10 LOGROS DEL DÍA

| | |
|---|---|
| 1 | |
| 2 | |
| 3 | |
| 4 | |
| 5 | |
| 6 | |
| 7 | |
| 8 | |
| 9 | |
| 10 | |

## MOMENTOS MÁGICOS PARA RECORDAR

| | |
|---|---|
| 1 | |
| 2 | |
| 3 | |
| 4 | |
| 5 | |

## YO AGRADEZCO POR...

| | |
|---|---|
| 1 | |
| 2 | |
| 3 | |

| DÍA | # LOGRO A LARGO PLAZO: |
|---|---|

**METAS EN 3 MESES**

| | |
|---|---|
| TIEMPO | |
| PERSONAL | |
| ECONÓMICA | |

**METAS EN 1 MES**

| | |
|---|---|
| TIEMPO | |
| PERSONAL | |
| ECONÓMICA | |

**ACTIVIDADES PARA HOY**
**(O MAÑANA SI SE HACE EN LA NOCHE)**

| | | |
|---|---|---|
| 1 | | ○ |
| 2 | | ○ |
| 3 | | ○ |

| ESTOY APRENDIENDO DE: | ○ LIBRO ○ AUDIO ○ VIDEO |
|---|---|
| NOMBRE: | |
| ESTOY EN LA PÁGINA O TIEMPO DEL VIDEO: | |

**HÁBITOS BUENOS**

- ○
- ○
- ○

**HÁBITOS MALOS**

- ○
- ○
- ○

**REFLECCIONES POSITIVAS O NEGATIVAS**

| | | |
|---|---|---|
| ✓ | ✕ | |
| ✓ | ✕ | |
| ✓ | ✕ | |

El éxito está en la perseverancia

| FRASE DEL DÍA: | |
|---|---|

## ESCRIBE 10 LOGROS DEL DÍA

| | |
|---|---|
| 1 | |
| 2 | |
| 3 | |
| 4 | |
| 5 | |
| 6 | |
| 7 | |
| 8 | |
| 9 | |
| 10 | |

## MOMENTOS MÁGICOS PARA RECORDAR

| | |
|---|---|
| 1 | |
| 2 | |
| 3 | |
| 4 | |
| 5 | |

## YO AGRADEZCO POR…

| | |
|---|---|
| 1 | |
| 2 | |
| 3 | |

| DÍA | # LOGRO A LARGO PLAZO: |
|---|---|

| METAS EN 3 MESES | |
|---|---|
| TIEMPO | |
| PERSONAL | |
| ECONÓMICA | |

| METAS EN 1 MES | |
|---|---|
| TIEMPO | |
| PERSONAL | |
| ECONÓMICA | |

| ACTIVIDADES PARA HOY<br>(O MAÑANA SI SE HACE EN LA NOCHE) | | |
|---|---|---|
| 1 | | ○ |
| 2 | | ○ |
| 3 | | ○ |

| ESTOY APRENDIENDO DE: | ○ LIBRO ○ AUDIO ○ VIDEO |
|---|---|
| NOMBRE: | |
| ESTOY EN LA PÁGINA O TIEMPO DEL VIDEO: | |

| HÁBITOS BUENOS |
|---|
| ○ |
| ○ |
| ○ |

| HÁBITOS MALOS |
|---|
| ○ |
| ○ |
| ○ |

| REFLECCIONES POSITIVAS O NEGATIVAS | | |
|---|---|---|
| ✓ | ✕ | |
| ✓ | ✕ | |
| ✓ | ✕ | |

El éxito está en la perseverancia

| FRASE DEL DÍA: | |
|---|---|

## ESCRIBE 10 LOGROS DEL DÍA

| | |
|---|---|
| 1 | |
| 2 | |
| 3 | |
| 4 | |
| 5 | |
| 6 | |
| 7 | |
| 8 | |
| 9 | |
| 10 | |

## MOMENTOS MÁGICOS PARA RECORDAR

| | |
|---|---|
| 1 | |
| 2 | |
| 3 | |
| 4 | |
| 5 | |

## YO AGRADEZCO POR…

| | |
|---|---|
| 1 | |
| 2 | |
| 3 | |

| DÍA | LOGRO A LARGO PLAZO: |
|---|---|

| METAS EN 3 MESES | |
|---|---|
| TIEMPO | |
| PERSONAL | |
| ECONÓMICA | |

| METAS EN 1 MES | |
|---|---|
| TIEMPO | |
| PERSONAL | |
| ECONÓMICA | |

| ACTIVIDADES PARA HOY (O MAÑANA SI SE HACE EN LA NOCHE) | | |
|---|---|---|
| 1 | | ○ |
| 2 | | ○ |
| 3 | | ○ |

| ESTOY APRENDIENDO DE: | ○ LIBRO | ○ AUDIO | ○ VIDEO |
|---|---|---|---|
| NOMBRE: | | | |
| ESTOY EN LA PÁGINA O TIEMPO DEL VIDEO: | | | |

| HÁBITOS BUENOS |
|---|
| ○ |
| ○ |
| ○ |

| HÁBITOS MALOS |
|---|
| ○ |
| ○ |
| ○ |

| REFLECCIONES POSITIVAS O NEGATIVAS | | |
|---|---|---|
| ✓ | ✗ | |
| ✓ | ✗ | |
| ✓ | ✗ | |

El éxito está en la perseverancia

| FRASE DEL DÍA: | |
|---|---|

## ESCRIBE 10 LOGROS DEL DÍA

| | |
|---|---|
| 1 | |
| 2 | |
| 3 | |
| 4 | |
| 5 | |
| 6 | |
| 7 | |
| 8 | |
| 9 | |
| 10 | |

## MOMENTOS MÁGICOS PARA RECORDAR

| | |
|---|---|
| 1 | |
| 2 | |
| 3 | |
| 4 | |
| 5 | |

## YO AGRADEZCO POR…

| | |
|---|---|
| 1 | |
| 2 | |
| 3 | |

| DÍA | LOGRO A LARGO PLAZO: |
| --- | --- |

**METAS EN 3 MESES**

| TIEMPO | |
| --- | --- |
| PERSONAL | |
| ECONÓMICA | |

**METAS EN 1 MES**

| TIEMPO | |
| --- | --- |
| PERSONAL | |
| ECONÓMICA | |

**ACTIVIDADES PARA HOY**
(O MAÑANA SI SE HACE EN LA NOCHE)

| | | |
| --- | --- | --- |
| 1 | | ○ |
| 2 | | ○ |
| 3 | | ○ |

| ESTOY APRENDIENDO DE: | ○ LIBRO | ○ AUDIO | ○ VIDEO |
| --- | --- | --- | --- |
| NOMBRE: | | | |
| ESTOY EN LA PÁGINA O TIEMPO DEL VIDEO: | | | |

**HÁBITOS BUENOS**

| |
| --- |
| ○ |
| ○ |
| ○ |

**HÁBITOS MALOS**

| |
| --- |
| ○ |
| ○ |
| ○ |

**REFLECCIONES POSITIVAS O NEGATIVAS**

| | | |
| --- | --- | --- |
| ✓ | ✕ | |
| ✓ | ✕ | |
| ✓ | ✕ | |

El éxito está en la perseverancia

| FRASE DEL DÍA: | |
|---|---|

## ESCRIBE 10 LOGROS DEL DÍA

| | |
|---|---|
| 1 | |
| 2 | |
| 3 | |
| 4 | |
| 5 | |
| 6 | |
| 7 | |
| 8 | |
| 9 | |
| 10 | |

## MOMENTOS MÁGICOS PARA RECORDAR

| | |
|---|---|
| 1 | |
| 2 | |
| 3 | |
| 4 | |
| 5 | |

## YO AGRADEZCO POR…

| | |
|---|---|
| 1 | |
| 2 | |
| 3 | |

| DÍA | LOGRO A LARGO PLAZO: |
|---|---|

**METAS EN 3 MESES**

| | |
|---|---|
| TIEMPO | |
| PERSONAL | |
| ECONÓMICA | |

**METAS EN 1 MES**

| | |
|---|---|
| TIEMPO | |
| PERSONAL | |
| ECONÓMICA | |

**ACTIVIDADES PARA HOY**
(O MAÑANA SI SE HACE EN LA NOCHE)

| | | |
|---|---|---|
| 1 | | ○ |
| 2 | | ○ |
| 3 | | ○ |

| ESTOY APRENDIENDO DE: | ○ LIBRO | ○ AUDIO | ○ VIDEO |
|---|---|---|---|
| NOMBRE: | | | |
| ESTOY EN LA PÁGINA O TIEMPO DEL VIDEO: | | | |

**HÁBITOS BUENOS**

| | |
|---|---|
| ○ | |
| ○ | |
| ○ | |

**HÁBITOS MALOS**

| | |
|---|---|
| ○ | |
| ○ | |
| ○ | |

**REFLECCIONES POSITIVAS O NEGATIVAS**

| | | |
|---|---|---|
| ✓ | ✕ | |
| ✓ | ✕ | |
| ✓ | ✕ | |

El éxito está en la perseverancia

| FRASE DEL DÍA: | |
|---|---|

| ESCRIBE 10 LOGROS DEL DÍA | |
|---|---|
| 1 | |
| 2 | |
| 3 | |
| 4 | |
| 5 | |
| 6 | |
| 7 | |
| 8 | |
| 9 | |
| 10 | |

| MOMENTOS MÁGICOS PARA RECORDAR | |
|---|---|
| 1 | |
| 2 | |
| 3 | |
| 4 | |
| 5 | |

| YO AGRADEZCO POR… | |
|---|---|
| 1 | |
| 2 | |
| 3 | |

| DÍA | # LOGRO A LARGO PLAZO: |
|---|---|

| METAS EN 3 MESES | |
|---|---|
| TIEMPO | |
| PERSONAL | |
| ECONÓMICA | |

| METAS EN 1 MES | |
|---|---|
| TIEMPO | |
| PERSONAL | |
| ECONÓMICA | |

| ACTIVIDADES PARA HOY (O MAÑANA SI SE HACE EN LA NOCHE) | | |
|---|---|---|
| 1 | | ○ |
| 2 | | ○ |
| 3 | | ○ |

| ESTOY APRENDIENDO DE: | ○ LIBRO | ○ AUDIO | ○ VIDEO |
|---|---|---|---|
| NOMBRE: | | | |
| ESTOY EN LA PÁGINA O TIEMPO DEL VIDEO: | | | |

| HÁBITOS BUENOS |
|---|
| ○ |
| ○ |
| ○ |

| HÁBITOS MALOS |
|---|
| ○ |
| ○ |
| ○ |

| REFLECCIONES POSITIVAS O NEGATIVAS | | |
|---|---|---|
| ✓ | ✕ | |
| ✓ | ✕ | |
| ✓ | ✕ | |

El éxito está en la perseverancia

| FRASE DEL DÍA: | |
|---|---|

| ESCRIBE 10 LOGROS DEL DÍA | |
|---|---|
| 1 | |
| 2 | |
| 3 | |
| 4 | |
| 5 | |
| 6 | |
| 7 | |
| 8 | |
| 9 | |
| 10 | |

| MOMENTOS MÁGICOS PARA RECORDAR | |
|---|---|
| 1 | |
| 2 | |
| 3 | |
| 4 | |
| 5 | |

| YO AGRADEZCO POR... | |
|---|---|
| 1 | |
| 2 | |
| 3 | |

| DÍA | LOGRO A LARGO PLAZO: |
|---|---|

| METAS EN 3 MESES | |
|---|---|
| TIEMPO | |
| PERSONAL | |
| ECONÓMICA | |

| METAS EN 1 MES | |
|---|---|
| TIEMPO | |
| PERSONAL | |
| ECONÓMICA | |

| ACTIVIDADES PARA HOY<br>(O MAÑANA SI SE HACE EN LA NOCHE) | | |
|---|---|---|
| 1 | | ○ |
| 2 | | ○ |
| 3 | | ○ |

| ESTOY APRENDIENDO DE: | ○ LIBRO | ○ AUDIO | ○ VIDEO |
|---|---|---|---|
| NOMBRE: | | | |
| ESTOY EN LA PÁGINA O TIEMPO DEL VIDEO: | | | |

| HÁBITOS BUENOS |
|---|
| ○ |
| ○ |
| ○ |

| HÁBITOS MALOS |
|---|
| ○ |
| ○ |
| ○ |

| REFLECCIONES POSITIVAS O NEGATIVAS | | |
|---|---|---|
| ✓ | ✕ | |
| ✓ | ✕ | |
| ✓ | ✕ | |

El éxito está en la perseverancia

| FRASE DEL DÍA: | |
|---|---|

| ESCRIBE 10 LOGROS DEL DÍA | |
|---|---|
| 1 | |
| 2 | |
| 3 | |
| 4 | |
| 5 | |
| 6 | |
| 7 | |
| 8 | |
| 9 | |
| 10 | |

| MOMENTOS MÁGICOS PARA RECORDAR | |
|---|---|
| 1 | |
| 2 | |
| 3 | |
| 4 | |
| 5 | |

| YO AGRADEZCO POR… | |
|---|---|
| 1 | |
| 2 | |
| 3 | |

| DÍA | # LOGRO A LARGO PLAZO: |
| --- | --- |

**METAS EN 3 MESES**

| | |
| --- | --- |
| TIEMPO | |
| PERSONAL | |
| ECONÓMICA | |

**METAS EN 1 MES**

| | |
| --- | --- |
| TIEMPO | |
| PERSONAL | |
| ECONÓMICA | |

**ACTIVIDADES PARA HOY**
**(O MAÑANA SI SE HACE EN LA NOCHE)**

| | | |
| --- | --- | --- |
| 1 | | ○ |
| 2 | | ○ |
| 3 | | ○ |

| ESTOY APRENDIENDO DE: | ○ LIBRO ○ AUDIO ○ VIDEO |
| --- | --- |
| NOMBRE: | |
| ESTOY EN LA PÁGINA O TIEMPO DEL VIDEO: | |

**HÁBITOS BUENOS**

| |
| --- |
| ○ |
| ○ |
| ○ |

**HÁBITOS MALOS**

| |
| --- |
| ○ |
| ○ |
| ○ |

**REFLECCIONES POSITIVAS O NEGATIVAS**

| | | |
| --- | --- | --- |
| ✓ | ✕ | |
| ✓ | ✕ | |
| ✓ | ✕ | |

El éxito está en la perseverancia

| FRASE DEL DÍA: | |
|---|---|

## ESCRIBE 10 LOGROS DEL DÍA

| | |
|---|---|
| 1 | |
| 2 | |
| 3 | |
| 4 | |
| 5 | |
| 6 | |
| 7 | |
| 8 | |
| 9 | |
| 10 | |

## MOMENTOS MÁGICOS PARA RECORDAR

| | |
|---|---|
| 1 | |
| 2 | |
| 3 | |
| 4 | |
| 5 | |

## YO AGRADEZCO POR…

| | |
|---|---|
| 1 | |
| 2 | |
| 3 | |

| DÍA | LOGRO A LARGO PLAZO: |
|---|---|

**METAS EN 3 MESES**

| | |
|---|---|
| TIEMPO | |
| PERSONAL | |
| ECONÓMICA | |

**METAS EN 1 MES**

| | |
|---|---|
| TIEMPO | |
| PERSONAL | |
| ECONÓMICA | |

**ACTIVIDADES PARA HOY**
**(O MAÑANA SI SE HACE EN LA NOCHE)**

| | | |
|---|---|---|
| 1 | | ○ |
| 2 | | ○ |
| 3 | | ○ |

| ESTOY APRENDIENDO DE: | ○ LIBRO | ○ AUDIO | ○ VIDEO |
|---|---|---|---|
| NOMBRE: | | | |
| ESTOY EN LA PÁGINA O TIEMPO DEL VIDEO: | | | |

**HÁBITOS BUENOS**

| |
|---|
| ○ |
| ○ |
| ○ |

**HÁBITOS MALOS**

| |
|---|
| ○ |
| ○ |
| ○ |

**REFLECCIONES POSITIVAS O NEGATIVAS**

| | | |
|---|---|---|
| ✓ | ✕ | |
| ✓ | ✕ | |
| ✓ | ✕ | |

El éxito está en la perseverancia

| FRASE DEL DÍA: | |
|---|---|

## ESCRIBE 10 LOGROS DEL DÍA

| | |
|---|---|
| 1 | |
| 2 | |
| 3 | |
| 4 | |
| 5 | |
| 6 | |
| 7 | |
| 8 | |
| 9 | |
| 10 | |

## MOMENTOS MÁGICOS PARA RECORDAR

| | |
|---|---|
| 1 | |
| 2 | |
| 3 | |
| 4 | |
| 5 | |

## YO AGRADEZCO POR…

| | |
|---|---|
| 1 | |
| 2 | |
| 3 | |

| DÍA | LOGRO A LARGO PLAZO: |
|---|---|

**METAS EN 3 MESES**

| TIEMPO | |
|---|---|
| PERSONAL | |
| ECONÓMICA | |

**METAS EN 1 MES**

| TIEMPO | |
|---|---|
| PERSONAL | |
| ECONÓMICA | |

**ACTIVIDADES PARA HOY**
**(O MAÑANA SI SE HACE EN LA NOCHE)**

| 1 | | ○ |
|---|---|---|
| 2 | | ○ |
| 3 | | ○ |

| ESTOY APRENDIENDO DE: | ○ LIBRO | ○ AUDIO | ○ VIDEO |
|---|---|---|---|
| NOMBRE: | | | |
| ESTOY EN LA PÁGINA O TIEMPO DEL VIDEO: | | | |

**HÁBITOS BUENOS**

| ○ |
|---|
| ○ |
| ○ |

**HÁBITOS MALOS**

| ○ |
|---|
| ○ |
| ○ |

**REFLECCIONES POSITIVAS O NEGATIVAS**

| ✓ | ✕ | |
|---|---|---|
| ✓ | ✕ | |
| ✓ | ✕ | |

El éxito está en la perseverancia

| FRASE DEL DÍA: | |
|---|---|

## ESCRIBE 10 LOGROS DEL DÍA

| | |
|---|---|
| 1 | |
| 2 | |
| 3 | |
| 4 | |
| 5 | |
| 6 | |
| 7 | |
| 8 | |
| 9 | |
| 10 | |

## MOMENTOS MÁGICOS PARA RECORDAR

| | |
|---|---|
| 1 | |
| 2 | |
| 3 | |
| 4 | |
| 5 | |

## YO AGRADEZCO POR…

| | |
|---|---|
| 1 | |
| 2 | |
| 3 | |

| DÍA | # LOGRO A LARGO PLAZO: |
|---|---|

| METAS EN 3 MESES | |
|---|---|
| TIEMPO | |
| PERSONAL | |
| ECONÓMICA | |

| METAS EN 1 MES | |
|---|---|
| TIEMPO | |
| PERSONAL | |
| ECONÓMICA | |

| ACTIVIDADES PARA HOY (O MAÑANA SI SE HACE EN LA NOCHE) | | |
|---|---|---|
| 1 | | ○ |
| 2 | | ○ |
| 3 | | ○ |

| ESTOY APRENDIENDO DE: | ○ LIBRO | ○ AUDIO | ○ VIDEO |
|---|---|---|---|
| NOMBRE: | | | |
| ESTOY EN LA PÁGINA O TIEMPO DEL VIDEO: | | | |

| HÁBITOS BUENOS |
|---|
| ○ |
| ○ |
| ○ |

| HÁBITOS MALOS |
|---|
| ○ |
| ○ |
| ○ |

| REFLECCIONES POSITIVAS O NEGATIVAS | | |
|---|---|---|
| ✓ | ✕ | |
| ✓ | ✕ | |
| ✓ | ✕ | |

El éxito está en la perseverancia

| FRASE DEL DÍA: | |
|---|---|

## ESCRIBE 10 LOGROS DEL DÍA

| | |
|---|---|
| 1 | |
| 2 | |
| 3 | |
| 4 | |
| 5 | |
| 6 | |
| 7 | |
| 8 | |
| 9 | |
| 10 | |

## MOMENTOS MÁGICOS PARA RECORDAR

| | |
|---|---|
| 1 | |
| 2 | |
| 3 | |
| 4 | |
| 5 | |

## YO AGRADEZCO POR…

| | |
|---|---|
| 1 | |
| 2 | |
| 3 | |

| DÍA | # LOGRO A LARGO PLAZO: |
|---|---|

**METAS EN 3 MESES**

| | |
|---|---|
| TIEMPO | |
| PERSONAL | |
| ECONÓMICA | |

**METAS EN 1 MES**

| | |
|---|---|
| TIEMPO | |
| PERSONAL | |
| ECONÓMICA | |

**ACTIVIDADES PARA HOY**
(O MAÑANA SI SE HACE EN LA NOCHE)

| | | |
|---|---|---|
| 1 | | ○ |
| 2 | | ○ |
| 3 | | ○ |

| ESTOY APRENDIENDO DE: | ○ LIBRO | ○ AUDIO | ○ VIDEO |
|---|---|---|---|
| NOMBRE: | | | |
| ESTOY EN LA PÁGINA O TIEMPO DEL VIDEO: | | | |

**HÁBITOS BUENOS**

| |
|---|
| ○ |
| ○ |
| ○ |

**HÁBITOS MALOS**

| |
|---|
| ○ |
| ○ |
| ○ |

**REFLECCIONES POSITIVAS O NEGATIVAS**

| | | |
|---|---|---|
| ✓ | ✕ | |
| ✓ | ✕ | |
| ✓ | ✕ | |

El éxito está en la perseverancia

| FRASE DEL DÍA: | |
|---|---|

## ESCRIBE 10 LOGROS DEL DÍA

| | |
|---|---|
| 1 | |
| 2 | |
| 3 | |
| 4 | |
| 5 | |
| 6 | |
| 7 | |
| 8 | |
| 9 | |
| 10 | |

## MOMENTOS MÁGICOS PARA RECORDAR

| | |
|---|---|
| 1 | |
| 2 | |
| 3 | |
| 4 | |
| 5 | |

## YO AGRADEZCO POR…

| | |
|---|---|
| 1 | |
| 2 | |
| 3 | |

| DÍA | # LOGRO A LARGO PLAZO: |
|---|---|

**METAS EN 3 MESES**

| | |
|---|---|
| TIEMPO | |
| PERSONAL | |
| ECONÓMICA | |

**METAS EN 1 MES**

| | |
|---|---|
| TIEMPO | |
| PERSONAL | |
| ECONÓMICA | |

**ACTIVIDADES PARA HOY**
**(O MAÑANA SI SE HACE EN LA NOCHE)**

| | | |
|---|---|---|
| 1 | | ○ |
| 2 | | ○ |
| 3 | | ○ |

| ESTOY APRENDIENDO DE: | ○ LIBRO | ○ AUDIO | ○ VIDEO |
|---|---|---|---|
| NOMBRE: | | | |
| ESTOY EN LA PÁGINA O TIEMPO DEL VIDEO: | | | |

**HÁBITOS BUENOS**

| |
|---|
| ○ |
| ○ |
| ○ |

**HÁBITOS MALOS**

| |
|---|
| ○ |
| ○ |
| ○ |

**REFLECCIONES POSITIVAS O NEGATIVAS**

| | | |
|---|---|---|
| ✓ | ✕ | |
| ✓ | ✕ | |
| ✓ | ✕ | |

El éxito está en la perseverancia

| FRASE DEL DÍA: | |
|---|---|

## ESCRIBE 10 LOGROS DEL DÍA

| | |
|---|---|
| 1 | |
| 2 | |
| 3 | |
| 4 | |
| 5 | |
| 6 | |
| 7 | |
| 8 | |
| 9 | |
| 10 | |

## MOMENTOS MÁGICOS PARA RECORDAR

| | |
|---|---|
| 1 | |
| 2 | |
| 3 | |
| 4 | |
| 5 | |

## YO AGRADEZCO POR…

| | |
|---|---|
| 1 | |
| 2 | |
| 3 | |

| DÍA | # LOGRO A LARGO PLAZO: |
|---|---|

**METAS EN 3 MESES**

| TIEMPO | |
|---|---|
| PERSONAL | |
| ECONÓMICA | |

**METAS EN 1 MES**

| TIEMPO | |
|---|---|
| PERSONAL | |
| ECONÓMICA | |

**ACTIVIDADES PARA HOY**
(O MAÑANA SI SE HACE EN LA NOCHE)

| 1 | | ○ |
|---|---|---|
| 2 | | ○ |
| 3 | | ○ |

| ESTOY APRENDIENDO DE: | ○ LIBRO | ○ AUDIO | ○ VIDEO |
|---|---|---|---|
| NOMBRE: | | | |
| ESTOY EN LA PÁGINA O TIEMPO DEL VIDEO: | | | |

**HÁBITOS BUENOS**

| ○ |
|---|
| ○ |
| ○ |

**HÁBITOS MALOS**

| ○ |
|---|
| ○ |
| ○ |

**REFLECCIONES POSITIVAS O NEGATIVAS**

| ✓ | ✕ | |
|---|---|---|
| ✓ | ✕ | |
| ✓ | ✕ | |

El éxito está en la perseverancia

| FRASE DEL DÍA: | |
|---|---|

## ESCRIBE 10 LOGROS DEL DÍA

| | |
|---|---|
| 1 | |
| 2 | |
| 3 | |
| 4 | |
| 5 | |
| 6 | |
| 7 | |
| 8 | |
| 9 | |
| 10 | |

## MOMENTOS MÁGICOS PARA RECORDAR

| | |
|---|---|
| 1 | |
| 2 | |
| 3 | |
| 4 | |
| 5 | |

## YO AGRADEZCO POR...

| | |
|---|---|
| 1 | |
| 2 | |
| 3 | |

| DÍA | LOGRO A LARGO PLAZO: |
|---|---|

| METAS EN 3 MESES | |
|---|---|
| TIEMPO | |
| PERSONAL | |
| ECONÓMICA | |

| METAS EN 1 MES | |
|---|---|
| TIEMPO | |
| PERSONAL | |
| ECONÓMICA | |

| ACTIVIDADES PARA HOY<br>(O MAÑANA SI SE HACE EN LA NOCHE) | | |
|---|---|---|
| 1 | | ○ |
| 2 | | ○ |
| 3 | | ○ |

| ESTOY APRENDIENDO DE: | ○ LIBRO | ○ AUDIO | ○ VIDEO |
|---|---|---|---|
| NOMBRE: | | | |
| ESTOY EN LA PÁGINA O TIEMPO DEL VIDEO: | | | |

| HÁBITOS BUENOS |
|---|
| ○ |
| ○ |
| ○ |

| HÁBITOS MALOS |
|---|
| ○ |
| ○ |
| ○ |

| REFLECCIONES POSITIVAS O NEGATIVAS | | |
|---|---|---|
| ✓ | ✕ | |
| ✓ | ✕ | |
| ✓ | ✕ | |

El éxito está en la perseverancia

| FRASE DEL DÍA: | |
|---|---|

## ESCRIBE 10 LOGROS DEL DÍA

| | |
|---|---|
| 1 | |
| 2 | |
| 3 | |
| 4 | |
| 5 | |
| 6 | |
| 7 | |
| 8 | |
| 9 | |
| 10 | |

## MOMENTOS MÁGICOS PARA RECORDAR

| | |
|---|---|
| 1 | |
| 2 | |
| 3 | |
| 4 | |
| 5 | |

## YO AGRADEZCO POR…

| | |
|---|---|
| 1 | |
| 2 | |
| 3 | |

| DÍA | # LOGRO A LARGO PLAZO: |
|---|---|

| METAS EN 3 MESES | |
|---|---|
| TIEMPO | |
| PERSONAL | |
| ECONÓMICA | |

| METAS EN 1 MES | |
|---|---|
| TIEMPO | |
| PERSONAL | |
| ECONÓMICA | |

| ACTIVIDADES PARA HOY (O MAÑANA SI SE HACE EN LA NOCHE) | | |
|---|---|---|
| 1 | | ○ |
| 2 | | ○ |
| 3 | | ○ |

| ESTOY APRENDIENDO DE: | ○ LIBRO | ○ AUDIO | ○ VIDEO |
|---|---|---|---|
| NOMBRE: | | | |
| ESTOY EN LA PÁGINA O TIEMPO DEL VIDEO: | | | |

| HÁBITOS BUENOS |
|---|
| ○ |
| ○ |
| ○ |

| HÁBITOS MALOS |
|---|
| ○ |
| ○ |
| ○ |

| REFLECCIONES POSITIVAS O NEGATIVAS | | |
|---|---|---|
| ✓ | ✕ | |
| ✓ | ✕ | |
| ✓ | ✕ | |

El éxito está en la perseverancia

| FRASE DEL DÍA: | |
|---|---|

## ESCRIBE 10 LOGROS DEL DÍA

| | |
|---|---|
| 1 | |
| 2 | |
| 3 | |
| 4 | |
| 5 | |
| 6 | |
| 7 | |
| 8 | |
| 9 | |
| 10 | |

## MOMENTOS MÁGICOS PARA RECORDAR

| | |
|---|---|
| 1 | |
| 2 | |
| 3 | |
| 4 | |
| 5 | |

## YO AGRADEZCO POR…

| | |
|---|---|
| 1 | |
| 2 | |
| 3 | |

| DÍA | # LOGRO A LARGO PLAZO: |
|---|---|

**METAS EN 3 MESES**

| | |
|---|---|
| TIEMPO | |
| PERSONAL | |
| ECONÓMICA | |

**METAS EN 1 MES**

| | |
|---|---|
| TIEMPO | |
| PERSONAL | |
| ECONÓMICA | |

**ACTIVIDADES PARA HOY**
**(O MAÑANA SI SE HACE EN LA NOCHE)**

| | | |
|---|---|---|
| 1 | | ○ |
| 2 | | ○ |
| 3 | | ○ |

| ESTOY APRENDIENDO DE: | ○ LIBRO ○ AUDIO ○ VIDEO |
|---|---|
| NOMBRE: | |
| ESTOY EN LA PÁGINA O TIEMPO DEL VIDEO: | |

**HÁBITOS BUENOS**

- ○
- ○
- ○

**HÁBITOS MALOS**

- ○
- ○
- ○

**REFLECCIONES POSITIVAS O NEGATIVAS**

| | | |
|---|---|---|
| ✓ | ✕ | |
| ✓ | ✕ | |
| ✓ | ✕ | |

El éxito está en la perseverancia

| FRASE DEL DÍA: | |
|---|---|

## ESCRIBE 10 LOGROS DEL DÍA

| | |
|---|---|
| 1 | |
| 2 | |
| 3 | |
| 4 | |
| 5 | |
| 6 | |
| 7 | |
| 8 | |
| 9 | |
| 10 | |

## MOMENTOS MÁGICOS PARA RECORDAR

| | |
|---|---|
| 1 | |
| 2 | |
| 3 | |
| 4 | |
| 5 | |

## YO AGRADEZCO POR…

| | |
|---|---|
| 1 | |
| 2 | |
| 3 | |

| DÍA | # LOGRO A LARGO PLAZO: |
|---|---|

**METAS EN 3 MESES**

| TIEMPO | |
|---|---|
| PERSONAL | |
| ECONÓMICA | |

**METAS EN 1 MES**

| TIEMPO | |
|---|---|
| PERSONAL | |
| ECONÓMICA | |

**ACTIVIDADES PARA HOY**
(O MAÑANA SI SE HACE EN LA NOCHE)

| 1 | | ○ |
|---|---|---|
| 2 | | ○ |
| 3 | | ○ |

| ESTOY APRENDIENDO DE: | ○ LIBRO | ○ AUDIO | ○ VIDEO |
|---|---|---|---|
| NOMBRE: | | | |
| ESTOY EN LA PÁGINA O TIEMPO DEL VIDEO: | | | |

**HÁBITOS BUENOS**

| ○ |
|---|
| ○ |
| ○ |

**HÁBITOS MALOS**

| ○ |
|---|
| ○ |
| ○ |

**REFLECCIONES POSITIVAS O NEGATIVAS**

| ✓ | ✕ | |
|---|---|---|
| ✓ | ✕ | |
| ✓ | ✕ | |

El éxito está en la perseverancia

| FRASE DEL DÍA: | |
|---|---|

## ESCRIBE 10 LOGROS DEL DÍA

| | |
|---|---|
| 1 | |
| 2 | |
| 3 | |
| 4 | |
| 5 | |
| 6 | |
| 7 | |
| 8 | |
| 9 | |
| 10 | |

## MOMENTOS MÁGICOS PARA RECORDAR

| | |
|---|---|
| 1 | |
| 2 | |
| 3 | |
| 4 | |
| 5 | |

## YO AGRADEZCO POR…

| | |
|---|---|
| 1 | |
| 2 | |
| 3 | |

| DÍA | # LOGRO A LARGO PLAZO: |
|---|---|

| METAS EN 3 MESES | |
|---|---|
| TIEMPO | |
| PERSONAL | |
| ECONÓMICA | |

| METAS EN 1 MES | |
|---|---|
| TIEMPO | |
| PERSONAL | |
| ECONÓMICA | |

| ACTIVIDADES PARA HOY (O MAÑANA SI SE HACE EN LA NOCHE) | | |
|---|---|---|
| 1 | | ○ |
| 2 | | ○ |
| 3 | | ○ |

| ESTOY APRENDIENDO DE: | ○ LIBRO ○ AUDIO ○ VIDEO |
|---|---|
| NOMBRE: | |
| ESTOY EN LA PÁGINA O TIEMPO DEL VIDEO: | |

| HÁBITOS BUENOS |
|---|
| ○ |
| ○ |
| ○ |

| HÁBITOS MALOS |
|---|
| ○ |
| ○ |
| ○ |

| REFLECCIONES POSITIVAS O NEGATIVAS | | |
|---|---|---|
| ✓ | ✕ | |
| ✓ | ✕ | |
| ✓ | ✕ | |

El éxito está en la perseverancia

| FRASE DEL DÍA: | |
|---|---|

## ESCRIBE 10 LOGROS DEL DÍA

| | |
|---|---|
| 1 | |
| 2 | |
| 3 | |
| 4 | |
| 5 | |
| 6 | |
| 7 | |
| 8 | |
| 9 | |
| 10 | |

## MOMENTOS MÁGICOS PARA RECORDAR

| | |
|---|---|
| 1 | |
| 2 | |
| 3 | |
| 4 | |
| 5 | |

## YO AGRADEZCO POR…

| | |
|---|---|
| 1 | |
| 2 | |
| 3 | |

| DÍA | # LOGRO A LARGO PLAZO: |
|---|---|

| METAS EN 3 MESES | |
|---|---|
| TIEMPO | |
| PERSONAL | |
| ECONÓMICA | |

| METAS EN 1 MES | |
|---|---|
| TIEMPO | |
| PERSONAL | |
| ECONÓMICA | |

| ACTIVIDADES PARA HOY (O MAÑANA SI SE HACE EN LA NOCHE) | | |
|---|---|---|
| 1 | | ○ |
| 2 | | ○ |
| 3 | | ○ |

| ESTOY APRENDIENDO DE: | ○ LIBRO | ○ AUDIO | ○ VIDEO |
|---|---|---|---|
| NOMBRE: | | | |
| ESTOY EN LA PÁGINA O TIEMPO DEL VIDEO: | | | |

| HÁBITOS BUENOS |
|---|
| ○ |
| ○ |
| ○ |

| HÁBITOS MALOS |
|---|
| ○ |
| ○ |
| ○ |

| REFLECCIONES POSITIVAS O NEGATIVAS | | |
|---|---|---|
| ✓ | ✕ | |
| ✓ | ✕ | |
| ✓ | ✕ | |

El éxito está en la perseverancia

| FRASE DEL DÍA: | |
|---|---|

## ESCRIBE 10 LOGROS DEL DÍA

| | |
|---|---|
| 1 | |
| 2 | |
| 3 | |
| 4 | |
| 5 | |
| 6 | |
| 7 | |
| 8 | |
| 9 | |
| 10 | |

## MOMENTOS MÁGICOS PARA RECORDAR

| | |
|---|---|
| 1 | |
| 2 | |
| 3 | |
| 4 | |
| 5 | |

## YO AGRADEZCO POR…

| | |
|---|---|
| 1 | |
| 2 | |
| 3 | |

| DÍA | # LOGRO A LARGO PLAZO: |
|---|---|

| METAS EN 3 MESES | |
|---|---|
| TIEMPO | |
| PERSONAL | |
| ECONÓMICA | |

| METAS EN 1 MES | |
|---|---|
| TIEMPO | |
| PERSONAL | |
| ECONÓMICA | |

| ACTIVIDADES PARA HOY (O MAÑANA SI SE HACE EN LA NOCHE) | | |
|---|---|---|
| 1 | | ○ |
| 2 | | ○ |
| 3 | | ○ |

| ESTOY APRENDIENDO DE: | ○ LIBRO | ○ AUDIO | ○ VIDEO |
|---|---|---|---|
| NOMBRE: | | | |
| ESTOY EN LA PÁGINA O TIEMPO DEL VIDEO: | | | |

| HÁBITOS BUENOS |
|---|
| ○ |
| ○ |
| ○ |

| HÁBITOS MALOS |
|---|
| ○ |
| ○ |
| ○ |

| REFLECCIONES POSITIVAS O NEGATIVAS | | |
|---|---|---|
| ✓ | × | |
| ✓ | × | |
| ✓ | × | |

El éxito está en la perseverancia

| FRASE DEL DÍA: | |
|---|---|

## ESCRIBE 10 LOGROS DEL DÍA

| | |
|---|---|
| 1 | |
| 2 | |
| 3 | |
| 4 | |
| 5 | |
| 6 | |
| 7 | |
| 8 | |
| 9 | |
| 10 | |

## MOMENTOS MÁGICOS PARA RECORDAR

| | |
|---|---|
| 1 | |
| 2 | |
| 3 | |
| 4 | |
| 5 | |

## YO AGRADEZCO POR…

| | |
|---|---|
| 1 | |
| 2 | |
| 3 | |

| DÍA | # LOGRO A LARGO PLAZO: |
|---|---|

| METAS EN 3 MESES | |
|---|---|
| TIEMPO | |
| PERSONAL | |
| ECONÓMICA | |

| METAS EN 1 MES | |
|---|---|
| TIEMPO | |
| PERSONAL | |
| ECONÓMICA | |

| ACTIVIDADES PARA HOY<br>(O MAÑANA SI SE HACE EN LA NOCHE) | | |
|---|---|---|
| 1 | | ○ |
| 2 | | ○ |
| 3 | | ○ |

| ESTOY APRENDIENDO DE: | ○ LIBRO | ○ AUDIO | ○ VIDEO |
|---|---|---|---|
| NOMBRE: | | | |
| ESTOY EN LA PÁGINA O TIEMPO DEL VIDEO: | | | |

| HÁBITOS BUENOS |
|---|
| ○ |
| ○ |
| ○ |

| HÁBITOS MALOS |
|---|
| ○ |
| ○ |
| ○ |

| REFLECCIONES POSITIVAS O NEGATIVAS | | |
|---|---|---|
| ✓ | ✕ | |
| ✓ | ✕ | |
| ✓ | ✕ | |

El éxito está en la perseverancia

| FRASE DEL DÍA: | |
|---|---|

## ESCRIBE 10 LOGROS DEL DÍA

| | |
|---|---|
| 1 | |
| 2 | |
| 3 | |
| 4 | |
| 5 | |
| 6 | |
| 7 | |
| 8 | |
| 9 | |
| 10 | |

## MOMENTOS MÁGICOS PARA RECORDAR

| | |
|---|---|
| 1 | |
| 2 | |
| 3 | |
| 4 | |
| 5 | |

## YO AGRADEZCO POR…

| | |
|---|---|
| 1 | |
| 2 | |
| 3 | |

| DÍA | LOGRO A LARGO PLAZO: |
|---|---|

**METAS EN 3 MESES**

| TIEMPO | |
|---|---|
| PERSONAL | |
| ECONÓMICA | |

**METAS EN 1 MES**

| TIEMPO | |
|---|---|
| PERSONAL | |
| ECONÓMICA | |

**ACTIVIDADES PARA HOY**
**(O MAÑANA SI SE HACE EN LA NOCHE)**

| | | |
|---|---|---|
| 1 | | ○ |
| 2 | | ○ |
| 3 | | ○ |

| ESTOY APRENDIENDO DE: | ○ LIBRO | ○ AUDIO | ○ VIDEO |
|---|---|---|---|
| NOMBRE: | | | |
| ESTOY EN LA PÁGINA O TIEMPO DEL VIDEO: | | | |

**HÁBITOS BUENOS**

- ○
- ○
- ○

**HÁBITOS MALOS**

- ○
- ○
- ○

**REFLECCIONES POSITIVAS O NEGATIVAS**

| | | |
|---|---|---|
| ✓ | ✕ | |
| ✓ | ✕ | |
| ✓ | ✕ | |

El éxito está en la perseverancia

| FRASE DEL DÍA: | |
|---|---|

## ESCRIBE 10 LOGROS DEL DÍA

| | |
|---|---|
| 1 | |
| 2 | |
| 3 | |
| 4 | |
| 5 | |
| 6 | |
| 7 | |
| 8 | |
| 9 | |
| 10 | |

## MOMENTOS MÁGICOS PARA RECORDAR

| | |
|---|---|
| 1 | |
| 2 | |
| 3 | |
| 4 | |
| 5 | |

## YO AGRADEZCO POR...

| | |
|---|---|
| 1 | |
| 2 | |
| 3 | |

| DÍA | LOGRO A LARGO PLAZO: |
|---|---|

| METAS EN 3 MESES | |
|---|---|
| TIEMPO | |
| PERSONAL | |
| ECONÓMICA | |

| METAS EN 1 MES | |
|---|---|
| TIEMPO | |
| PERSONAL | |
| ECONÓMICA | |

| ACTIVIDADES PARA HOY (O MAÑANA SI SE HACE EN LA NOCHE) | | |
|---|---|---|
| 1 | | ○ |
| 2 | | ○ |
| 3 | | ○ |

| ESTOY APRENDIENDO DE: | ○ LIBRO | ○ AUDIO | ○ VIDEO |
|---|---|---|---|
| NOMBRE: | | | |
| ESTOY EN LA PÁGINA O TIEMPO DEL VIDEO: | | | |

| HÁBITOS BUENOS |
|---|
| ○ |
| ○ |
| ○ |

| HÁBITOS MALOS |
|---|
| ○ |
| ○ |
| ○ |

| REFLECCIONES POSITIVAS O NEGATIVAS | | |
|---|---|---|
| ✓ | ✕ | |
| ✓ | ✕ | |
| ✓ | ✕ | |

El éxito está en la perseverancia

| FRASE DEL DÍA: | |
|---|---|

## ESCRIBE 10 LOGROS DEL DÍA

| | |
|---|---|
| 1 | |
| 2 | |
| 3 | |
| 4 | |
| 5 | |
| 6 | |
| 7 | |
| 8 | |
| 9 | |
| 10 | |

## MOMENTOS MÁGICOS PARA RECORDAR

| | |
|---|---|
| 1 | |
| 2 | |
| 3 | |
| 4 | |
| 5 | |

## YO AGRADEZCO POR...

| | |
|---|---|
| 1 | |
| 2 | |
| 3 | |

| DÍA | # LOGRO A LARGO PLAZO: |
|---|---|

**METAS EN 3 MESES**

| | |
|---|---|
| TIEMPO | |
| PERSONAL | |
| ECONÓMICA | |

**METAS EN 1 MES**

| | |
|---|---|
| TIEMPO | |
| PERSONAL | |
| ECONÓMICA | |

**ACTIVIDADES PARA HOY**
(O MAÑANA SI SE HACE EN LA NOCHE)

| | | |
|---|---|---|
| 1 | | ○ |
| 2 | | ○ |
| 3 | | ○ |

| ESTOY APRENDIENDO DE: | ○ LIBRO | ○ AUDIO | ○ VIDEO |
|---|---|---|---|
| NOMBRE: | | | |
| ESTOY EN LA PÁGINA O TIEMPO DEL VIDEO: | | | |

**HÁBITOS BUENOS**

| |
|---|
| ○ |
| ○ |
| ○ |

**HÁBITOS MALOS**

| |
|---|
| ○ |
| ○ |
| ○ |

**REFLECCIONES POSITIVAS O NEGATIVAS**

| | | |
|---|---|---|
| ✓ | ✕ | |
| ✓ | ✕ | |
| ✓ | ✕ | |

El éxito está en la perseverancia

| FRASE DEL DÍA: | |
|---|---|

## ESCRIBE 10 LOGROS DEL DÍA

| | |
|---|---|
| 1 | |
| 2 | |
| 3 | |
| 4 | |
| 5 | |
| 6 | |
| 7 | |
| 8 | |
| 9 | |
| 10 | |

## MOMENTOS MÁGICOS PARA RECORDAR

| | |
|---|---|
| 1 | |
| 2 | |
| 3 | |
| 4 | |
| 5 | |

## YO AGRADEZCO POR…

| | |
|---|---|
| 1 | |
| 2 | |
| 3 | |

| DÍA | # LOGRO A LARGO PLAZO: |
|---|---|

**METAS EN 3 MESES**

| | |
|---|---|
| TIEMPO | |
| PERSONAL | |
| ECONÓMICA | |

**METAS EN 1 MES**

| | |
|---|---|
| TIEMPO | |
| PERSONAL | |
| ECONÓMICA | |

**ACTIVIDADES PARA HOY**
(O MAÑANA SI SE HACE EN LA NOCHE)

| | | |
|---|---|---|
| 1 | | ○ |
| 2 | | ○ |
| 3 | | ○ |

| ESTOY APRENDIENDO DE: | ○ LIBRO | ○ AUDIO | ○ VIDEO |
|---|---|---|---|
| NOMBRE: | | | |
| ESTOY EN LA PÁGINA O TIEMPO DEL VIDEO: | | | |

**HÁBITOS BUENOS**

| | |
|---|---|
| ○ | |
| ○ | |
| ○ | |

**HÁBITOS MALOS**

| | |
|---|---|
| ○ | |
| ○ | |
| ○ | |

**REFLECCIONES POSITIVAS O NEGATIVAS**

| | | |
|---|---|---|
| ✓ | ✕ | |
| ✓ | ✕ | |
| ✓ | ✕ | |

El éxito está en la perseverancia

| FRASE DEL DÍA: | |
|---|---|

## ESCRIBE 10 LOGROS DEL DÍA

| | |
|---|---|
| 1 | |
| 2 | |
| 3 | |
| 4 | |
| 5 | |
| 6 | |
| 7 | |
| 8 | |
| 9 | |
| 10 | |

## MOMENTOS MÁGICOS PARA RECORDAR

| | |
|---|---|
| 1 | |
| 2 | |
| 3 | |
| 4 | |
| 5 | |

## YO AGRADEZCO POR...

| | |
|---|---|
| 1 | |
| 2 | |
| 3 | |

| DÍA | LOGRO A LARGO PLAZO: |
|---|---|

| METAS EN 3 MESES | |
|---|---|
| TIEMPO | |
| PERSONAL | |
| ECONÓMICA | |

| METAS EN 1 MES | |
|---|---|
| TIEMPO | |
| PERSONAL | |
| ECONÓMICA | |

| ACTIVIDADES PARA HOY (O MAÑANA SI SE HACE EN LA NOCHE) | | |
|---|---|---|
| 1 | | ○ |
| 2 | | ○ |
| 3 | | ○ |

| ESTOY APRENDIENDO DE: | ○ LIBRO | ○ AUDIO | ○ VIDEO |
|---|---|---|---|
| NOMBRE: | | | |
| ESTOY EN LA PÁGINA O TIEMPO DEL VIDEO: | | | |

| HÁBITOS BUENOS |
|---|
| ○ |
| ○ |
| ○ |

| HÁBITOS MALOS |
|---|
| ○ |
| ○ |
| ○ |

| REFLECCIONES POSITIVAS O NEGATIVAS | | |
|---|---|---|
| ✓ | ✕ | |
| ✓ | ✕ | |
| ✓ | ✕ | |

El éxito está en la perseverancia

| FRASE DEL DÍA: | |
|---|---|

## ESCRIBE 10 LOGROS DEL DÍA

| | |
|---|---|
| 1 | |
| 2 | |
| 3 | |
| 4 | |
| 5 | |
| 6 | |
| 7 | |
| 8 | |
| 9 | |
| 10 | |

## MOMENTOS MÁGICOS PARA RECORDAR

| | |
|---|---|
| 1 | |
| 2 | |
| 3 | |
| 4 | |
| 5 | |

## YO AGRADEZCO POR…

| | |
|---|---|
| 1 | |
| 2 | |
| 3 | |

| DÍA | # LOGRO A LARGO PLAZO: |
|---|---|

| METAS EN 3 MESES | |
|---|---|
| TIEMPO | |
| PERSONAL | |
| ECONÓMICA | |

| METAS EN 1 MES | |
|---|---|
| TIEMPO | |
| PERSONAL | |
| ECONÓMICA | |

| ACTIVIDADES PARA HOY<br>(O MAÑANA SI SE HACE EN LA NOCHE) | | |
|---|---|---|
| 1 | | ○ |
| 2 | | ○ |
| 3 | | ○ |

| ESTOY APRENDIENDO DE: | ○ LIBRO | ○ AUDIO | ○ VIDEO |
|---|---|---|---|
| NOMBRE: | | | |
| ESTOY EN LA PÁGINA O TIEMPO DEL VIDEO: | | | |

| HÁBITOS BUENOS |
|---|
| ○ |
| ○ |
| ○ |

| HÁBITOS MALOS |
|---|
| ○ |
| ○ |
| ○ |

| REFLECCIONES POSITIVAS O NEGATIVAS | | |
|---|---|---|
| ✓ | ✕ | |
| ✓ | ✕ | |
| ✓ | ✕ | |

El éxito está en la perseverancia

| FRASE DEL DÍA: | |
|---|---|

## ESCRIBE 10 LOGROS DEL DÍA

| | |
|---|---|
| 1 | |
| 2 | |
| 3 | |
| 4 | |
| 5 | |
| 6 | |
| 7 | |
| 8 | |
| 9 | |
| 10 | |

## MOMENTOS MÁGICOS PARA RECORDAR

| | |
|---|---|
| 1 | |
| 2 | |
| 3 | |
| 4 | |
| 5 | |

## YO AGRADEZCO POR…

| | |
|---|---|
| 1 | |
| 2 | |
| 3 | |

| DÍA | # LOGRO A LARGO PLAZO: |
|---|---|

| METAS EN 3 MESES | |
|---|---|
| TIEMPO | |
| PERSONAL | |
| ECONÓMICA | |

| METAS EN 1 MES | |
|---|---|
| TIEMPO | |
| PERSONAL | |
| ECONÓMICA | |

| ACTIVIDADES PARA HOY (O MAÑANA SI SE HACE EN LA NOCHE) | | |
|---|---|---|
| 1 | | ○ |
| 2 | | ○ |
| 3 | | ○ |

| ESTOY APRENDIENDO DE: | ○ LIBRO ○ AUDIO ○ VIDEO |
|---|---|
| NOMBRE: | |
| ESTOY EN LA PÁGINA O TIEMPO DEL VIDEO: | |

| HÁBITOS BUENOS |
|---|
| ○ |
| ○ |
| ○ |

| HÁBITOS MALOS |
|---|
| ○ |
| ○ |
| ○ |

| REFLECCIONES POSITIVAS O NEGATIVAS | | |
|---|---|---|
| ✓ | ✕ | |
| ✓ | ✕ | |
| ✓ | ✕ | |

El éxito está en la perseverancia

| FRASE DEL DÍA: | |
|---|---|

## ESCRIBE 10 LOGROS DEL DÍA

| | |
|---|---|
| 1 | |
| 2 | |
| 3 | |
| 4 | |
| 5 | |
| 6 | |
| 7 | |
| 8 | |
| 9 | |
| 10 | |

## MOMENTOS MÁGICOS PARA RECORDAR

| | |
|---|---|
| 1 | |
| 2 | |
| 3 | |
| 4 | |
| 5 | |

## YO AGRADEZCO POR…

| | |
|---|---|
| 1 | |
| 2 | |
| 3 | |

| DÍA | # LOGRO A LARGO PLAZO: |
|---|---|

**METAS EN 3 MESES**

| | |
|---|---|
| TIEMPO | |
| PERSONAL | |
| ECONÓMICA | |

**METAS EN 1 MES**

| | |
|---|---|
| TIEMPO | |
| PERSONAL | |
| ECONÓMICA | |

**ACTIVIDADES PARA HOY**
(O MAÑANA SI SE HACE EN LA NOCHE)

| | | |
|---|---|---|
| 1 | | ○ |
| 2 | | ○ |
| 3 | | ○ |

| ESTOY APRENDIENDO DE: | ○ LIBRO | ○ AUDIO | ○ VIDEO |
|---|---|---|---|
| NOMBRE: | | | |
| ESTOY EN LA PÁGINA O TIEMPO DEL VIDEO: | | | |

**HÁBITOS BUENOS**

- ○
- ○
- ○

**HÁBITOS MALOS**

- ○
- ○
- ○

**REFLECCIONES POSITIVAS O NEGATIVAS**

| | | |
|---|---|---|
| ✓ | ✕ | |
| ✓ | ✕ | |
| ✓ | ✕ | |

El éxito está en la perseverancia

| FRASE DEL DÍA: | |
|---|---|

## ESCRIBE 10 LOGROS DEL DÍA

| | |
|---|---|
| 1 | |
| 2 | |
| 3 | |
| 4 | |
| 5 | |
| 6 | |
| 7 | |
| 8 | |
| 9 | |
| 10 | |

## MOMENTOS MÁGICOS PARA RECORDAR

| | |
|---|---|
| 1 | |
| 2 | |
| 3 | |
| 4 | |
| 5 | |

## YO AGRADEZCO POR…

| | |
|---|---|
| 1 | |
| 2 | |
| 3 | |

| DÍA | # LOGRO A LARGO PLAZO: |
|---|---|

**METAS EN 3 MESES**

| | |
|---|---|
| TIEMPO | |
| PERSONAL | |
| ECONÓMICA | |

**METAS EN 1 MES**

| | |
|---|---|
| TIEMPO | |
| PERSONAL | |
| ECONÓMICA | |

**ACTIVIDADES PARA HOY**
(O MAÑANA SI SE HACE EN LA NOCHE)

| | | |
|---|---|---|
| 1 | | ○ |
| 2 | | ○ |
| 3 | | ○ |

| ESTOY APRENDIENDO DE: | ○ LIBRO | ○ AUDIO | ○ VIDEO |
|---|---|---|---|
| NOMBRE: | | | |
| ESTOY EN LA PÁGINA O TIEMPO DEL VIDEO: | | | |

**HÁBITOS BUENOS**

| |
|---|
| ○ |
| ○ |
| ○ |

**HÁBITOS MALOS**

| |
|---|
| ○ |
| ○ |
| ○ |

**REFLECCIONES POSITIVAS O NEGATIVAS**

| | | |
|---|---|---|
| ✓ | ✕ | |
| ✓ | ✕ | |
| ✓ | ✕ | |

El éxito está en la perseverancia

| FRASE DEL DÍA: | |
|---|---|

## ESCRIBE 10 LOGROS DEL DÍA

| | |
|---|---|
| 1 | |
| 2 | |
| 3 | |
| 4 | |
| 5 | |
| 6 | |
| 7 | |
| 8 | |
| 9 | |
| 10 | |

## MOMENTOS MÁGICOS PARA RECORDAR

| | |
|---|---|
| 1 | |
| 2 | |
| 3 | |
| 4 | |
| 5 | |

## YO AGRADEZCO POR…

| | |
|---|---|
| 1 | |
| 2 | |
| 3 | |

| DÍA | # LOGRO A LARGO PLAZO: |
|---|---|

**METAS EN 3 MESES**

| | |
|---|---|
| TIEMPO | |
| PERSONAL | |
| ECONÓMICA | |

**METAS EN 1 MES**

| | |
|---|---|
| TIEMPO | |
| PERSONAL | |
| ECONÓMICA | |

**ACTIVIDADES PARA HOY**
**(O MAÑANA SI SE HACE EN LA NOCHE)**

| | | |
|---|---|---|
| 1 | | ○ |
| 2 | | ○ |
| 3 | | ○ |

| ESTOY APRENDIENDO DE: | ○ LIBRO | ○ AUDIO | ○ VIDEO |
|---|---|---|---|
| NOMBRE: | | | |
| ESTOY EN LA PÁGINA O TIEMPO DEL VIDEO: | | | |

**HÁBITOS BUENOS**

| |
|---|
| ○ |
| ○ |
| ○ |

**HÁBITOS MALOS**

| |
|---|
| ○ |
| ○ |
| ○ |

**REFLECCIONES POSITIVAS O NEGATIVAS**

| | | |
|---|---|---|
| ✓ | ✕ | |
| ✓ | ✕ | |
| ✓ | ✕ | |

El éxito está en la perseverancia

| FRASE DEL DÍA: | |
|---|---|

## ESCRIBE 10 LOGROS DEL DÍA

| | |
|---|---|
| 1 | |
| 2 | |
| 3 | |
| 4 | |
| 5 | |
| 6 | |
| 7 | |
| 8 | |
| 9 | |
| 10 | |

## MOMENTOS MÁGICOS PARA RECORDAR

| | |
|---|---|
| 1 | |
| 2 | |
| 3 | |
| 4 | |
| 5 | |

## YO AGRADEZCO POR...

| | |
|---|---|
| 1 | |
| 2 | |
| 3 | |

| DÍA | LOGRO A LARGO PLAZO: |
|---|---|

| METAS EN 3 MESES | |
|---|---|
| TIEMPO | |
| PERSONAL | |
| ECONÓMICA | |

| METAS EN 1 MES | |
|---|---|
| TIEMPO | |
| PERSONAL | |
| ECONÓMICA | |

| ACTIVIDADES PARA HOY<br>(O MAÑANA SI SE HACE EN LA NOCHE) | | |
|---|---|---|
| 1 | | ○ |
| 2 | | ○ |
| 3 | | ○ |

| ESTOY APRENDIENDO DE: | ○ LIBRO | ○ AUDIO | ○ VIDEO |
|---|---|---|---|
| NOMBRE: | | | |
| ESTOY EN LA PÁGINA O TIEMPO DEL VIDEO: | | | |

| HÁBITOS BUENOS |
|---|
| ○ |
| ○ |
| ○ |

| HÁBITOS MALOS |
|---|
| ○ |
| ○ |
| ○ |

| REFLECCIONES POSITIVAS O NEGATIVAS | | |
|---|---|---|
| ✓ | ✕ | |
| ✓ | ✕ | |
| ✓ | ✕ | |

El éxito está en la perseverancia

| FRASE DEL DÍA: | |
|---|---|

## ESCRIBE 10 LOGROS DEL DÍA

| | |
|---|---|
| 1 | |
| 2 | |
| 3 | |
| 4 | |
| 5 | |
| 6 | |
| 7 | |
| 8 | |
| 9 | |
| 10 | |

## MOMENTOS MÁGICOS PARA RECORDAR

| | |
|---|---|
| 1 | |
| 2 | |
| 3 | |
| 4 | |
| 5 | |

## YO AGRADEZCO POR…

| | |
|---|---|
| 1 | |
| 2 | |
| 3 | |

| DÍA | # LOGRO A LARGO PLAZO: |
|---|---|

| METAS EN 3 MESES | |
|---|---|
| TIEMPO | |
| PERSONAL | |
| ECONÓMICA | |

| METAS EN 1 MES | |
|---|---|
| TIEMPO | |
| PERSONAL | |
| ECONÓMICA | |

| ACTIVIDADES PARA HOY (O MAÑANA SI SE HACE EN LA NOCHE) | | |
|---|---|---|
| 1 | | ○ |
| 2 | | ○ |
| 3 | | ○ |

| ESTOY APRENDIENDO DE: | ○ LIBRO | ○ AUDIO | ○ VIDEO |
|---|---|---|---|
| NOMBRE: | | | |
| ESTOY EN LA PÁGINA O TIEMPO DEL VIDEO: | | | |

| HÁBITOS BUENOS |
|---|
| ○ |
| ○ |
| ○ |

| HÁBITOS MALOS |
|---|
| ○ |
| ○ |
| ○ |

| REFLECCIONES POSITIVAS O NEGATIVAS | | |
|---|---|---|
| ✓ | ✕ | |
| ✓ | ✕ | |
| ✓ | ✕ | |

El éxito está en la perseverancia

| FRASE DEL DÍA: | |
|---|---|

## ESCRIBE 10 LOGROS DEL DÍA

| | |
|---|---|
| 1 | |
| 2 | |
| 3 | |
| 4 | |
| 5 | |
| 6 | |
| 7 | |
| 8 | |
| 9 | |
| 10 | |

## MOMENTOS MÁGICOS PARA RECORDAR

| | |
|---|---|
| 1 | |
| 2 | |
| 3 | |
| 4 | |
| 5 | |

## YO AGRADEZCO POR…

| | |
|---|---|
| 1 | |
| 2 | |
| 3 | |

| DÍA | # LOGRO A LARGO PLAZO: |
|---|---|

| METAS EN 3 MESES | |
|---|---|
| TIEMPO | |
| PERSONAL | |
| ECONÓMICA | |

| METAS EN 1 MES | |
|---|---|
| TIEMPO | |
| PERSONAL | |
| ECONÓMICA | |

| ACTIVIDADES PARA HOY (O MAÑANA SI SE HACE EN LA NOCHE) | | |
|---|---|---|
| 1 | | ○ |
| 2 | | ○ |
| 3 | | ○ |

| ESTOY APRENDIENDO DE: | ○ LIBRO | ○ AUDIO | ○ VIDEO |
|---|---|---|---|
| NOMBRE: | | | |
| ESTOY EN LA PÁGINA O TIEMPO DEL VIDEO: | | | |

| HÁBITOS BUENOS |
|---|
| ○ |
| ○ |
| ○ |

| HÁBITOS MALOS |
|---|
| ○ |
| ○ |
| ○ |

| REFLECCIONES POSITIVAS O NEGATIVAS | | |
|---|---|---|
| ✓ | ✕ | |
| ✓ | ✕ | |
| ✓ | ✕ | |

El éxito está en la perseverancia

| FRASE DEL DÍA: | |
|---|---|

## ESCRIBE 10 LOGROS DEL DÍA

| | |
|---|---|
| 1 | |
| 2 | |
| 3 | |
| 4 | |
| 5 | |
| 6 | |
| 7 | |
| 8 | |
| 9 | |
| 10 | |

## MOMENTOS MÁGICOS PARA RECORDAR

| | |
|---|---|
| 1 | |
| 2 | |
| 3 | |
| 4 | |
| 5 | |

## YO AGRADEZCO POR…

| | |
|---|---|
| 1 | |
| 2 | |
| 3 | |

| DÍA | # LOGRO A LARGO PLAZO: |
|---|---|

| METAS EN 3 MESES | |
|---|---|
| TIEMPO | |
| PERSONAL | |
| ECONÓMICA | |

| METAS EN 1 MES | |
|---|---|
| TIEMPO | |
| PERSONAL | |
| ECONÓMICA | |

| ACTIVIDADES PARA HOY (O MAÑANA SI SE HACE EN LA NOCHE) | | |
|---|---|---|
| 1 | | ○ |
| 2 | | ○ |
| 3 | | ○ |

| ESTOY APRENDIENDO DE: | ○ LIBRO | ○ AUDIO | ○ VIDEO |
|---|---|---|---|
| NOMBRE: | | | |
| ESTOY EN LA PÁGINA O TIEMPO DEL VIDEO: | | | |

| HÁBITOS BUENOS |
|---|
| ○ |
| ○ |
| ○ |

| HÁBITOS MALOS |
|---|
| ○ |
| ○ |
| ○ |

| REFLECCIONES POSITIVAS O NEGATIVAS | | |
|---|---|---|
| ✓ | × | |
| ✓ | × | |
| ✓ | × | |

El éxito está en la perseverancia

| FRASE DEL DÍA: | |
|---|---|

## ESCRIBE 10 LOGROS DEL DÍA

| | |
|---|---|
| 1 | |
| 2 | |
| 3 | |
| 4 | |
| 5 | |
| 6 | |
| 7 | |
| 8 | |
| 9 | |
| 10 | |

## MOMENTOS MÁGICOS PARA RECORDAR

| | |
|---|---|
| 1 | |
| 2 | |
| 3 | |
| 4 | |
| 5 | |

## YO AGRADEZCO POR…

| | |
|---|---|
| 1 | |
| 2 | |
| 3 | |

| DÍA | # LOGRO A LARGO PLAZO: |
|---|---|

| METAS EN 3 MESES | |
|---|---|
| TIEMPO | |
| PERSONAL | |
| ECONÓMICA | |

| METAS EN 1 MES | |
|---|---|
| TIEMPO | |
| PERSONAL | |
| ECONÓMICA | |

| ACTIVIDADES PARA HOY (O MAÑANA SI SE HACE EN LA NOCHE) | | |
|---|---|---|
| 1 | | ○ |
| 2 | | ○ |
| 3 | | ○ |

| ESTOY APRENDIENDO DE: | ○ LIBRO ○ AUDIO ○ VIDEO |
|---|---|
| NOMBRE: | |
| ESTOY EN LA PÁGINA O TIEMPO DEL VIDEO: | |

| HÁBITOS BUENOS |
|---|
| ○ |
| ○ |
| ○ |

| HÁBITOS MALOS |
|---|
| ○ |
| ○ |
| ○ |

| REFLECCIONES POSITIVAS O NEGATIVAS | | |
|---|---|---|
| ✓ | ✕ | |
| ✓ | ✕ | |
| ✓ | ✕ | |

El éxito está en la perseverancia

| FRASE DEL DÍA: | |
|---|---|

## ESCRIBE 10 LOGROS DEL DÍA

| | |
|---|---|
| 1 | |
| 2 | |
| 3 | |
| 4 | |
| 5 | |
| 6 | |
| 7 | |
| 8 | |
| 9 | |
| 10 | |

## MOMENTOS MÁGICOS PARA RECORDAR

| | |
|---|---|
| 1 | |
| 2 | |
| 3 | |
| 4 | |
| 5 | |

## YO AGRADEZCO POR…

| | |
|---|---|
| 1 | |
| 2 | |
| 3 | |

| DÍA | # LOGRO A LARGO PLAZO: |
|---|---|

**METAS EN 3 MESES**

| | |
|---|---|
| TIEMPO | |
| PERSONAL | |
| ECONÓMICA | |

**METAS EN 1 MES**

| | |
|---|---|
| TIEMPO | |
| PERSONAL | |
| ECONÓMICA | |

**ACTIVIDADES PARA HOY**
(O MAÑANA SI SE HACE EN LA NOCHE)

| | | |
|---|---|---|
| 1 | | ○ |
| 2 | | ○ |
| 3 | | ○ |

| ESTOY APRENDIENDO DE: | ○ LIBRO | ○ AUDIO | ○ VIDEO |
|---|---|---|---|
| NOMBRE: | | | |
| ESTOY EN LA PÁGINA O TIEMPO DEL VIDEO: | | | |

**HÁBITOS BUENOS**

| |
|---|
| ○ |
| ○ |
| ○ |

**HÁBITOS MALOS**

| |
|---|
| ○ |
| ○ |
| ○ |

**REFLECCIONES POSITIVAS O NEGATIVAS**

| | | |
|---|---|---|
| ✓ | ✕ | |
| ✓ | ✕ | |
| ✓ | ✕ | |

El éxito está en la perseverancia

| FRASE DEL DÍA: | |
|---|---|

## ESCRIBE 10 LOGROS DEL DÍA

| | |
|---|---|
| 1 | |
| 2 | |
| 3 | |
| 4 | |
| 5 | |
| 6 | |
| 7 | |
| 8 | |
| 9 | |
| 10 | |

## MOMENTOS MÁGICOS PARA RECORDAR

| | |
|---|---|
| 1 | |
| 2 | |
| 3 | |
| 4 | |
| 5 | |

## YO AGRADEZCO POR...

| | |
|---|---|
| 1 | |
| 2 | |
| 3 | |

| DÍA | # LOGRO A LARGO PLAZO: |
|---|---|

**METAS EN 3 MESES**

| | |
|---|---|
| TIEMPO | |
| PERSONAL | |
| ECONÓMICA | |

**METAS EN 1 MES**

| | |
|---|---|
| TIEMPO | |
| PERSONAL | |
| ECONÓMICA | |

**ACTIVIDADES PARA HOY**
(O MAÑANA SI SE HACE EN LA NOCHE)

| | | |
|---|---|---|
| 1 | | ○ |
| 2 | | ○ |
| 3 | | ○ |

| ESTOY APRENDIENDO DE: | ○ LIBRO | ○ AUDIO | ○ VIDEO |
|---|---|---|---|
| NOMBRE: | | | |
| ESTOY EN LA PÁGINA O TIEMPO DEL VIDEO: | | | |

**HÁBITOS BUENOS**

| |
|---|
| ○ |
| ○ |
| ○ |

**HÁBITOS MALOS**

| |
|---|
| ○ |
| ○ |
| ○ |

**REFLECCIONES POSITIVAS O NEGATIVAS**

| | | |
|---|---|---|
| ✓ | ✗ | |
| ✓ | ✗ | |
| ✓ | ✗ | |

El éxito está en la perseverancia

| FRASE DEL DÍA: | |
|---|---|

## ESCRIBE 10 LOGROS DEL DÍA

| | |
|---|---|
| 1 | |
| 2 | |
| 3 | |
| 4 | |
| 5 | |
| 6 | |
| 7 | |
| 8 | |
| 9 | |
| 10 | |

## MOMENTOS MÁGICOS PARA RECORDAR

| | |
|---|---|
| 1 | |
| 2 | |
| 3 | |
| 4 | |
| 5 | |

## YO AGRADEZCO POR...

| | |
|---|---|
| 1 | |
| 2 | |
| 3 | |

| DÍA | LOGRO A LARGO PLAZO: |
|---|---|

| METAS EN 3 MESES | |
|---|---|
| TIEMPO | |
| PERSONAL | |
| ECONÓMICA | |

| METAS EN 1 MES | |
|---|---|
| TIEMPO | |
| PERSONAL | |
| ECONÓMICA | |

| ACTIVIDADES PARA HOY (O MAÑANA SI SE HACE EN LA NOCHE) | | |
|---|---|---|
| 1 | | ○ |
| 2 | | ○ |
| 3 | | ○ |

| ESTOY APRENDIENDO DE: | ○ LIBRO | ○ AUDIO | ○ VIDEO |
|---|---|---|---|
| NOMBRE: | | | |
| ESTOY EN LA PÁGINA O TIEMPO DEL VIDEO: | | | |

| HÁBITOS BUENOS |
|---|
| ○ |
| ○ |
| ○ |

| HÁBITOS MALOS |
|---|
| ○ |
| ○ |
| ○ |

| REFLECCIONES POSITIVAS O NEGATIVAS | | |
|---|---|---|
| ✓ | ✕ | |
| ✓ | ✕ | |
| ✓ | ✕ | |

El éxito está en la perseverancia

| FRASE DEL DÍA: | |
|---|---|

## ESCRIBE 10 LOGROS DEL DÍA

| | |
|---|---|
| 1 | |
| 2 | |
| 3 | |
| 4 | |
| 5 | |
| 6 | |
| 7 | |
| 8 | |
| 9 | |
| 10 | |

## MOMENTOS MÁGICOS PARA RECORDAR

| | |
|---|---|
| 1 | |
| 2 | |
| 3 | |
| 4 | |
| 5 | |

## YO AGRADEZCO POR...

| | |
|---|---|
| 1 | |
| 2 | |
| 3 | |

| DÍA | # LOGRO A LARGO PLAZO: |
|---|---|

**METAS EN 3 MESES**

| | |
|---|---|
| TIEMPO | |
| PERSONAL | |
| ECONÓMICA | |

**METAS EN 1 MES**

| | |
|---|---|
| TIEMPO | |
| PERSONAL | |
| ECONÓMICA | |

**ACTIVIDADES PARA HOY**
**(O MAÑANA SI SE HACE EN LA NOCHE)**

| | | |
|---|---|---|
| 1 | | ○ |
| 2 | | ○ |
| 3 | | ○ |

| ESTOY APRENDIENDO DE: | ○ LIBRO | ○ AUDIO | ○ VIDEO |
|---|---|---|---|
| NOMBRE: | | | |
| ESTOY EN LA PÁGINA O TIEMPO DEL VIDEO: | | | |

**HÁBITOS BUENOS**

| |
|---|
| ○ |
| ○ |
| ○ |

**HÁBITOS MALOS**

| |
|---|
| ○ |
| ○ |
| ○ |

**REFLECCIONES POSITIVAS O NEGATIVAS**

| | | |
|---|---|---|
| ✓ | ✗ | |
| ✓ | ✗ | |
| ✓ | ✗ | |

El éxito está en la perseverancia

| FRASE DEL DÍA: | |
|---|---|

## ESCRIBE 10 LOGROS DEL DÍA

| | |
|---|---|
| 1 | |
| 2 | |
| 3 | |
| 4 | |
| 5 | |
| 6 | |
| 7 | |
| 8 | |
| 9 | |
| 10 | |

## MOMENTOS MÁGICOS PARA RECORDAR

| | |
|---|---|
| 1 | |
| 2 | |
| 3 | |
| 4 | |
| 5 | |

## YO AGRADEZCO POR…

| | |
|---|---|
| 1 | |
| 2 | |
| 3 | |

| DÍA | # LOGRO A LARGO PLAZO: |
|---|---|

| METAS EN 3 MESES | |
|---|---|
| TIEMPO | |
| PERSONAL | |
| ECONÓMICA | |

| METAS EN 1 MES | |
|---|---|
| TIEMPO | |
| PERSONAL | |
| ECONÓMICA | |

| ACTIVIDADES PARA HOY<br>(O MAÑANA SI SE HACE EN LA NOCHE) | | |
|---|---|---|
| 1 | | ○ |
| 2 | | ○ |
| 3 | | ○ |

| ESTOY APRENDIENDO DE: | ○ LIBRO | ○ AUDIO | ○ VIDEO |
|---|---|---|---|
| NOMBRE: | | | |
| ESTOY EN LA PÁGINA O TIEMPO DEL VIDEO: | | | |

| HÁBITOS BUENOS |
|---|
| ○ |
| ○ |
| ○ |

| HÁBITOS MALOS |
|---|
| ○ |
| ○ |
| ○ |

| REFLECCIONES POSITIVAS O NEGATIVAS | | |
|---|---|---|
| ✓ | × | |
| ✓ | × | |
| ✓ | × | |

El éxito está en la perseverancia

| FRASE DEL DÍA: | |
|---|---|

## ESCRIBE 10 LOGROS DEL DÍA

| | |
|---|---|
| 1 | |
| 2 | |
| 3 | |
| 4 | |
| 5 | |
| 6 | |
| 7 | |
| 8 | |
| 9 | |
| 10 | |

## MOMENTOS MÁGICOS PARA RECORDAR

| | |
|---|---|
| 1 | |
| 2 | |
| 3 | |
| 4 | |
| 5 | |

## YO AGRADEZCO POR…

| | |
|---|---|
| 1 | |
| 2 | |
| 3 | |

| DÍA | LOGRO A LARGO PLAZO: |
|---|---|

**METAS EN 3 MESES**

| TIEMPO | |
|---|---|
| PERSONAL | |
| ECONÓMICA | |

**METAS EN 1 MES**

| TIEMPO | |
|---|---|
| PERSONAL | |
| ECONÓMICA | |

**ACTIVIDADES PARA HOY**
**(O MAÑANA SI SE HACE EN LA NOCHE)**

| 1 | | ○ |
|---|---|---|
| 2 | | ○ |
| 3 | | ○ |

| ESTOY APRENDIENDO DE: | ○ LIBRO | ○ AUDIO | ○ VIDEO |
|---|---|---|---|
| NOMBRE: | | | |
| ESTOY EN LA PÁGINA O TIEMPO DEL VIDEO: | | | |

**HÁBITOS BUENOS**

| ○ |
|---|
| ○ |
| ○ |

**HÁBITOS MALOS**

| ○ |
|---|
| ○ |
| ○ |

**REFLECCIONES POSITIVAS O NEGATIVAS**

| ✓ | ✕ | |
|---|---|---|
| ✓ | ✕ | |
| ✓ | ✕ | |

El éxito está en la perseverancia

| FRASE DEL DÍA: | |
|---|---|

## ESCRIBE 10 LOGROS DEL DÍA

| | |
|---|---|
| 1 | |
| 2 | |
| 3 | |
| 4 | |
| 5 | |
| 6 | |
| 7 | |
| 8 | |
| 9 | |
| 10 | |

## MOMENTOS MÁGICOS PARA RECORDAR

| | |
|---|---|
| 1 | |
| 2 | |
| 3 | |
| 4 | |
| 5 | |

## YO AGRADEZCO POR…

| | |
|---|---|
| 1 | |
| 2 | |
| 3 | |

| DÍA | # LOGRO A LARGO PLAZO: |
|---|---|

| METAS EN 3 MESES | |
|---|---|
| TIEMPO | |
| PERSONAL | |
| ECONÓMICA | |

| METAS EN 1 MES | |
|---|---|
| TIEMPO | |
| PERSONAL | |
| ECONÓMICA | |

| ACTIVIDADES PARA HOY<br>(O MAÑANA SI SE HACE EN LA NOCHE) | | |
|---|---|---|
| 1 | | ○ |
| 2 | | ○ |
| 3 | | ○ |

| ESTOY APRENDIENDO DE: | ○ LIBRO | ○ AUDIO | ○ VIDEO |
|---|---|---|---|
| NOMBRE: | | | |
| ESTOY EN LA PÁGINA O TIEMPO DEL VIDEO: | | | |

| HÁBITOS BUENOS |
|---|
| ○ |
| ○ |
| ○ |

| HÁBITOS MALOS |
|---|
| ○ |
| ○ |
| ○ |

| REFLECCIONES POSITIVAS O NEGATIVAS | | |
|---|---|---|
| ✓ | ✕ | |
| ✓ | ✕ | |
| ✓ | ✕ | |

El éxito está en la perseverancia

| FRASE DEL DÍA: | |
|---|---|

## ESCRIBE 10 LOGROS DEL DÍA

| | |
|---|---|
| 1 | |
| 2 | |
| 3 | |
| 4 | |
| 5 | |
| 6 | |
| 7 | |
| 8 | |
| 9 | |
| 10 | |

## MOMENTOS MÁGICOS PARA RECORDAR

| | |
|---|---|
| 1 | |
| 2 | |
| 3 | |
| 4 | |
| 5 | |

## YO AGRADEZCO POR…

| | |
|---|---|
| 1 | |
| 2 | |
| 3 | |

| DÍA | # LOGRO A LARGO PLAZO: |
|---|---|

**METAS EN 3 MESES**

| | |
|---|---|
| TIEMPO | |
| PERSONAL | |
| ECONÓMICA | |

**METAS EN 1 MES**

| | |
|---|---|
| TIEMPO | |
| PERSONAL | |
| ECONÓMICA | |

**ACTIVIDADES PARA HOY**
**(O MAÑANA SI SE HACE EN LA NOCHE)**

| | | |
|---|---|---|
| 1 | | ○ |
| 2 | | ○ |
| 3 | | ○ |

| ESTOY APRENDIENDO DE: | ○ LIBRO | ○ AUDIO | ○ VIDEO |
|---|---|---|---|
| NOMBRE: | | | |
| ESTOY EN LA PÁGINA O TIEMPO DEL VIDEO: | | | |

**HÁBITOS BUENOS**

| |
|---|
| ○ |
| ○ |
| ○ |

**HÁBITOS MALOS**

| |
|---|
| ○ |
| ○ |
| ○ |

**REFLECCIONES POSITIVAS O NEGATIVAS**

| | | |
|---|---|---|
| ✓ | ✕ | |
| ✓ | ✕ | |
| ✓ | ✕ | |

El éxito está en la perseverancia

| FRASE DEL DÍA: | |
|---|---|

## ESCRIBE 10 LOGROS DEL DÍA

| | |
|---|---|
| 1 | |
| 2 | |
| 3 | |
| 4 | |
| 5 | |
| 6 | |
| 7 | |
| 8 | |
| 9 | |
| 10 | |

## MOMENTOS MÁGICOS PARA RECORDAR

| | |
|---|---|
| 1 | |
| 2 | |
| 3 | |
| 4 | |
| 5 | |

## YO AGRADEZCO POR…

| | |
|---|---|
| 1 | |
| 2 | |
| 3 | |

| DÍA | # LOGRO A LARGO PLAZO: |
|---|---|

**METAS EN 3 MESES**

| | |
|---|---|
| TIEMPO | |
| PERSONAL | |
| ECONÓMICA | |

**METAS EN 1 MES**

| | |
|---|---|
| TIEMPO | |
| PERSONAL | |
| ECONÓMICA | |

**ACTIVIDADES PARA HOY**
(O MAÑANA SI SE HACE EN LA NOCHE)

| | | |
|---|---|---|
| 1 | | ○ |
| 2 | | ○ |
| 3 | | ○ |

| ESTOY APRENDIENDO DE: | ○ LIBRO | ○ AUDIO | ○ VIDEO |
|---|---|---|---|
| NOMBRE: | | | |
| ESTOY EN LA PÁGINA O TIEMPO DEL VIDEO: | | | |

**HÁBITOS BUENOS**

- ○
- ○
- ○

**HÁBITOS MALOS**

- ○
- ○
- ○

**REFLECCIONES POSITIVAS O NEGATIVAS**

| | | |
|---|---|---|
| ✓ | ✕ | |
| ✓ | ✕ | |
| ✓ | ✕ | |

El éxito está en la perseverancia

| FRASE DEL DÍA: | |
|---|---|

## ESCRIBE 10 LOGROS DEL DÍA

| | |
|---|---|
| 1 | |
| 2 | |
| 3 | |
| 4 | |
| 5 | |
| 6 | |
| 7 | |
| 8 | |
| 9 | |
| 10 | |

## MOMENTOS MÁGICOS PARA RECORDAR

| | |
|---|---|
| 1 | |
| 2 | |
| 3 | |
| 4 | |
| 5 | |

## YO AGRADEZCO POR…

| | |
|---|---|
| 1 | |
| 2 | |
| 3 | |

| DÍA | # LOGRO A LARGO PLAZO: |
|---|---|

**METAS EN 3 MESES**

| TIEMPO | |
|---|---|
| PERSONAL | |
| ECONÓMICA | |

**METAS EN 1 MES**

| TIEMPO | |
|---|---|
| PERSONAL | |
| ECONÓMICA | |

**ACTIVIDADES PARA HOY**
(O MAÑANA SI SE HACE EN LA NOCHE)

| 1 | | ○ |
|---|---|---|
| 2 | | ○ |
| 3 | | ○ |

| ESTOY APRENDIENDO DE: | ○ LIBRO | ○ AUDIO | ○ VIDEO |
|---|---|---|---|
| NOMBRE: | | | |
| ESTOY EN LA PÁGINA O TIEMPO DEL VIDEO: | | | |

**HÁBITOS BUENOS**

| ○ |
|---|
| ○ |
| ○ |

**HÁBITOS MALOS**

| ○ |
|---|
| ○ |
| ○ |

**REFLECCIONES POSITIVAS O NEGATIVAS**

| ✓ | ✕ | |
|---|---|---|
| ✓ | ✕ | |
| ✓ | ✕ | |

El éxito está en la perseverancia

| FRASE DEL DÍA: | |
|---|---|

## ESCRIBE 10 LOGROS DEL DÍA

| | |
|---|---|
| 1 | |
| 2 | |
| 3 | |
| 4 | |
| 5 | |
| 6 | |
| 7 | |
| 8 | |
| 9 | |
| 10 | |

## MOMENTOS MÁGICOS PARA RECORDAR

| | |
|---|---|
| 1 | |
| 2 | |
| 3 | |
| 4 | |
| 5 | |

## YO AGRADEZCO POR...

| | |
|---|---|
| 1 | |
| 2 | |
| 3 | |

| DÍA | LOGRO A LARGO PLAZO: |
|---|---|

**METAS EN 3 MESES**

| | |
|---|---|
| TIEMPO | |
| PERSONAL | |
| ECONÓMICA | |

**METAS EN 1 MES**

| | |
|---|---|
| TIEMPO | |
| PERSONAL | |
| ECONÓMICA | |

**ACTIVIDADES PARA HOY**
(O MAÑANA SI SE HACE EN LA NOCHE)

| | | |
|---|---|---|
| 1 | | ○ |
| 2 | | ○ |
| 3 | | ○ |

| ESTOY APRENDIENDO DE: | ○ LIBRO | ○ AUDIO | ○ VIDEO |
|---|---|---|---|
| NOMBRE: | | | |
| ESTOY EN LA PÁGINA O TIEMPO DEL VIDEO: | | | |

**HÁBITOS BUENOS**

| |
|---|
| ○ |
| ○ |
| ○ |

**HÁBITOS MALOS**

| |
|---|
| ○ |
| ○ |
| ○ |

**REFLECCIONES POSITIVAS O NEGATIVAS**

| | | |
|---|---|---|
| ✓ | ✕ | |
| ✓ | ✕ | |
| ✓ | ✕ | |

El éxito está en la perseverancia

| FRASE DEL DÍA: | |
|---|---|

## ESCRIBE 10 LOGROS DEL DÍA

| | |
|---|---|
| 1 | |
| 2 | |
| 3 | |
| 4 | |
| 5 | |
| 6 | |
| 7 | |
| 8 | |
| 9 | |
| 10 | |

## MOMENTOS MÁGICOS PARA RECORDAR

| | |
|---|---|
| 1 | |
| 2 | |
| 3 | |
| 4 | |
| 5 | |

## YO AGRADEZCO POR…

| | |
|---|---|
| 1 | |
| 2 | |
| 3 | |

| DÍA | # LOGRO A LARGO PLAZO: |
|---|---|

| METAS EN 3 MESES | |
|---|---|
| TIEMPO | |
| PERSONAL | |
| ECONÓMICA | |

| METAS EN 1 MES | |
|---|---|
| TIEMPO | |
| PERSONAL | |
| ECONÓMICA | |

| ACTIVIDADES PARA HOY (O MAÑANA SI SE HACE EN LA NOCHE) | | |
|---|---|---|
| 1 | | ○ |
| 2 | | ○ |
| 3 | | ○ |

| ESTOY APRENDIENDO DE: | ○ LIBRO | ○ AUDIO | ○ VIDEO |
|---|---|---|---|
| NOMBRE: | | | |
| ESTOY EN LA PÁGINA O TIEMPO DEL VIDEO: | | | |

| HÁBITOS BUENOS |
|---|
| ○ |
| ○ |
| ○ |

| HÁBITOS MALOS |
|---|
| ○ |
| ○ |
| ○ |

| REFLECCIONES POSITIVAS O NEGATIVAS | | |
|---|---|---|
| ✓ | ✗ | |
| ✓ | ✗ | |
| ✓ | ✗ | |

El éxito está en la perseverancia

| FRASE DEL DÍA: | |
|---|---|

## ESCRIBE 10 LOGROS DEL DÍA

| | |
|---|---|
| 1 | |
| 2 | |
| 3 | |
| 4 | |
| 5 | |
| 6 | |
| 7 | |
| 8 | |
| 9 | |
| 10 | |

## MOMENTOS MÁGICOS PARA RECORDAR

| | |
|---|---|
| 1 | |
| 2 | |
| 3 | |
| 4 | |
| 5 | |

## YO AGRADEZCO POR…

| | |
|---|---|
| 1 | |
| 2 | |
| 3 | |

| DÍA | # LOGRO A LARGO PLAZO: |
|---|---|

**METAS EN 3 MESES**

| | |
|---|---|
| TIEMPO | |
| PERSONAL | |
| ECONÓMICA | |

**METAS EN 1 MES**

| | |
|---|---|
| TIEMPO | |
| PERSONAL | |
| ECONÓMICA | |

**ACTIVIDADES PARA HOY**
(O MAÑANA SI SE HACE EN LA NOCHE)

| | | |
|---|---|---|
| 1 | | ○ |
| 2 | | ○ |
| 3 | | ○ |

| ESTOY APRENDIENDO DE: | ○ LIBRO | ○ AUDIO | ○ VIDEO |
|---|---|---|---|
| NOMBRE: | | | |
| ESTOY EN LA PÁGINA O TIEMPO DEL VIDEO: | | | |

**HÁBITOS BUENOS**

| |
|---|
| ○ |
| ○ |
| ○ |

**HÁBITOS MALOS**

| |
|---|
| ○ |
| ○ |
| ○ |

**REFLECCIONES POSITIVAS O NEGATIVAS**

| | | |
|---|---|---|
| ✓ | ✕ | |
| ✓ | ✕ | |
| ✓ | ✕ | |

El éxito está en la perseverancia

| FRASE DEL DÍA: | |
|---|---|

## ESCRIBE 10 LOGROS DEL DÍA

| | |
|---|---|
| 1 | |
| 2 | |
| 3 | |
| 4 | |
| 5 | |
| 6 | |
| 7 | |
| 8 | |
| 9 | |
| 10 | |

## MOMENTOS MÁGICOS PARA RECORDAR

| | |
|---|---|
| 1 | |
| 2 | |
| 3 | |
| 4 | |
| 5 | |

## YO AGRADEZCO POR...

| | |
|---|---|
| 1 | |
| 2 | |
| 3 | |

| DÍA | LOGRO A LARGO PLAZO: |
|---|---|

**METAS EN 3 MESES**

| | |
|---|---|
| TIEMPO | |
| PERSONAL | |
| ECONÓMICA | |

**METAS EN 1 MES**

| | |
|---|---|
| TIEMPO | |
| PERSONAL | |
| ECONÓMICA | |

**ACTIVIDADES PARA HOY**
**(O MAÑANA SI SE HACE EN LA NOCHE)**

| | | |
|---|---|---|
| 1 | | ○ |
| 2 | | ○ |
| 3 | | ○ |

| ESTOY APRENDIENDO DE: | ○ LIBRO | ○ AUDIO | ○ VIDEO |
|---|---|---|---|
| NOMBRE: | | | |
| ESTOY EN LA PÁGINA O TIEMPO DEL VIDEO: | | | |

**HÁBITOS BUENOS**

| |
|---|
| ○ |
| ○ |
| ○ |

**HÁBITOS MALOS**

| |
|---|
| ○ |
| ○ |
| ○ |

**REFLECCIONES POSITIVAS O NEGATIVAS**

| | | |
|---|---|---|
| ✓ | ✕ | |
| ✓ | ✕ | |
| ✓ | ✕ | |

El éxito está en la perseverancia

| FRASE DEL DÍA: | |
|---|---|

## ESCRIBE 10 LOGROS DEL DÍA

| | |
|---|---|
| 1 | |
| 2 | |
| 3 | |
| 4 | |
| 5 | |
| 6 | |
| 7 | |
| 8 | |
| 9 | |
| 10 | |

## MOMENTOS MÁGICOS PARA RECORDAR

| | |
|---|---|
| 1 | |
| 2 | |
| 3 | |
| 4 | |
| 5 | |

## YO AGRADEZCO POR...

| | |
|---|---|
| 1 | |
| 2 | |
| 3 | |

| DÍA | LOGRO A LARGO PLAZO: |
|---|---|

| METAS EN 3 MESES | |
|---|---|
| TIEMPO | |
| PERSONAL | |
| ECONÓMICA | |

| METAS EN 1 MES | |
|---|---|
| TIEMPO | |
| PERSONAL | |
| ECONÓMICA | |

| ACTIVIDADES PARA HOY<br>(O MAÑANA SI SE HACE EN LA NOCHE) | | |
|---|---|---|
| 1 | | ○ |
| 2 | | ○ |
| 3 | | ○ |

| ESTOY APRENDIENDO DE: | ○ LIBRO ○ AUDIO ○ VIDEO |
|---|---|
| NOMBRE: | |
| ESTOY EN LA PÁGINA O TIEMPO DEL VIDEO: | |

| HÁBITOS BUENOS |
|---|
| ○ |
| ○ |
| ○ |

| HÁBITOS MALOS |
|---|
| ○ |
| ○ |
| ○ |

| REFLECCIONES POSITIVAS O NEGATIVAS | | |
|---|---|---|
| ✓ | ✕ | |
| ✓ | ✕ | |
| ✓ | ✕ | |

El éxito está en la perseverancia

| FRASE DEL DÍA: | |
|---|---|

## ESCRIBE 10 LOGROS DEL DÍA

| | |
|---|---|
| 1 | |
| 2 | |
| 3 | |
| 4 | |
| 5 | |
| 6 | |
| 7 | |
| 8 | |
| 9 | |
| 10 | |

## MOMENTOS MÁGICOS PARA RECORDAR

| | |
|---|---|
| 1 | |
| 2 | |
| 3 | |
| 4 | |
| 5 | |

## YO AGRADEZCO POR…

| | |
|---|---|
| 1 | |
| 2 | |
| 3 | |

| DÍA | LOGRO A LARGO PLAZO: |
|---|---|

**METAS EN 3 MESES**

| | |
|---|---|
| TIEMPO | |
| PERSONAL | |
| ECONÓMICA | |

**METAS EN 1 MES**

| | |
|---|---|
| TIEMPO | |
| PERSONAL | |
| ECONÓMICA | |

**ACTIVIDADES PARA HOY**
(O MAÑANA SI SE HACE EN LA NOCHE)

| | | |
|---|---|---|
| 1 | | ○ |
| 2 | | ○ |
| 3 | | ○ |

| ESTOY APRENDIENDO DE: | ○ LIBRO | ○ AUDIO | ○ VIDEO |
|---|---|---|---|
| NOMBRE: | | | |
| ESTOY EN LA PÁGINA O TIEMPO DEL VIDEO: | | | |

**HÁBITOS BUENOS**

| |
|---|
| ○ |
| ○ |
| ○ |

**HÁBITOS MALOS**

| |
|---|
| ○ |
| ○ |
| ○ |

**REFLECCIONES POSITIVAS O NEGATIVAS**

| | | |
|---|---|---|
| ✓ | ✕ | |
| ✓ | ✕ | |
| ✓ | ✕ | |

El éxito está en la perseverancia

| FRASE DEL DÍA: | |
|---|---|

## ESCRIBE 10 LOGROS DEL DÍA

| | |
|---|---|
| 1 | |
| 2 | |
| 3 | |
| 4 | |
| 5 | |
| 6 | |
| 7 | |
| 8 | |
| 9 | |
| 10 | |

## MOMENTOS MÁGICOS PARA RECORDAR

| | |
|---|---|
| 1 | |
| 2 | |
| 3 | |
| 4 | |
| 5 | |

## YO AGRADEZCO POR…

| | |
|---|---|
| 1 | |
| 2 | |
| 3 | |

| DÍA | # LOGRO A LARGO PLAZO: |
|---|---|

| METAS EN 3 MESES | |
|---|---|
| TIEMPO | |
| PERSONAL | |
| ECONÓMICA | |

| METAS EN 1 MES | |
|---|---|
| TIEMPO | |
| PERSONAL | |
| ECONÓMICA | |

| ACTIVIDADES PARA HOY (O MAÑANA SI SE HACE EN LA NOCHE) | | |
|---|---|---|
| 1 | | ○ |
| 2 | | ○ |
| 3 | | ○ |

| ESTOY APRENDIENDO DE: | ○ LIBRO | ○ AUDIO | ○ VIDEO |
|---|---|---|---|
| NOMBRE: | | | |
| ESTOY EN LA PÁGINA O TIEMPO DEL VIDEO: | | | |

| HÁBITOS BUENOS |
|---|
| ○ |
| ○ |
| ○ |

| HÁBITOS MALOS |
|---|
| ○ |
| ○ |
| ○ |

| REFLECCIONES POSITIVAS O NEGATIVAS | | |
|---|---|---|
| ✓ | ✕ | |
| ✓ | ✕ | |
| ✓ | ✕ | |

El éxito está en la perseverancia

| FRASE DEL DÍA: | |
|---|---|

## ESCRIBE 10 LOGROS DEL DÍA

| | |
|---|---|
| 1 | |
| 2 | |
| 3 | |
| 4 | |
| 5 | |
| 6 | |
| 7 | |
| 8 | |
| 9 | |
| 10 | |

## MOMENTOS MÁGICOS PARA RECORDAR

| | |
|---|---|
| 1 | |
| 2 | |
| 3 | |
| 4 | |
| 5 | |

## YO AGRADEZCO POR…

| | |
|---|---|
| 1 | |
| 2 | |
| 3 | |

| DÍA | # LOGRO A LARGO PLAZO: |
|---|---|

| METAS EN 3 MESES | |
|---|---|
| TIEMPO | |
| PERSONAL | |
| ECONÓMICA | |

| METAS EN 1 MES | |
|---|---|
| TIEMPO | |
| PERSONAL | |
| ECONÓMICA | |

| ACTIVIDADES PARA HOY (O MAÑANA SI SE HACE EN LA NOCHE) | | |
|---|---|---|
| 1 | | ○ |
| 2 | | ○ |
| 3 | | ○ |

| ESTOY APRENDIENDO DE: | ○ LIBRO | ○ AUDIO | ○ VIDEO |
|---|---|---|---|
| NOMBRE: | | | |
| ESTOY EN LA PÁGINA O TIEMPO DEL VIDEO: | | | |

| HÁBITOS BUENOS |
|---|
| ○ |
| ○ |
| ○ |

| HÁBITOS MALOS |
|---|
| ○ |
| ○ |
| ○ |

| REFLECCIONES POSITIVAS O NEGATIVAS | | |
|---|---|---|
| ✓ | ✕ | |
| ✓ | ✕ | |
| ✓ | ✕ | |

El éxito está en la perseverancia

| FRASE DEL DÍA: | |
|---|---|

## ESCRIBE 10 LOGROS DEL DÍA

| | |
|---|---|
| 1 | |
| 2 | |
| 3 | |
| 4 | |
| 5 | |
| 6 | |
| 7 | |
| 8 | |
| 9 | |
| 10 | |

## MOMENTOS MÁGICOS PARA RECORDAR

| | |
|---|---|
| 1 | |
| 2 | |
| 3 | |
| 4 | |
| 5 | |

## YO AGRADEZCO POR…

| | |
|---|---|
| 1 | |
| 2 | |
| 3 | |

| DÍA | # LOGRO A LARGO PLAZO: |
|---|---|

**METAS EN 3 MESES**

| | |
|---|---|
| TIEMPO | |
| PERSONAL | |
| ECONÓMICA | |

**METAS EN 1 MES**

| | |
|---|---|
| TIEMPO | |
| PERSONAL | |
| ECONÓMICA | |

**ACTIVIDADES PARA HOY**
(O MAÑANA SI SE HACE EN LA NOCHE)

| | | |
|---|---|---|
| 1 | | ○ |
| 2 | | ○ |
| 3 | | ○ |

| ESTOY APRENDIENDO DE: | ○ LIBRO | ○ AUDIO | ○ VIDEO |
|---|---|---|---|
| NOMBRE: | | | |
| ESTOY EN LA PÁGINA O TIEMPO DEL VIDEO: | | | |

**HÁBITOS BUENOS**

- ○
- ○
- ○

**HÁBITOS MALOS**

- ○
- ○
- ○

**REFLECCIONES POSITIVAS O NEGATIVAS**

| | | |
|---|---|---|
| ✓ | ✕ | |
| ✓ | ✕ | |
| ✓ | ✕ | |

El éxito está en la perseverancia

| FRASE DEL DÍA: | |
|---|---|

## ESCRIBE 10 LOGROS DEL DÍA

| | |
|---|---|
| 1 | |
| 2 | |
| 3 | |
| 4 | |
| 5 | |
| 6 | |
| 7 | |
| 8 | |
| 9 | |
| 10 | |

## MOMENTOS MÁGICOS PARA RECORDAR

| | |
|---|---|
| 1 | |
| 2 | |
| 3 | |
| 4 | |
| 5 | |

## YO AGRADEZCO POR…

| | |
|---|---|
| 1 | |
| 2 | |
| 3 | |

| DÍA | LOGRO A LARGO PLAZO: |
|---|---|

| METAS EN 3 MESES | |
|---|---|
| TIEMPO | |
| PERSONAL | |
| ECONÓMICA | |

| METAS EN 1 MES | |
|---|---|
| TIEMPO | |
| PERSONAL | |
| ECONÓMICA | |

| ACTIVIDADES PARA HOY<br>(O MAÑANA SI SE HACE EN LA NOCHE) | | |
|---|---|---|
| 1 | | ○ |
| 2 | | ○ |
| 3 | | ○ |

| ESTOY APRENDIENDO DE: | ○ LIBRO | ○ AUDIO | ○ VIDEO |
|---|---|---|---|
| NOMBRE: | | | |
| ESTOY EN LA PÁGINA O TIEMPO DEL VIDEO: | | | |

| HÁBITOS BUENOS |
|---|
| ○ |
| ○ |
| ○ |

| HÁBITOS MALOS |
|---|
| ○ |
| ○ |
| ○ |

| REFLECCIONES POSITIVAS O NEGATIVAS | | |
|---|---|---|
| ✓ | ✗ | |
| ✓ | ✗ | |
| ✓ | ✗ | |

El éxito está en la perseverancia

| FRASE DEL DÍA: | |
|---|---|

## ESCRIBE 10 LOGROS DEL DÍA

| | |
|---|---|
| 1 | |
| 2 | |
| 3 | |
| 4 | |
| 5 | |
| 6 | |
| 7 | |
| 8 | |
| 9 | |
| 10 | |

## MOMENTOS MÁGICOS PARA RECORDAR

| | |
|---|---|
| 1 | |
| 2 | |
| 3 | |
| 4 | |
| 5 | |

## YO AGRADEZCO POR…

| | |
|---|---|
| 1 | |
| 2 | |
| 3 | |

| DÍA | # LOGRO A LARGO PLAZO: |
|---|---|

**METAS EN 3 MESES**

| | |
|---|---|
| TIEMPO | |
| PERSONAL | |
| ECONÓMICA | |

**METAS EN 1 MES**

| | |
|---|---|
| TIEMPO | |
| PERSONAL | |
| ECONÓMICA | |

**ACTIVIDADES PARA HOY**
(O MAÑANA SI SE HACE EN LA NOCHE)

| | | |
|---|---|---|
| 1 | | ○ |
| 2 | | ○ |
| 3 | | ○ |

| ESTOY APRENDIENDO DE: | ○ LIBRO | ○ AUDIO | ○ VIDEO |
|---|---|---|---|
| NOMBRE: | | | |
| ESTOY EN LA PÁGINA O TIEMPO DEL VIDEO: | | | |

**HÁBITOS BUENOS**

| |
|---|
| ○ |
| ○ |
| ○ |

**HÁBITOS MALOS**

| |
|---|
| ○ |
| ○ |
| ○ |

**REFLECCIONES POSITIVAS O NEGATIVAS**

| | | |
|---|---|---|
| ✓ | × | |
| ✓ | × | |
| ✓ | × | |

El éxito está en la perseverancia

| FRASE DEL DÍA: | |
|---|---|

## ESCRIBE 10 LOGROS DEL DÍA

| | |
|---|---|
| 1 | |
| 2 | |
| 3 | |
| 4 | |
| 5 | |
| 6 | |
| 7 | |
| 8 | |
| 9 | |
| 10 | |

## MOMENTOS MÁGICOS PARA RECORDAR

| | |
|---|---|
| 1 | |
| 2 | |
| 3 | |
| 4 | |
| 5 | |

## YO AGRADEZCO POR…

| | |
|---|---|
| 1 | |
| 2 | |
| 3 | |

| DÍA | # LOGRO A LARGO PLAZO: |
|---|---|

**METAS EN 3 MESES**

| | |
|---|---|
| TIEMPO | |
| PERSONAL | |
| ECONÓMICA | |

**METAS EN 1 MES**

| | |
|---|---|
| TIEMPO | |
| PERSONAL | |
| ECONÓMICA | |

**ACTIVIDADES PARA HOY**
**(O MAÑANA SI SE HACE EN LA NOCHE)**

| | | |
|---|---|---|
| 1 | | ○ |
| 2 | | ○ |
| 3 | | ○ |

| ESTOY APRENDIENDO DE: | ○ LIBRO | ○ AUDIO | ○ VIDEO |
|---|---|---|---|
| NOMBRE: | | | |
| ESTOY EN LA PÁGINA O TIEMPO DEL VIDEO: | | | |

**HÁBITOS BUENOS**

| | |
|---|---|
| ○ | |
| ○ | |
| ○ | |

**HÁBITOS MALOS**

| | |
|---|---|
| ○ | |
| ○ | |
| ○ | |

**REFLECCIONES POSITIVAS O NEGATIVAS**

| | | |
|---|---|---|
| ✓ | ✕ | |
| ✓ | ✕ | |
| ✓ | ✕ | |

El éxito está en la perseverancia

| FRASE DEL DÍA: | |
|---|---|

## ESCRIBE 10 LOGROS DEL DÍA

| | |
|---|---|
| 1 | |
| 2 | |
| 3 | |
| 4 | |
| 5 | |
| 6 | |
| 7 | |
| 8 | |
| 9 | |
| 10 | |

## MOMENTOS MÁGICOS PARA RECORDAR

| | |
|---|---|
| 1 | |
| 2 | |
| 3 | |
| 4 | |
| 5 | |

## YO AGRADEZCO POR…

| | |
|---|---|
| 1 | |
| 2 | |
| 3 | |

| DÍA | # LOGRO A LARGO PLAZO: |
| --- | --- |

**METAS EN 3 MESES**

| TIEMPO | |
| --- | --- |
| PERSONAL | |
| ECONÓMICA | |

**METAS EN 1 MES**

| TIEMPO | |
| --- | --- |
| PERSONAL | |
| ECONÓMICA | |

**ACTIVIDADES PARA HOY**
(O MAÑANA SI SE HACE EN LA NOCHE)

| | | |
| --- | --- | --- |
| 1 | | ○ |
| 2 | | ○ |
| 3 | | ○ |

| ESTOY APRENDIENDO DE: | ○ LIBRO | ○ AUDIO | ○ VIDEO |
| --- | --- | --- | --- |
| NOMBRE: | | | |
| ESTOY EN LA PÁGINA O TIEMPO DEL VIDEO: | | | |

**HÁBITOS BUENOS**

- ○
- ○
- ○

**HÁBITOS MALOS**

- ○
- ○
- ○

**REFLECCIONES POSITIVAS O NEGATIVAS**

| | | |
| --- | --- | --- |
| ✓ | ✕ | |
| ✓ | ✕ | |
| ✓ | ✕ | |

El éxito está en la perseverancia

| FRASE DEL DÍA: | |
|---|---|

## ESCRIBE 10 LOGROS DEL DÍA

| | |
|---|---|
| 1 | |
| 2 | |
| 3 | |
| 4 | |
| 5 | |
| 6 | |
| 7 | |
| 8 | |
| 9 | |
| 10 | |

## MOMENTOS MÁGICOS PARA RECORDAR

| | |
|---|---|
| 1 | |
| 2 | |
| 3 | |
| 4 | |
| 5 | |

## YO AGRADEZCO POR...

| | |
|---|---|
| 1 | |
| 2 | |
| 3 | |

| DÍA | # LOGRO A LARGO PLAZO: |
|---|---|

| METAS EN 3 MESES | |
|---|---|
| TIEMPO | |
| PERSONAL | |
| ECONÓMICA | |

| METAS EN 1 MES | |
|---|---|
| TIEMPO | |
| PERSONAL | |
| ECONÓMICA | |

| ACTIVIDADES PARA HOY (O MAÑANA SI SE HACE EN LA NOCHE) | | |
|---|---|---|
| 1 | | ○ |
| 2 | | ○ |
| 3 | | ○ |

| ESTOY APRENDIENDO DE: | ○ LIBRO | ○ AUDIO | ○ VIDEO |
|---|---|---|---|
| NOMBRE: | | | |
| ESTOY EN LA PÁGINA O TIEMPO DEL VIDEO: | | | |

| HÁBITOS BUENOS |
|---|
| ○ |
| ○ |
| ○ |

| HÁBITOS MALOS |
|---|
| ○ |
| ○ |
| ○ |

| REFLECCIONES POSITIVAS O NEGATIVAS | | |
|---|---|---|
| ✓ | ✕ | |
| ✓ | ✕ | |
| ✓ | ✕ | |

El éxito está en la perseverancia

| FRASE DEL DÍA: | |
|---|---|

## ESCRIBE 10 LOGROS DEL DÍA

| | |
|---|---|
| 1 | |
| 2 | |
| 3 | |
| 4 | |
| 5 | |
| 6 | |
| 7 | |
| 8 | |
| 9 | |
| 10 | |

## MOMENTOS MÁGICOS PARA RECORDAR

| | |
|---|---|
| 1 | |
| 2 | |
| 3 | |
| 4 | |
| 5 | |

## YO AGRADEZCO POR…

| | |
|---|---|
| 1 | |
| 2 | |
| 3 | |

| DÍA | # LOGRO A LARGO PLAZO: |
|---|---|

| METAS EN 3 MESES | |
|---|---|
| TIEMPO | |
| PERSONAL | |
| ECONÓMICA | |

| METAS EN 1 MES | |
|---|---|
| TIEMPO | |
| PERSONAL | |
| ECONÓMICA | |

| ACTIVIDADES PARA HOY (O MAÑANA SI SE HACE EN LA NOCHE) | | |
|---|---|---|
| 1 | | ○ |
| 2 | | ○ |
| 3 | | ○ |

| ESTOY APRENDIENDO DE: | ○ LIBRO | ○ AUDIO | ○ VIDEO |
|---|---|---|---|
| NOMBRE: | | | |
| ESTOY EN LA PÁGINA O TIEMPO DEL VIDEO: | | | |

| HÁBITOS BUENOS |
|---|
| ○ |
| ○ |
| ○ |

| HÁBITOS MALOS |
|---|
| ○ |
| ○ |
| ○ |

| REFLECCIONES POSITIVAS O NEGATIVAS | | |
|---|---|---|
| ✓ | × | |
| ✓ | × | |
| ✓ | × | |

El éxito está en la perseverancia

| FRASE DEL DÍA: | |
|---|---|

## ESCRIBE 10 LOGROS DEL DÍA

| | |
|---|---|
| 1 | |
| 2 | |
| 3 | |
| 4 | |
| 5 | |
| 6 | |
| 7 | |
| 8 | |
| 9 | |
| 10 | |

## MOMENTOS MÁGICOS PARA RECORDAR

| | |
|---|---|
| 1 | |
| 2 | |
| 3 | |
| 4 | |
| 5 | |

## YO AGRADEZCO POR…

| | |
|---|---|
| 1 | |
| 2 | |
| 3 | |

| DÍA | LOGRO A LARGO PLAZO: |
|---|---|

| METAS EN 3 MESES | |
|---|---|
| TIEMPO | |
| PERSONAL | |
| ECONÓMICA | |

| METAS EN 1 MES | |
|---|---|
| TIEMPO | |
| PERSONAL | |
| ECONÓMICA | |

| ACTIVIDADES PARA HOY (O MAÑANA SI SE HACE EN LA NOCHE) | | |
|---|---|---|
| 1 | | ○ |
| 2 | | ○ |
| 3 | | ○ |

| ESTOY APRENDIENDO DE: | ○ LIBRO | ○ AUDIO | ○ VIDEO |
|---|---|---|---|
| NOMBRE: | | | |
| ESTOY EN LA PÁGINA O TIEMPO DEL VIDEO: | | | |

| HÁBITOS BUENOS |
|---|
| ○ |
| ○ |
| ○ |

| HÁBITOS MALOS |
|---|
| ○ |
| ○ |
| ○ |

| REFLECCIONES POSITIVAS O NEGATIVAS | | |
|---|---|---|
| ✓ | ✕ | |
| ✓ | ✕ | |
| ✓ | ✕ | |

El éxito está en la perseverancia

| FRASE DEL DÍA: | |
|---|---|

## ESCRIBE 10 LOGROS DEL DÍA

| | |
|---|---|
| 1 | |
| 2 | |
| 3 | |
| 4 | |
| 5 | |
| 6 | |
| 7 | |
| 8 | |
| 9 | |
| 10 | |

## MOMENTOS MÁGICOS PARA RECORDAR

| | |
|---|---|
| 1 | |
| 2 | |
| 3 | |
| 4 | |
| 5 | |

## YO AGRADEZCO POR...

| | |
|---|---|
| 1 | |
| 2 | |
| 3 | |

| DÍA | LOGRO A LARGO PLAZO: |
| --- | --- |

**METAS EN 3 MESES**

| | |
| --- | --- |
| TIEMPO | |
| PERSONAL | |
| ECONÓMICA | |

**METAS EN 1 MES**

| | |
| --- | --- |
| TIEMPO | |
| PERSONAL | |
| ECONÓMICA | |

**ACTIVIDADES PARA HOY**
**(O MAÑANA SI SE HACE EN LA NOCHE)**

| | | |
| --- | --- | --- |
| 1 | | ○ |
| 2 | | ○ |
| 3 | | ○ |

| ESTOY APRENDIENDO DE: | ○ LIBRO | ○ AUDIO | ○ VIDEO |
| --- | --- | --- | --- |
| NOMBRE: | | | |
| ESTOY EN LA PÁGINA O TIEMPO DEL VIDEO: | | | |

**HÁBITOS BUENOS**

| |
| --- |
| ○ |
| ○ |
| ○ |

**HÁBITOS MALOS**

| |
| --- |
| ○ |
| ○ |
| ○ |

**REFLECCIONES POSITIVAS O NEGATIVAS**

| | | |
| --- | --- | --- |
| ✓ | ✕ | |
| ✓ | ✕ | |
| ✓ | ✕ | |

El éxito está en la perseverancia

| FRASE DEL DÍA: | |
|---|---|

## ESCRIBE 10 LOGROS DEL DÍA

| | |
|---|---|
| 1 | |
| 2 | |
| 3 | |
| 4 | |
| 5 | |
| 6 | |
| 7 | |
| 8 | |
| 9 | |
| 10 | |

## MOMENTOS MÁGICOS PARA RECORDAR

| | |
|---|---|
| 1 | |
| 2 | |
| 3 | |
| 4 | |
| 5 | |

## YO AGRADEZCO POR…

| | |
|---|---|
| 1 | |
| 2 | |
| 3 | |

| DÍA | LOGRO A LARGO PLAZO: |
|---|---|

| METAS EN 3 MESES | |
|---|---|
| TIEMPO | |
| PERSONAL | |
| ECONÓMICA | |

| METAS EN 1 MES | |
|---|---|
| TIEMPO | |
| PERSONAL | |
| ECONÓMICA | |

| ACTIVIDADES PARA HOY (O MAÑANA SI SE HACE EN LA NOCHE) | | |
|---|---|---|
| 1 | | ○ |
| 2 | | ○ |
| 3 | | ○ |

| ESTOY APRENDIENDO DE: | ○ LIBRO | ○ AUDIO | ○ VIDEO |
|---|---|---|---|
| NOMBRE: | | | |
| ESTOY EN LA PÁGINA O TIEMPO DEL VIDEO: | | | |

| HÁBITOS BUENOS |
|---|
| ○ |
| ○ |
| ○ |

| HÁBITOS MALOS |
|---|
| ○ |
| ○ |
| ○ |

| REFLECCIONES POSITIVAS O NEGATIVAS | | |
|---|---|---|
| ✓ | ✕ | |
| ✓ | ✕ | |
| ✓ | ✕ | |

El éxito está en la perseverancia

| FRASE DEL DÍA: | |
|---|---|

## ESCRIBE 10 LOGROS DEL DÍA

| | |
|---|---|
| 1 | |
| 2 | |
| 3 | |
| 4 | |
| 5 | |
| 6 | |
| 7 | |
| 8 | |
| 9 | |
| 10 | |

## MOMENTOS MÁGICOS PARA RECORDAR

| | |
|---|---|
| 1 | |
| 2 | |
| 3 | |
| 4 | |
| 5 | |

## YO AGRADEZCO POR...

| | |
|---|---|
| 1 | |
| 2 | |
| 3 | |

| DÍA | LOGRO A LARGO PLAZO: |
|---|---|

**METAS EN 3 MESES**

| | |
|---|---|
| TIEMPO | |
| PERSONAL | |
| ECONÓMICA | |

**METAS EN 1 MES**

| | |
|---|---|
| TIEMPO | |
| PERSONAL | |
| ECONÓMICA | |

**ACTIVIDADES PARA HOY**
(O MAÑANA SI SE HACE EN LA NOCHE)

| | | |
|---|---|---|
| 1 | | ○ |
| 2 | | ○ |
| 3 | | ○ |

| ESTOY APRENDIENDO DE: | ○ LIBRO | ○ AUDIO | ○ VIDEO |
|---|---|---|---|
| NOMBRE: | | | |
| ESTOY EN LA PÁGINA O TIEMPO DEL VIDEO: | | | |

**HÁBITOS BUENOS**

| |
|---|
| ○ |
| ○ |
| ○ |

**HÁBITOS MALOS**

| |
|---|
| ○ |
| ○ |
| ○ |

**REFLECCIONES POSITIVAS O NEGATIVAS**

| | | |
|---|---|---|
| ✓ | ✕ | |
| ✓ | ✕ | |
| ✓ | ✕ | |

El éxito está en la perseverancia

| FRASE DEL DÍA: | |
|---|---|

## ESCRIBE 10 LOGROS DEL DÍA

| | |
|---|---|
| 1 | |
| 2 | |
| 3 | |
| 4 | |
| 5 | |
| 6 | |
| 7 | |
| 8 | |
| 9 | |
| 10 | |

## MOMENTOS MÁGICOS PARA RECORDAR

| | |
|---|---|
| 1 | |
| 2 | |
| 3 | |
| 4 | |
| 5 | |

## YO AGRADEZCO POR…

| | |
|---|---|
| 1 | |
| 2 | |
| 3 | |

| DÍA | LOGRO A LARGO PLAZO: |
|---|---|

**METAS EN 3 MESES**

| | |
|---|---|
| TIEMPO | |
| PERSONAL | |
| ECONÓMICA | |

**METAS EN 1 MES**

| | |
|---|---|
| TIEMPO | |
| PERSONAL | |
| ECONÓMICA | |

**ACTIVIDADES PARA HOY**
**(O MAÑANA SI SE HACE EN LA NOCHE)**

| | | |
|---|---|---|
| 1 | | ○ |
| 2 | | ○ |
| 3 | | ○ |

| ESTOY APRENDIENDO DE: | ○ LIBRO | ○ AUDIO | ○ VIDEO |
|---|---|---|---|
| NOMBRE: | | | |
| ESTOY EN LA PÁGINA O TIEMPO DEL VIDEO: | | | |

**HÁBITOS BUENOS**

| |
|---|
| ○ |
| ○ |
| ○ |

**HÁBITOS MALOS**

| |
|---|
| ○ |
| ○ |
| ○ |

**REFLECCIONES POSITIVAS O NEGATIVAS**

| | | |
|---|---|---|
| ✓ | ✕ | |
| ✓ | ✕ | |
| ✓ | ✕ | |

El éxito está en la perseverancia

| FRASE DEL DÍA: | |
|---|---|

## ESCRIBE 10 LOGROS DEL DÍA

| | |
|---|---|
| 1 | |
| 2 | |
| 3 | |
| 4 | |
| 5 | |
| 6 | |
| 7 | |
| 8 | |
| 9 | |
| 10 | |

## MOMENTOS MÁGICOS PARA RECORDAR

| | |
|---|---|
| 1 | |
| 2 | |
| 3 | |
| 4 | |
| 5 | |

## YO AGRADEZCO POR…

| | |
|---|---|
| 1 | |
| 2 | |
| 3 | |

| DÍA | # LOGRO A LARGO PLAZO: |
|---|---|

**METAS EN 3 MESES**

| | |
|---|---|
| TIEMPO | |
| PERSONAL | |
| ECONÓMICA | |

**METAS EN 1 MES**

| | |
|---|---|
| TIEMPO | |
| PERSONAL | |
| ECONÓMICA | |

**ACTIVIDADES PARA HOY**
(O MAÑANA SI SE HACE EN LA NOCHE)

| | | |
|---|---|---|
| 1 | | ○ |
| 2 | | ○ |
| 3 | | ○ |

| ESTOY APRENDIENDO DE: | ○ LIBRO | ○ AUDIO | ○ VIDEO |
|---|---|---|---|
| NOMBRE: | | | |
| ESTOY EN LA PÁGINA O TIEMPO DEL VIDEO: | | | |

**HÁBITOS BUENOS**

| |
|---|
| ○ |
| ○ |
| ○ |

**HÁBITOS MALOS**

| |
|---|
| ○ |
| ○ |
| ○ |

**REFLECCIONES POSITIVAS O NEGATIVAS**

| | | |
|---|---|---|
| ✓ | × | |
| ✓ | × | |
| ✓ | × | |

El éxito está en la perseverancia

| FRASE DEL DÍA: | |
|---|---|

## ESCRIBE 10 LOGROS DEL DÍA

| | |
|---|---|
| 1 | |
| 2 | |
| 3 | |
| 4 | |
| 5 | |
| 6 | |
| 7 | |
| 8 | |
| 9 | |
| 10 | |

## MOMENTOS MÁGICOS PARA RECORDAR

| | |
|---|---|
| 1 | |
| 2 | |
| 3 | |
| 4 | |
| 5 | |

## YO AGRADEZCO POR...

| | |
|---|---|
| 1 | |
| 2 | |
| 3 | |

| DÍA | # LOGRO A LARGO PLAZO: |
|---|---|

| METAS EN 3 MESES | |
|---|---|
| TIEMPO | |
| PERSONAL | |
| ECONÓMICA | |

| METAS EN 1 MES | |
|---|---|
| TIEMPO | |
| PERSONAL | |
| ECONÓMICA | |

| ACTIVIDADES PARA HOY (O MAÑANA SI SE HACE EN LA NOCHE) | | |
|---|---|---|
| 1 | | ○ |
| 2 | | ○ |
| 3 | | ○ |

| ESTOY APRENDIENDO DE: | ○ LIBRO | ○ AUDIO | ○ VIDEO |
|---|---|---|---|
| NOMBRE: | | | |
| ESTOY EN LA PÁGINA O TIEMPO DEL VIDEO: | | | |

| HÁBITOS BUENOS |
|---|
| ○ |
| ○ |
| ○ |

| HÁBITOS MALOS |
|---|
| ○ |
| ○ |
| ○ |

| REFLECCIONES POSITIVAS O NEGATIVAS | | |
|---|---|---|
| ✓ | ✕ | |
| ✓ | ✕ | |
| ✓ | ✕ | |

El éxito está en la perseverancia

| FRASE DEL DÍA: | |
|---|---|

## ESCRIBE 10 LOGROS DEL DÍA

| | |
|---|---|
| 1 | |
| 2 | |
| 3 | |
| 4 | |
| 5 | |
| 6 | |
| 7 | |
| 8 | |
| 9 | |
| 10 | |

## MOMENTOS MÁGICOS PARA RECORDAR

| | |
|---|---|
| 1 | |
| 2 | |
| 3 | |
| 4 | |
| 5 | |

## YO AGRADEZCO POR…

| | |
|---|---|
| 1 | |
| 2 | |
| 3 | |

| DÍA | # LOGRO A LARGO PLAZO: |
|---|---|

| METAS EN 3 MESES | |
|---|---|
| TIEMPO | |
| PERSONAL | |
| ECONÓMICA | |

| METAS EN 1 MES | |
|---|---|
| TIEMPO | |
| PERSONAL | |
| ECONÓMICA | |

| ACTIVIDADES PARA HOY<br>(O MAÑANA SI SE HACE EN LA NOCHE) | | |
|---|---|---|
| 1 | | ○ |
| 2 | | ○ |
| 3 | | ○ |

| ESTOY APRENDIENDO DE: | ○ LIBRO | ○ AUDIO | ○ VIDEO |
|---|---|---|---|
| NOMBRE: | | | |
| ESTOY EN LA PÁGINA O TIEMPO DEL VIDEO: | | | |

| HÁBITOS BUENOS |
|---|
| ○ |
| ○ |
| ○ |

| HÁBITOS MALOS |
|---|
| ○ |
| ○ |
| ○ |

| REFLECCIONES POSITIVAS O NEGATIVAS | | |
|---|---|---|
| ✓ | ✕ | |
| ✓ | ✕ | |
| ✓ | ✕ | |

El éxito está en la perseverancia

| FRASE DEL DÍA: | |
|---|---|

## ESCRIBE 10 LOGROS DEL DÍA

| | |
|---|---|
| 1 | |
| 2 | |
| 3 | |
| 4 | |
| 5 | |
| 6 | |
| 7 | |
| 8 | |
| 9 | |
| 10 | |

## MOMENTOS MÁGICOS PARA RECORDAR

| | |
|---|---|
| 1 | |
| 2 | |
| 3 | |
| 4 | |
| 5 | |

## YO AGRADEZCO POR…

| | |
|---|---|
| 1 | |
| 2 | |
| 3 | |

| DÍA | # LOGRO A LARGO PLAZO: |
|---|---|

**METAS EN 3 MESES**

| | |
|---|---|
| TIEMPO | |
| PERSONAL | |
| ECONÓMICA | |

**METAS EN 1 MES**

| | |
|---|---|
| TIEMPO | |
| PERSONAL | |
| ECONÓMICA | |

**ACTIVIDADES PARA HOY**
(O MAÑANA SI SE HACE EN LA NOCHE)

| | | |
|---|---|---|
| 1 | | ○ |
| 2 | | ○ |
| 3 | | ○ |

| ESTOY APRENDIENDO DE: | ○ LIBRO | ○ AUDIO | ○ VIDEO |
|---|---|---|---|
| NOMBRE: | | | |
| ESTOY EN LA PÁGINA O TIEMPO DEL VIDEO: | | | |

**HÁBITOS BUENOS**

- ○
- ○
- ○

**HÁBITOS MALOS**

- ○
- ○
- ○

**REFLECCIONES POSITIVAS O NEGATIVAS**

| | | |
|---|---|---|
| ✓ | ✕ | |
| ✓ | ✕ | |
| ✓ | ✕ | |

El éxito está en la perseverancia

| FRASE DEL DÍA: | |
|---|---|

| ESCRIBE 10 LOGROS DEL DÍA | |
|---|---|
| 1 | |
| 2 | |
| 3 | |
| 4 | |
| 5 | |
| 6 | |
| 7 | |
| 8 | |
| 9 | |
| 10 | |

| MOMENTOS MÁGICOS PARA RECORDAR | |
|---|---|
| 1 | |
| 2 | |
| 3 | |
| 4 | |
| 5 | |

| YO AGRADEZCO POR… | |
|---|---|
| 1 | |
| 2 | |
| 3 | |

| DÍA | # LOGRO A LARGO PLAZO: |
|---|---|

| METAS EN 3 MESES | |
|---|---|
| TIEMPO | |
| PERSONAL | |
| ECONÓMICA | |

| METAS EN 1 MES | |
|---|---|
| TIEMPO | |
| PERSONAL | |
| ECONÓMICA | |

| ACTIVIDADES PARA HOY (O MAÑANA SI SE HACE EN LA NOCHE) | | |
|---|---|---|
| 1 | | ○ |
| 2 | | ○ |
| 3 | | ○ |

| ESTOY APRENDIENDO DE: | ○ LIBRO | ○ AUDIO | ○ VIDEO |
|---|---|---|---|
| NOMBRE: | | | |
| ESTOY EN LA PÁGINA O TIEMPO DEL VIDEO: | | | |

| HÁBITOS BUENOS |
|---|
| ○ |
| ○ |
| ○ |

| HÁBITOS MALOS |
|---|
| ○ |
| ○ |
| ○ |

| REFLECCIONES POSITIVAS O NEGATIVAS | | |
|---|---|---|
| ✓ | × | |
| ✓ | × | |
| ✓ | × | |

El éxito está en la perseverancia

| FRASE DEL DÍA: | |
|---|---|

| ESCRIBE 10 LOGROS DEL DÍA | |
|---|---|
| 1 | |
| 2 | |
| 3 | |
| 4 | |
| 5 | |
| 6 | |
| 7 | |
| 8 | |
| 9 | |
| 10 | |

| MOMENTOS MÁGICOS PARA RECORDAR | |
|---|---|
| 1 | |
| 2 | |
| 3 | |
| 4 | |
| 5 | |

| YO AGRADEZCO POR… | |
|---|---|
| 1 | |
| 2 | |
| 3 | |

| DÍA | LOGRO A LARGO PLAZO: |
|---|---|

| METAS EN 3 MESES | |
|---|---|
| TIEMPO | |
| PERSONAL | |
| ECONÓMICA | |

| METAS EN 1 MES | |
|---|---|
| TIEMPO | |
| PERSONAL | |
| ECONÓMICA | |

| ACTIVIDADES PARA HOY (O MAÑANA SI SE HACE EN LA NOCHE) | | |
|---|---|---|
| 1 | | ○ |
| 2 | | ○ |
| 3 | | ○ |

| ESTOY APRENDIENDO DE: | ○ LIBRO | ○ AUDIO | ○ VIDEO |
|---|---|---|---|
| NOMBRE: | | | |
| ESTOY EN LA PÁGINA O TIEMPO DEL VIDEO: | | | |

| HÁBITOS BUENOS |
|---|
| ○ |
| ○ |
| ○ |

| HÁBITOS MALOS |
|---|
| ○ |
| ○ |
| ○ |

| REFLECCIONES POSITIVAS O NEGATIVAS | | |
|---|---|---|
| ✓ | × | |
| ✓ | × | |
| ✓ | × | |

El éxito está en la perseverancia

| FRASE DEL DÍA: | |
|---|---|

## ESCRIBE 10 LOGROS DEL DÍA

| | |
|---|---|
| 1 | |
| 2 | |
| 3 | |
| 4 | |
| 5 | |
| 6 | |
| 7 | |
| 8 | |
| 9 | |
| 10 | |

## MOMENTOS MÁGICOS PARA RECORDAR

| | |
|---|---|
| 1 | |
| 2 | |
| 3 | |
| 4 | |
| 5 | |

## YO AGRADEZCO POR…

| | |
|---|---|
| 1 | |
| 2 | |
| 3 | |

| DÍA | # LOGRO A LARGO PLAZO: |
|---|---|

**METAS EN 3 MESES**

| | |
|---|---|
| TIEMPO | |
| PERSONAL | |
| ECONÓMICA | |

**METAS EN 1 MES**

| | |
|---|---|
| TIEMPO | |
| PERSONAL | |
| ECONÓMICA | |

**ACTIVIDADES PARA HOY**
(O MAÑANA SI SE HACE EN LA NOCHE)

| | | |
|---|---|---|
| 1 | | ○ |
| 2 | | ○ |
| 3 | | ○ |

| ESTOY APRENDIENDO DE: | ○ LIBRO | ○ AUDIO | ○ VIDEO |
|---|---|---|---|
| NOMBRE: | | | |
| ESTOY EN LA PÁGINA O TIEMPO DEL VIDEO: | | | |

**HÁBITOS BUENOS**

| |
|---|
| ○ |
| ○ |
| ○ |

**HÁBITOS MALOS**

| |
|---|
| ○ |
| ○ |
| ○ |

**REFLECCIONES POSITIVAS O NEGATIVAS**

| | | |
|---|---|---|
| ✓ | ✕ | |
| ✓ | ✕ | |
| ✓ | ✕ | |

El éxito está en la perseverancia

| FRASE DEL DÍA: | |
|---|---|

## ESCRIBE 10 LOGROS DEL DÍA

| | |
|---|---|
| 1 | |
| 2 | |
| 3 | |
| 4 | |
| 5 | |
| 6 | |
| 7 | |
| 8 | |
| 9 | |
| 10 | |

## MOMENTOS MÁGICOS PARA RECORDAR

| | |
|---|---|
| 1 | |
| 2 | |
| 3 | |
| 4 | |
| 5 | |

## YO AGRADEZCO POR…

| | |
|---|---|
| 1 | |
| 2 | |
| 3 | |

| DÍA | # LOGRO A LARGO PLAZO: |
|---|---|

| METAS EN 3 MESES | |
|---|---|
| TIEMPO | |
| PERSONAL | |
| ECONÓMICA | |

| METAS EN 1 MES | |
|---|---|
| TIEMPO | |
| PERSONAL | |
| ECONÓMICA | |

| ACTIVIDADES PARA HOY (O MAÑANA SI SE HACE EN LA NOCHE) | | |
|---|---|---|
| 1 | | ○ |
| 2 | | ○ |
| 3 | | ○ |

| ESTOY APRENDIENDO DE: | ○ LIBRO | ○ AUDIO | ○ VIDEO |
|---|---|---|---|
| NOMBRE: | | | |
| ESTOY EN LA PÁGINA O TIEMPO DEL VIDEO: | | | |

| HÁBITOS BUENOS |
|---|
| ○ |
| ○ |
| ○ |

| HÁBITOS MALOS |
|---|
| ○ |
| ○ |
| ○ |

| REFLECCIONES POSITIVAS O NEGATIVAS | | |
|---|---|---|
| ✓ | ✕ | |
| ✓ | ✕ | |
| ✓ | ✕ | |

El éxito está en la perseverancia

| FRASE DEL DÍA: | |
|---|---|

## ESCRIBE 10 LOGROS DEL DÍA

| | |
|---|---|
| 1 | |
| 2 | |
| 3 | |
| 4 | |
| 5 | |
| 6 | |
| 7 | |
| 8 | |
| 9 | |
| 10 | |

## MOMENTOS MÁGICOS PARA RECORDAR

| | |
|---|---|
| 1 | |
| 2 | |
| 3 | |
| 4 | |
| 5 | |

## YO AGRADEZCO POR…

| | |
|---|---|
| 1 | |
| 2 | |
| 3 | |

| DÍA | # LOGRO A LARGO PLAZO: |
|---|---|

**METAS EN 3 MESES**

| | |
|---|---|
| TIEMPO | |
| PERSONAL | |
| ECONÓMICA | |

**METAS EN 1 MES**

| | |
|---|---|
| TIEMPO | |
| PERSONAL | |
| ECONÓMICA | |

**ACTIVIDADES PARA HOY**
**(O MAÑANA SI SE HACE EN LA NOCHE)**

| | | |
|---|---|---|
| 1 | | ○ |
| 2 | | ○ |
| 3 | | ○ |

| ESTOY APRENDIENDO DE: | ○ LIBRO | ○ AUDIO | ○ VIDEO |
|---|---|---|---|
| NOMBRE: | | | |
| ESTOY EN LA PÁGINA O TIEMPO DEL VIDEO: | | | |

**HÁBITOS BUENOS**

| |
|---|
| ○ |
| ○ |
| ○ |

**HÁBITOS MALOS**

| |
|---|
| ○ |
| ○ |
| ○ |

**REFLECCIONES POSITIVAS O NEGATIVAS**

| | | |
|---|---|---|
| ✓ | ✕ | |
| ✓ | ✕ | |
| ✓ | ✕ | |

El éxito está en la perseverancia

| FRASE DEL DÍA: | |
|---|---|

## ESCRIBE 10 LOGROS DEL DÍA

| | |
|---|---|
| 1 | |
| 2 | |
| 3 | |
| 4 | |
| 5 | |
| 6 | |
| 7 | |
| 8 | |
| 9 | |
| 10 | |

## MOMENTOS MÁGICOS PARA RECORDAR

| | |
|---|---|
| 1 | |
| 2 | |
| 3 | |
| 4 | |
| 5 | |

## YO AGRADEZCO POR…

| | |
|---|---|
| 1 | |
| 2 | |
| 3 | |

| DÍA | LOGRO A LARGO PLAZO: |
|---|---|

| METAS EN 3 MESES | |
|---|---|
| TIEMPO | |
| PERSONAL | |
| ECONÓMICA | |

| METAS EN 1 MES | |
|---|---|
| TIEMPO | |
| PERSONAL | |
| ECONÓMICA | |

| ACTIVIDADES PARA HOY (O MAÑANA SI SE HACE EN LA NOCHE) | | |
|---|---|---|
| 1 | | ○ |
| 2 | | ○ |
| 3 | | ○ |

| ESTOY APRENDIENDO DE: | ○ LIBRO | ○ AUDIO | ○ VIDEO |
|---|---|---|---|
| NOMBRE: | | | |
| ESTOY EN LA PÁGINA O TIEMPO DEL VIDEO: | | | |

| HÁBITOS BUENOS |
|---|
| ○ |
| ○ |
| ○ |

| HÁBITOS MALOS |
|---|
| ○ |
| ○ |
| ○ |

| REFLECCIONES POSITIVAS O NEGATIVAS | | |
|---|---|---|
| ✓ | ✕ | |
| ✓ | ✕ | |
| ✓ | ✕ | |

El éxito está en la perseverancia

| FRASE DEL DÍA: | |
|---|---|

## ESCRIBE 10 LOGROS DEL DÍA

| | |
|---|---|
| 1 | |
| 2 | |
| 3 | |
| 4 | |
| 5 | |
| 6 | |
| 7 | |
| 8 | |
| 9 | |
| 10 | |

## MOMENTOS MÁGICOS PARA RECORDAR

| | |
|---|---|
| 1 | |
| 2 | |
| 3 | |
| 4 | |
| 5 | |

## YO AGRADEZCO POR…

| | |
|---|---|
| 1 | |
| 2 | |
| 3 | |

| DÍA | LOGRO A LARGO PLAZO: |
|---|---|

**METAS EN 3 MESES**

| | |
|---|---|
| TIEMPO | |
| PERSONAL | |
| ECONÓMICA | |

**METAS EN 1 MES**

| | |
|---|---|
| TIEMPO | |
| PERSONAL | |
| ECONÓMICA | |

**ACTIVIDADES PARA HOY**
(O MAÑANA SI SE HACE EN LA NOCHE)

| | | |
|---|---|---|
| 1 | | ○ |
| 2 | | ○ |
| 3 | | ○ |

| ESTOY APRENDIENDO DE: | ○ LIBRO | ○ AUDIO | ○ VIDEO |
|---|---|---|---|
| NOMBRE: | | | |
| ESTOY EN LA PÁGINA O TIEMPO DEL VIDEO: | | | |

**HÁBITOS BUENOS**

| |
|---|
| ○ |
| ○ |
| ○ |

**HÁBITOS MALOS**

| |
|---|
| ○ |
| ○ |
| ○ |

**REFLECCIONES POSITIVAS O NEGATIVAS**

| | | |
|---|---|---|
| ✓ | ✕ | |
| ✓ | ✕ | |
| ✓ | ✕ | |

El éxito está en la perseverancia

| FRASE DEL DÍA: | |
|---|---|

## ESCRIBE 10 LOGROS DEL DÍA

| | |
|---|---|
| 1 | |
| 2 | |
| 3 | |
| 4 | |
| 5 | |
| 6 | |
| 7 | |
| 8 | |
| 9 | |
| 10 | |

## MOMENTOS MÁGICOS PARA RECORDAR

| | |
|---|---|
| 1 | |
| 2 | |
| 3 | |
| 4 | |
| 5 | |

## YO AGRADEZCO POR…

| | |
|---|---|
| 1 | |
| 2 | |
| 3 | |

| DÍA | LOGRO A LARGO PLAZO: |
|---|---|

| METAS EN 3 MESES | |
|---|---|
| TIEMPO | |
| PERSONAL | |
| ECONÓMICA | |

| METAS EN 1 MES | |
|---|---|
| TIEMPO | |
| PERSONAL | |
| ECONÓMICA | |

| ACTIVIDADES PARA HOY (O MAÑANA SI SE HACE EN LA NOCHE) | | |
|---|---|---|
| 1 | | ○ |
| 2 | | ○ |
| 3 | | ○ |

| ESTOY APRENDIENDO DE: | ○ LIBRO | ○ AUDIO | ○ VIDEO |
|---|---|---|---|
| NOMBRE: | | | |
| ESTOY EN LA PÁGINA O TIEMPO DEL VIDEO: | | | |

| HÁBITOS BUENOS |
|---|
| ○ |
| ○ |
| ○ |

| HÁBITOS MALOS |
|---|
| ○ |
| ○ |
| ○ |

| REFLECCIONES POSITIVAS O NEGATIVAS | | |
|---|---|---|
| ✓ | ✕ | |
| ✓ | ✕ | |
| ✓ | ✕ | |

El éxito está en la perseverancia

| FRASE DEL DÍA: | |
|---|---|

## ESCRIBE 10 LOGROS DEL DÍA

| | |
|---|---|
| 1 | |
| 2 | |
| 3 | |
| 4 | |
| 5 | |
| 6 | |
| 7 | |
| 8 | |
| 9 | |
| 10 | |

## MOMENTOS MÁGICOS PARA RECORDAR

| | |
|---|---|
| 1 | |
| 2 | |
| 3 | |
| 4 | |
| 5 | |

## YO AGRADEZCO POR...

| | |
|---|---|
| 1 | |
| 2 | |
| 3 | |

| DÍA | # LOGRO A LARGO PLAZO: |
|---|---|

| METAS EN 3 MESES | |
|---|---|
| TIEMPO | |
| PERSONAL | |
| ECONÓMICA | |

| METAS EN 1 MES | |
|---|---|
| TIEMPO | |
| PERSONAL | |
| ECONÓMICA | |

| ACTIVIDADES PARA HOY (O MAÑANA SI SE HACE EN LA NOCHE) | | |
|---|---|---|
| 1 | | ○ |
| 2 | | ○ |
| 3 | | ○ |

| ESTOY APRENDIENDO DE: | ○ LIBRO | ○ AUDIO | ○ VIDEO |
|---|---|---|---|
| NOMBRE: | | | |
| ESTOY EN LA PÁGINA O TIEMPO DEL VIDEO: | | | |

| HÁBITOS BUENOS |
|---|
| ○ |
| ○ |
| ○ |

| HÁBITOS MALOS |
|---|
| ○ |
| ○ |
| ○ |

| REFLECCIONES POSITIVAS O NEGATIVAS | | |
|---|---|---|
| ✓ | ✕ | |
| ✓ | ✕ | |
| ✓ | ✕ | |

El éxito está en la perseverancia

| FRASE DEL DÍA: | |
|---|---|

| ESCRIBE 10 LOGROS DEL DÍA | |
|---|---|
| 1 | |
| 2 | |
| 3 | |
| 4 | |
| 5 | |
| 6 | |
| 7 | |
| 8 | |
| 9 | |
| 10 | |

| MOMENTOS MÁGICOS PARA RECORDAR | |
|---|---|
| 1 | |
| 2 | |
| 3 | |
| 4 | |
| 5 | |

| YO AGRADEZCO POR… | |
|---|---|
| 1 | |
| 2 | |
| 3 | |

| DÍA | # LOGRO A LARGO PLAZO: |
|---|---|

**METAS EN 3 MESES**

| | |
|---|---|
| TIEMPO | |
| PERSONAL | |
| ECONÓMICA | |

**METAS EN 1 MES**

| | |
|---|---|
| TIEMPO | |
| PERSONAL | |
| ECONÓMICA | |

**ACTIVIDADES PARA HOY**
**(O MAÑANA SI SE HACE EN LA NOCHE)**

| | | |
|---|---|---|
| 1 | | ○ |
| 2 | | ○ |
| 3 | | ○ |

| ESTOY APRENDIENDO DE: | ○ LIBRO | ○ AUDIO | ○ VIDEO |
|---|---|---|---|
| NOMBRE: | | | |
| ESTOY EN LA PÁGINA O TIEMPO DEL VIDEO: | | | |

**HÁBITOS BUENOS**

| |
|---|
| ○ |
| ○ |
| ○ |

**HÁBITOS MALOS**

| |
|---|
| ○ |
| ○ |
| ○ |

**REFLECCIONES POSITIVAS O NEGATIVAS**

| | | |
|---|---|---|
| ✓ | ✕ | |
| ✓ | ✕ | |
| ✓ | ✕ | |

El éxito está en la perseverancia

| FRASE DEL DÍA: | |
|---|---|

## ESCRIBE 10 LOGROS DEL DÍA

| | |
|---|---|
| 1 | |
| 2 | |
| 3 | |
| 4 | |
| 5 | |
| 6 | |
| 7 | |
| 8 | |
| 9 | |
| 10 | |

## MOMENTOS MÁGICOS PARA RECORDAR

| | |
|---|---|
| 1 | |
| 2 | |
| 3 | |
| 4 | |
| 5 | |

## YO AGRADEZCO POR…

| | |
|---|---|
| 1 | |
| 2 | |
| 3 | |

| DÍA | LOGRO A LARGO PLAZO: |
|---|---|

**METAS EN 3 MESES**

| TIEMPO | |
|---|---|
| PERSONAL | |
| ECONÓMICA | |

**METAS EN 1 MES**

| TIEMPO | |
|---|---|
| PERSONAL | |
| ECONÓMICA | |

**ACTIVIDADES PARA HOY**
(O MAÑANA SI SE HACE EN LA NOCHE)

| | | |
|---|---|---|
| 1 | | ○ |
| 2 | | ○ |
| 3 | | ○ |

| ESTOY APRENDIENDO DE: | ○ LIBRO | ○ AUDIO | ○ VIDEO |
|---|---|---|---|
| NOMBRE: | | | |
| ESTOY EN LA PÁGINA O TIEMPO DEL VIDEO: | | | |

**HÁBITOS BUENOS**

- ○
- ○
- ○

**HÁBITOS MALOS**

- ○
- ○
- ○

**REFLECCIONES POSITIVAS O NEGATIVAS**

| | | |
|---|---|---|
| ✓ | ✕ | |
| ✓ | ✕ | |
| ✓ | ✕ | |

El éxito está en la perseverancia

| FRASE DEL DÍA: | |
|---|---|

## ESCRIBE 10 LOGROS DEL DÍA

| | |
|---|---|
| 1 | |
| 2 | |
| 3 | |
| 4 | |
| 5 | |
| 6 | |
| 7 | |
| 8 | |
| 9 | |
| 10 | |

## MOMENTOS MÁGICOS PARA RECORDAR

| | |
|---|---|
| 1 | |
| 2 | |
| 3 | |
| 4 | |
| 5 | |

## YO AGRADEZCO POR…

| | |
|---|---|
| 1 | |
| 2 | |
| 3 | |

| DÍA | LOGRO A LARGO PLAZO: |
|---|---|

**METAS EN 3 MESES**

| | |
|---|---|
| TIEMPO | |
| PERSONAL | |
| ECONÓMICA | |

**METAS EN 1 MES**

| | |
|---|---|
| TIEMPO | |
| PERSONAL | |
| ECONÓMICA | |

**ACTIVIDADES PARA HOY**
(O MAÑANA SI SE HACE EN LA NOCHE)

| | | |
|---|---|---|
| 1 | | ○ |
| 2 | | ○ |
| 3 | | ○ |

| ESTOY APRENDIENDO DE: | ○ LIBRO | ○ AUDIO | ○ VIDEO |
|---|---|---|---|
| NOMBRE: | | | |
| ESTOY EN LA PÁGINA O TIEMPO DEL VIDEO: | | | |

**HÁBITOS BUENOS**

- ○
- ○
- ○

**HÁBITOS MALOS**

- ○
- ○
- ○

**REFLECCIONES POSITIVAS O NEGATIVAS**

| | | |
|---|---|---|
| ✓ | ✕ | |
| ✓ | ✕ | |
| ✓ | ✕ | |

El éxito está en la perseverancia

| FRASE DEL DÍA: | |
|---|---|

| ESCRIBE 10 LOGROS DEL DÍA | |
|---|---|
| 1 | |
| 2 | |
| 3 | |
| 4 | |
| 5 | |
| 6 | |
| 7 | |
| 8 | |
| 9 | |
| 10 | |

| MOMENTOS MÁGICOS PARA RECORDAR | |
|---|---|
| 1 | |
| 2 | |
| 3 | |
| 4 | |
| 5 | |

| YO AGRADEZCO POR… | |
|---|---|
| 1 | |
| 2 | |
| 3 | |

| DÍA | LOGRO A LARGO PLAZO: |
|---|---|

**METAS EN 3 MESES**

| | |
|---|---|
| TIEMPO | |
| PERSONAL | |
| ECONÓMICA | |

**METAS EN 1 MES**

| | |
|---|---|
| TIEMPO | |
| PERSONAL | |
| ECONÓMICA | |

**ACTIVIDADES PARA HOY**
(O MAÑANA SI SE HACE EN LA NOCHE)

| | | |
|---|---|---|
| 1 | | ○ |
| 2 | | ○ |
| 3 | | ○ |

| ESTOY APRENDIENDO DE: | ○ LIBRO | ○ AUDIO | ○ VIDEO |
|---|---|---|---|
| NOMBRE: | | | |
| ESTOY EN LA PÁGINA O TIEMPO DEL VIDEO: | | | |

**HÁBITOS BUENOS**

- ○
- ○
- ○

**HÁBITOS MALOS**

- ○
- ○
- ○

**REFLECCIONES POSITIVAS O NEGATIVAS**

| | | |
|---|---|---|
| ✓ | ✕ | |
| ✓ | ✕ | |
| ✓ | ✕ | |

El éxito está en la perseverancia

| FRASE DEL DÍA: | |
|---|---|

## ESCRIBE 10 LOGROS DEL DÍA

| | |
|---|---|
| 1 | |
| 2 | |
| 3 | |
| 4 | |
| 5 | |
| 6 | |
| 7 | |
| 8 | |
| 9 | |
| 10 | |

## MOMENTOS MÁGICOS PARA RECORDAR

| | |
|---|---|
| 1 | |
| 2 | |
| 3 | |
| 4 | |
| 5 | |

## YO AGRADEZCO POR…

| | |
|---|---|
| 1 | |
| 2 | |
| 3 | |

| DÍA | LOGRO A LARGO PLAZO: |
| --- | --- |

**METAS EN 3 MESES**

| | |
| --- | --- |
| TIEMPO | |
| PERSONAL | |
| ECONÓMICA | |

**METAS EN 1 MES**

| | |
| --- | --- |
| TIEMPO | |
| PERSONAL | |
| ECONÓMICA | |

**ACTIVIDADES PARA HOY**
(O MAÑANA SI SE HACE EN LA NOCHE)

| | | |
| --- | --- | --- |
| 1 | | ○ |
| 2 | | ○ |
| 3 | | ○ |

| ESTOY APRENDIENDO DE: | ○ LIBRO | ○ AUDIO | ○ VIDEO |
| --- | --- | --- | --- |
| NOMBRE: | | | |
| ESTOY EN LA PÁGINA O TIEMPO DEL VIDEO: | | | |

**HÁBITOS BUENOS**

| |
| --- |
| ○ |
| ○ |
| ○ |

**HÁBITOS MALOS**

| |
| --- |
| ○ |
| ○ |
| ○ |

**REFLECCIONES POSITIVAS O NEGATIVAS**

| | | |
| --- | --- | --- |
| ✓ | ✕ | |
| ✓ | ✕ | |
| ✓ | ✕ | |

El éxito está en la perseverancia

| FRASE DEL DÍA: | |
|---|---|

## ESCRIBE 10 LOGROS DEL DÍA

| | |
|---|---|
| 1 | |
| 2 | |
| 3 | |
| 4 | |
| 5 | |
| 6 | |
| 7 | |
| 8 | |
| 9 | |
| 10 | |

## MOMENTOS MÁGICOS PARA RECORDAR

| | |
|---|---|
| 1 | |
| 2 | |
| 3 | |
| 4 | |
| 5 | |

## YO AGRADEZCO POR…

| | |
|---|---|
| 1 | |
| 2 | |
| 3 | |

| DÍA | LOGRO A LARGO PLAZO: |
|---|---|

**METAS EN 3 MESES**

| | |
|---|---|
| TIEMPO | |
| PERSONAL | |
| ECONÓMICA | |

**METAS EN 1 MES**

| | |
|---|---|
| TIEMPO | |
| PERSONAL | |
| ECONÓMICA | |

**ACTIVIDADES PARA HOY**
(O MAÑANA SI SE HACE EN LA NOCHE)

| | | |
|---|---|---|
| 1 | | ○ |
| 2 | | ○ |
| 3 | | ○ |

| ESTOY APRENDIENDO DE: | ○ LIBRO | ○ AUDIO | ○ VIDEO |
|---|---|---|---|
| NOMBRE: | | | |
| ESTOY EN LA PÁGINA O TIEMPO DEL VIDEO: | | | |

**HÁBITOS BUENOS**

| |
|---|
| ○ |
| ○ |
| ○ |

**HÁBITOS MALOS**

| |
|---|
| ○ |
| ○ |
| ○ |

**REFLECCIONES POSITIVAS O NEGATIVAS**

| | | |
|---|---|---|
| ✓ | ✕ | |
| ✓ | ✕ | |
| ✓ | ✕ | |

El éxito está en la perseverancia

| FRASE DEL DÍA: | |
|---|---|

## ESCRIBE 10 LOGROS DEL DÍA

| | |
|---|---|
| 1 | |
| 2 | |
| 3 | |
| 4 | |
| 5 | |
| 6 | |
| 7 | |
| 8 | |
| 9 | |
| 10 | |

## MOMENTOS MÁGICOS PARA RECORDAR

| | |
|---|---|
| 1 | |
| 2 | |
| 3 | |
| 4 | |
| 5 | |

## YO AGRADEZCO POR...

| | |
|---|---|
| 1 | |
| 2 | |
| 3 | |

| DÍA | LOGRO A LARGO PLAZO: |
|---|---|

| METAS EN 3 MESES | |
|---|---|
| TIEMPO | |
| PERSONAL | |
| ECONÓMICA | |

| METAS EN 1 MES | |
|---|---|
| TIEMPO | |
| PERSONAL | |
| ECONÓMICA | |

| ACTIVIDADES PARA HOY (O MAÑANA SI SE HACE EN LA NOCHE) | | |
|---|---|---|
| 1 | | ○ |
| 2 | | ○ |
| 3 | | ○ |

| ESTOY APRENDIENDO DE: | ○ LIBRO | ○ AUDIO | ○ VIDEO |
|---|---|---|---|
| NOMBRE: | | | |
| ESTOY EN LA PÁGINA O TIEMPO DEL VIDEO: | | | |

| HÁBITOS BUENOS |
|---|
| ○ |
| ○ |
| ○ |

| HÁBITOS MALOS |
|---|
| ○ |
| ○ |
| ○ |

| REFLECCIONES POSITIVAS O NEGATIVAS | | |
|---|---|---|
| ✓ | ✕ | |
| ✓ | ✕ | |
| ✓ | ✕ | |

El éxito está en la perseverancia

| FRASE DEL DÍA: | |
|---|---|

## ESCRIBE 10 LOGROS DEL DÍA

| | |
|---|---|
| 1 | |
| 2 | |
| 3 | |
| 4 | |
| 5 | |
| 6 | |
| 7 | |
| 8 | |
| 9 | |
| 10 | |

## MOMENTOS MÁGICOS PARA RECORDAR

| | |
|---|---|
| 1 | |
| 2 | |
| 3 | |
| 4 | |
| 5 | |

## YO AGRADEZCO POR…

| | |
|---|---|
| 1 | |
| 2 | |
| 3 | |

| DÍA | # LOGRO A LARGO PLAZO: |
|---|---|

| METAS EN 3 MESES | |
|---|---|
| TIEMPO | |
| PERSONAL | |
| ECONÓMICA | |

| METAS EN 1 MES | |
|---|---|
| TIEMPO | |
| PERSONAL | |
| ECONÓMICA | |

| ACTIVIDADES PARA HOY (O MAÑANA SI SE HACE EN LA NOCHE) | | |
|---|---|---|
| 1 | | ○ |
| 2 | | ○ |
| 3 | | ○ |

| ESTOY APRENDIENDO DE: | ○ LIBRO | ○ AUDIO | ○ VIDEO |
|---|---|---|---|
| NOMBRE: | | | |
| ESTOY EN LA PÁGINA O TIEMPO DEL VIDEO: | | | |

| HÁBITOS BUENOS |
|---|
| ○ |
| ○ |
| ○ |

| HÁBITOS MALOS |
|---|
| ○ |
| ○ |
| ○ |

| REFLECCIONES POSITIVAS O NEGATIVAS | | |
|---|---|---|
| ✓ | ✕ | |
| ✓ | ✕ | |
| ✓ | ✕ | |

El éxito está en la perseverancia

| FRASE DEL DÍA: | |
|---|---|

## ESCRIBE 10 LOGROS DEL DÍA

| | |
|---|---|
| 1 | |
| 2 | |
| 3 | |
| 4 | |
| 5 | |
| 6 | |
| 7 | |
| 8 | |
| 9 | |
| 10 | |

## MOMENTOS MÁGICOS PARA RECORDAR

| | |
|---|---|
| 1 | |
| 2 | |
| 3 | |
| 4 | |
| 5 | |

## YO AGRADEZCO POR…

| | |
|---|---|
| 1 | |
| 2 | |
| 3 | |

| DÍA | # LOGRO A LARGO PLAZO: |
| --- | --- |

| METAS EN 3 MESES | |
| --- | --- |
| TIEMPO | |
| PERSONAL | |
| ECONÓMICA | |

| METAS EN 1 MES | |
| --- | --- |
| TIEMPO | |
| PERSONAL | |
| ECONÓMICA | |

| ACTIVIDADES PARA HOY (O MAÑANA SI SE HACE EN LA NOCHE) | | |
| --- | --- | --- |
| 1 | | ○ |
| 2 | | ○ |
| 3 | | ○ |

| ESTOY APRENDIENDO DE: | ○ LIBRO | ○ AUDIO | ○ VIDEO |
| --- | --- | --- | --- |
| NOMBRE: | | | |
| ESTOY EN LA PÁGINA O TIEMPO DEL VIDEO: | | | |

| HÁBITOS BUENOS |
| --- |
| ○ |
| ○ |
| ○ |

| HÁBITOS MALOS |
| --- |
| ○ |
| ○ |
| ○ |

| REFLECCIONES POSITIVAS O NEGATIVAS | | |
| --- | --- | --- |
| ✓ | ✕ | |
| ✓ | ✕ | |
| ✓ | ✕ | |

El éxito está en la perseverancia

| FRASE DEL DÍA: | |
|---|---|

## ESCRIBE 10 LOGROS DEL DÍA

| | |
|---|---|
| 1 | |
| 2 | |
| 3 | |
| 4 | |
| 5 | |
| 6 | |
| 7 | |
| 8 | |
| 9 | |
| 10 | |

## MOMENTOS MÁGICOS PARA RECORDAR

| | |
|---|---|
| 1 | |
| 2 | |
| 3 | |
| 4 | |
| 5 | |

## YO AGRADEZCO POR…

| | |
|---|---|
| 1 | |
| 2 | |
| 3 | |

| DÍA | # LOGRO A LARGO PLAZO: |
|---|---|

| METAS EN 3 MESES | |
|---|---|
| TIEMPO | |
| PERSONAL | |
| ECONÓMICA | |

| METAS EN 1 MES | |
|---|---|
| TIEMPO | |
| PERSONAL | |
| ECONÓMICA | |

| ACTIVIDADES PARA HOY<br>(O MAÑANA SI SE HACE EN LA NOCHE) | | |
|---|---|---|
| 1 | | ○ |
| 2 | | ○ |
| 3 | | ○ |

| ESTOY APRENDIENDO DE: | ○ LIBRO | ○ AUDIO | ○ VIDEO |
|---|---|---|---|
| NOMBRE: | | | |
| ESTOY EN LA PÁGINA O TIEMPO DEL VIDEO: | | | |

| HÁBITOS BUENOS |
|---|
| ○ |
| ○ |
| ○ |

| HÁBITOS MALOS |
|---|
| ○ |
| ○ |
| ○ |

| REFLECCIONES POSITIVAS O NEGATIVAS | | |
|---|---|---|
| ✓ | ✕ | |
| ✓ | ✕ | |
| ✓ | ✕ | |

El éxito está en la perseverancia

| FRASE DEL DÍA: | |
|---|---|

## ESCRIBE 10 LOGROS DEL DÍA

| | |
|---|---|
| 1 | |
| 2 | |
| 3 | |
| 4 | |
| 5 | |
| 6 | |
| 7 | |
| 8 | |
| 9 | |
| 10 | |

## MOMENTOS MÁGICOS PARA RECORDAR

| | |
|---|---|
| 1 | |
| 2 | |
| 3 | |
| 4 | |
| 5 | |

## YO AGRADEZCO POR…

| | |
|---|---|
| 1 | |
| 2 | |
| 3 | |

| DÍA | LOGRO A LARGO PLAZO: |
|---|---|

| METAS EN 3 MESES | |
|---|---|
| TIEMPO | |
| PERSONAL | |
| ECONÓMICA | |

| METAS EN 1 MES | |
|---|---|
| TIEMPO | |
| PERSONAL | |
| ECONÓMICA | |

| ACTIVIDADES PARA HOY (O MAÑANA SI SE HACE EN LA NOCHE) | | |
|---|---|---|
| 1 | | ○ |
| 2 | | ○ |
| 3 | | ○ |

| ESTOY APRENDIENDO DE: | ○ LIBRO | ○ AUDIO | ○ VIDEO |
|---|---|---|---|
| NOMBRE: | | | |
| ESTOY EN LA PÁGINA O TIEMPO DEL VIDEO: | | | |

| HÁBITOS BUENOS |
|---|
| ○ |
| ○ |
| ○ |

| HÁBITOS MALOS |
|---|
| ○ |
| ○ |
| ○ |

| REFLECCIONES POSITIVAS O NEGATIVAS | | |
|---|---|---|
| ✓ | ✕ | |
| ✓ | ✕ | |
| ✓ | ✕ | |

El éxito está en la perseverancia

| FRASE DEL DÍA: | |
|---|---|

## ESCRIBE 10 LOGROS DEL DÍA

| | |
|---|---|
| 1 | |
| 2 | |
| 3 | |
| 4 | |
| 5 | |
| 6 | |
| 7 | |
| 8 | |
| 9 | |
| 10 | |

## MOMENTOS MÁGICOS PARA RECORDAR

| | |
|---|---|
| 1 | |
| 2 | |
| 3 | |
| 4 | |
| 5 | |

## YO AGRADEZCO POR…

| | |
|---|---|
| 1 | |
| 2 | |
| 3 | |

| DÍA | # LOGRO A LARGO PLAZO: |
|---|---|

**METAS EN 3 MESES**

| TIEMPO | |
|---|---|
| PERSONAL | |
| ECONÓMICA | |

**METAS EN 1 MES**

| TIEMPO | |
|---|---|
| PERSONAL | |
| ECONÓMICA | |

**ACTIVIDADES PARA HOY**
(O MAÑANA SI SE HACE EN LA NOCHE)

| 1 | | ○ |
|---|---|---|
| 2 | | ○ |
| 3 | | ○ |

| ESTOY APRENDIENDO DE: | ○ LIBRO | ○ AUDIO | ○ VIDEO |
|---|---|---|---|
| NOMBRE: | | | |
| ESTOY EN LA PÁGINA O TIEMPO DEL VIDEO: | | | |

**HÁBITOS BUENOS**

- ○
- ○
- ○

**HÁBITOS MALOS**

- ○
- ○
- ○

**REFLECCIONES POSITIVAS O NEGATIVAS**

| ✓ | ✕ | |
|---|---|---|
| ✓ | ✕ | |
| ✓ | ✕ | |

El éxito está en la perseverancia

| FRASE DEL DÍA: | |
|---|---|

## ESCRIBE 10 LOGROS DEL DÍA

| | |
|---|---|
| 1 | |
| 2 | |
| 3 | |
| 4 | |
| 5 | |
| 6 | |
| 7 | |
| 8 | |
| 9 | |
| 10 | |

## MOMENTOS MÁGICOS PARA RECORDAR

| | |
|---|---|
| 1 | |
| 2 | |
| 3 | |
| 4 | |
| 5 | |

## YO AGRADEZCO POR…

| | |
|---|---|
| 1 | |
| 2 | |
| 3 | |

| DÍA | # LOGRO A LARGO PLAZO: |
|---|---|

| METAS EN 3 MESES | |
|---|---|
| TIEMPO | |
| PERSONAL | |
| ECONÓMICA | |

| METAS EN 1 MES | |
|---|---|
| TIEMPO | |
| PERSONAL | |
| ECONÓMICA | |

| ACTIVIDADES PARA HOY (O MAÑANA SI SE HACE EN LA NOCHE) | | |
|---|---|---|
| 1 | | ○ |
| 2 | | ○ |
| 3 | | ○ |

| ESTOY APRENDIENDO DE: | ○ LIBRO ○ AUDIO ○ VIDEO |
|---|---|
| NOMBRE: | |
| ESTOY EN LA PÁGINA O TIEMPO DEL VIDEO: | |

| HÁBITOS BUENOS |
|---|
| ○ |
| ○ |
| ○ |

| HÁBITOS MALOS |
|---|
| ○ |
| ○ |
| ○ |

| REFLECCIONES POSITIVAS O NEGATIVAS | | |
|---|---|---|
| ✓ | ✕ | |
| ✓ | ✕ | |
| ✓ | ✕ | |

El éxito está en la perseverancia

| FRASE DEL DÍA: | |
|---|---|

## ESCRIBE 10 LOGROS DEL DÍA

| | |
|---|---|
| 1 | |
| 2 | |
| 3 | |
| 4 | |
| 5 | |
| 6 | |
| 7 | |
| 8 | |
| 9 | |
| 10 | |

## MOMENTOS MÁGICOS PARA RECORDAR

| | |
|---|---|
| 1 | |
| 2 | |
| 3 | |
| 4 | |
| 5 | |

## YO AGRADEZCO POR…

| | |
|---|---|
| 1 | |
| 2 | |
| 3 | |

| DÍA | # LOGRO A LARGO PLAZO: |
|---|---|

| METAS EN 3 MESES | |
|---|---|
| TIEMPO | |
| PERSONAL | |
| ECONÓMICA | |

| METAS EN 1 MES | |
|---|---|
| TIEMPO | |
| PERSONAL | |
| ECONÓMICA | |

| ACTIVIDADES PARA HOY<br>(O MAÑANA SI SE HACE EN LA NOCHE) | | |
|---|---|---|
| 1 | | ○ |
| 2 | | ○ |
| 3 | | ○ |

| ESTOY APRENDIENDO DE: | ○ LIBRO | ○ AUDIO | ○ VIDEO |
|---|---|---|---|
| NOMBRE: | | | |
| ESTOY EN LA PÁGINA O TIEMPO DEL VIDEO: | | | |

| HÁBITOS BUENOS |
|---|
| ○ |
| ○ |
| ○ |

| HÁBITOS MALOS |
|---|
| ○ |
| ○ |
| ○ |

| REFLECCIONES POSITIVAS O NEGATIVAS | | |
|---|---|---|
| ✓ | ✕ | |
| ✓ | ✕ | |
| ✓ | ✕ | |

El éxito está en la perseverancia

| FRASE DEL DÍA: | |
|---|---|

## ESCRIBE 10 LOGROS DEL DÍA

| | |
|---|---|
| 1 | |
| 2 | |
| 3 | |
| 4 | |
| 5 | |
| 6 | |
| 7 | |
| 8 | |
| 9 | |
| 10 | |

## MOMENTOS MÁGICOS PARA RECORDAR

| | |
|---|---|
| 1 | |
| 2 | |
| 3 | |
| 4 | |
| 5 | |

## YO AGRADEZCO POR…

| | |
|---|---|
| 1 | |
| 2 | |
| 3 | |

| DÍA | LOGRO A LARGO PLAZO: |
|---|---|

| METAS EN 3 MESES | |
|---|---|
| TIEMPO | |
| PERSONAL | |
| ECONÓMICA | |

| METAS EN 1 MES | |
|---|---|
| TIEMPO | |
| PERSONAL | |
| ECONÓMICA | |

| ACTIVIDADES PARA HOY (O MAÑANA SI SE HACE EN LA NOCHE) | | |
|---|---|---|
| 1 | | ○ |
| 2 | | ○ |
| 3 | | ○ |

| ESTOY APRENDIENDO DE: | ○ LIBRO | ○ AUDIO | ○ VIDEO |
|---|---|---|---|
| NOMBRE: | | | |
| ESTOY EN LA PÁGINA O TIEMPO DEL VIDEO: | | | |

| HÁBITOS BUENOS |
|---|
| ○ |
| ○ |
| ○ |

| HÁBITOS MALOS |
|---|
| ○ |
| ○ |
| ○ |

| REFLECCIONES POSITIVAS O NEGATIVAS | | |
|---|---|---|
| ✓ | ✕ | |
| ✓ | ✕ | |
| ✓ | ✕ | |

El éxito está en la perseverancia

| FRASE DEL DÍA: | |
|---|---|

## ESCRIBE 10 LOGROS DEL DÍA

| | |
|---|---|
| 1 | |
| 2 | |
| 3 | |
| 4 | |
| 5 | |
| 6 | |
| 7 | |
| 8 | |
| 9 | |
| 10 | |

## MOMENTOS MÁGICOS PARA RECORDAR

| | |
|---|---|
| 1 | |
| 2 | |
| 3 | |
| 4 | |
| 5 | |

## YO AGRADEZCO POR…

| | |
|---|---|
| 1 | |
| 2 | |
| 3 | |

| DÍA | # LOGRO A LARGO PLAZO: |
|---|---|

| METAS EN 3 MESES | |
|---|---|
| TIEMPO | |
| PERSONAL | |
| ECONÓMICA | |

| METAS EN 1 MES | |
|---|---|
| TIEMPO | |
| PERSONAL | |
| ECONÓMICA | |

| ACTIVIDADES PARA HOY (O MAÑANA SI SE HACE EN LA NOCHE) | | |
|---|---|---|
| 1 | | ○ |
| 2 | | ○ |
| 3 | | ○ |

| ESTOY APRENDIENDO DE: | ○ LIBRO | ○ AUDIO | ○ VIDEO |
|---|---|---|---|
| NOMBRE: | | | |
| ESTOY EN LA PÁGINA O TIEMPO DEL VIDEO: | | | |

| HÁBITOS BUENOS |
|---|
| ○ |
| ○ |
| ○ |

| HÁBITOS MALOS |
|---|
| ○ |
| ○ |
| ○ |

| REFLECCIONES POSITIVAS O NEGATIVAS | | |
|---|---|---|
| ✓ | ✗ | |
| ✓ | ✗ | |
| ✓ | ✗ | |

El éxito está en la perseverancia

| FRASE DEL DÍA: | |
|---|---|

## ESCRIBE 10 LOGROS DEL DÍA

| | |
|---|---|
| 1 | |
| 2 | |
| 3 | |
| 4 | |
| 5 | |
| 6 | |
| 7 | |
| 8 | |
| 9 | |
| 10 | |

## MOMENTOS MÁGICOS PARA RECORDAR

| | |
|---|---|
| 1 | |
| 2 | |
| 3 | |
| 4 | |
| 5 | |

## YO AGRADEZCO POR…

| | |
|---|---|
| 1 | |
| 2 | |
| 3 | |

| DÍA | # LOGRO A LARGO PLAZO: |
|---|---|

| METAS EN 3 MESES | |
|---|---|
| TIEMPO | |
| PERSONAL | |
| ECONÓMICA | |

| METAS EN 1 MES | |
|---|---|
| TIEMPO | |
| PERSONAL | |
| ECONÓMICA | |

| ACTIVIDADES PARA HOY (O MAÑANA SI SE HACE EN LA NOCHE) | | |
|---|---|---|
| 1 | | ○ |
| 2 | | ○ |
| 3 | | ○ |

| ESTOY APRENDIENDO DE: | ○ LIBRO | ○ AUDIO | ○ VIDEO |
|---|---|---|---|
| NOMBRE: | | | |
| ESTOY EN LA PÁGINA O TIEMPO DEL VIDEO: | | | |

| HÁBITOS BUENOS |
|---|
| ○ |
| ○ |
| ○ |

| HÁBITOS MALOS |
|---|
| ○ |
| ○ |
| ○ |

| REFLECCIONES POSITIVAS O NEGATIVAS | | |
|---|---|---|
| ✓ | × | |
| ✓ | × | |
| ✓ | × | |

El éxito está en la perseverancia

| FRASE DEL DÍA: | |
|---|---|

## ESCRIBE 10 LOGROS DEL DÍA

| | |
|---|---|
| 1 | |
| 2 | |
| 3 | |
| 4 | |
| 5 | |
| 6 | |
| 7 | |
| 8 | |
| 9 | |
| 10 | |

## MOMENTOS MÁGICOS PARA RECORDAR

| | |
|---|---|
| 1 | |
| 2 | |
| 3 | |
| 4 | |
| 5 | |

## YO AGRADEZCO POR…

| | |
|---|---|
| 1 | |
| 2 | |
| 3 | |

| DÍA | # LOGRO A LARGO PLAZO: |
|---|---|

**METAS EN 3 MESES**

| | |
|---|---|
| TIEMPO | |
| PERSONAL | |
| ECONÓMICA | |

**METAS EN 1 MES**

| | |
|---|---|
| TIEMPO | |
| PERSONAL | |
| ECONÓMICA | |

**ACTIVIDADES PARA HOY**
(O MAÑANA SI SE HACE EN LA NOCHE)

| | | |
|---|---|---|
| 1 | | ○ |
| 2 | | ○ |
| 3 | | ○ |

| ESTOY APRENDIENDO DE: | ○ LIBRO | ○ AUDIO | ○ VIDEO |
|---|---|---|---|
| NOMBRE: | | | |
| ESTOY EN LA PÁGINA O TIEMPO DEL VIDEO: | | | |

**HÁBITOS BUENOS**

| |
|---|
| ○ |
| ○ |
| ○ |

**HÁBITOS MALOS**

| |
|---|
| ○ |
| ○ |
| ○ |

**REFLECCIONES POSITIVAS O NEGATIVAS**

| | | |
|---|---|---|
| ✓ | ✕ | |
| ✓ | ✕ | |
| ✓ | ✕ | |

El éxito está en la perseverancia

| FRASE DEL DÍA: | |
|---|---|

## ESCRIBE 10 LOGROS DEL DÍA

| | |
|---|---|
| 1 | |
| 2 | |
| 3 | |
| 4 | |
| 5 | |
| 6 | |
| 7 | |
| 8 | |
| 9 | |
| 10 | |

## MOMENTOS MÁGICOS PARA RECORDAR

| | |
|---|---|
| 1 | |
| 2 | |
| 3 | |
| 4 | |
| 5 | |

## YO AGRADEZCO POR...

| | |
|---|---|
| 1 | |
| 2 | |
| 3 | |

| DÍA | LOGRO A LARGO PLAZO: |
|---|---|

**METAS EN 3 MESES**

| | |
|---|---|
| TIEMPO | |
| PERSONAL | |
| ECONÓMICA | |

**METAS EN 1 MES**

| | |
|---|---|
| TIEMPO | |
| PERSONAL | |
| ECONÓMICA | |

**ACTIVIDADES PARA HOY**
(O MAÑANA SI SE HACE EN LA NOCHE)

| | | |
|---|---|---|
| 1 | | ○ |
| 2 | | ○ |
| 3 | | ○ |

| ESTOY APRENDIENDO DE: | ○ LIBRO | ○ AUDIO | ○ VIDEO |
|---|---|---|---|
| NOMBRE: | | | |
| ESTOY EN LA PÁGINA O TIEMPO DEL VIDEO: | | | |

**HÁBITOS BUENOS**

- ○
- ○
- ○

**HÁBITOS MALOS**

- ○
- ○
- ○

**REFLECCIONES POSITIVAS O NEGATIVAS**

| | | |
|---|---|---|
| ✓ | ✗ | |
| ✓ | ✗ | |
| ✓ | ✗ | |

El éxito está en la perseverancia

| FRASE DEL DÍA: | |
|---|---|

| ESCRIBE 10 LOGROS DEL DÍA | |
|---|---|
| 1 | |
| 2 | |
| 3 | |
| 4 | |
| 5 | |
| 6 | |
| 7 | |
| 8 | |
| 9 | |
| 10 | |

| MOMENTOS MÁGICOS PARA RECORDAR | |
|---|---|
| 1 | |
| 2 | |
| 3 | |
| 4 | |
| 5 | |

| YO AGRADEZCO POR… | |
|---|---|
| 1 | |
| 2 | |
| 3 | |

| DÍA | LOGRO A LARGO PLAZO: |
|---|---|

| METAS EN 3 MESES | |
|---|---|
| TIEMPO | |
| PERSONAL | |
| ECONÓMICA | |

| METAS EN 1 MES | |
|---|---|
| TIEMPO | |
| PERSONAL | |
| ECONÓMICA | |

| ACTIVIDADES PARA HOY (O MAÑANA SI SE HACE EN LA NOCHE) | | |
|---|---|---|
| 1 | | ○ |
| 2 | | ○ |
| 3 | | ○ |

| ESTOY APRENDIENDO DE: | ○ LIBRO ○ AUDIO ○ VIDEO |
|---|---|
| NOMBRE: | |
| ESTOY EN LA PÁGINA O TIEMPO DEL VIDEO: | |

| HÁBITOS BUENOS |
|---|
| ○ |
| ○ |
| ○ |

| HÁBITOS MALOS |
|---|
| ○ |
| ○ |
| ○ |

| REFLECCIONES POSITIVAS O NEGATIVAS | | |
|---|---|---|
| ✓ | ✗ | |
| ✓ | ✗ | |
| ✓ | ✗ | |

El éxito está en la perseverancia

| FRASE DEL DÍA: | |
|---|---|

## ESCRIBE 10 LOGROS DEL DÍA

| | |
|---|---|
| 1 | |
| 2 | |
| 3 | |
| 4 | |
| 5 | |
| 6 | |
| 7 | |
| 8 | |
| 9 | |
| 10 | |

## MOMENTOS MÁGICOS PARA RECORDAR

| | |
|---|---|
| 1 | |
| 2 | |
| 3 | |
| 4 | |
| 5 | |

## YO AGRADEZCO POR…

| | |
|---|---|
| 1 | |
| 2 | |
| 3 | |

| DÍA | LOGRO A LARGO PLAZO: |
|---|---|

| METAS EN 3 MESES | |
|---|---|
| TIEMPO | |
| PERSONAL | |
| ECONÓMICA | |

| METAS EN 1 MES | |
|---|---|
| TIEMPO | |
| PERSONAL | |
| ECONÓMICA | |

| ACTIVIDADES PARA HOY (O MAÑANA SI SE HACE EN LA NOCHE) | | |
|---|---|---|
| 1 | | ○ |
| 2 | | ○ |
| 3 | | ○ |

| ESTOY APRENDIENDO DE: | ○ LIBRO ○ AUDIO ○ VIDEO |
|---|---|
| NOMBRE: | |
| ESTOY EN LA PÁGINA O TIEMPO DEL VIDEO: | |

| HÁBITOS BUENOS |
|---|
| ○ |
| ○ |
| ○ |

| HÁBITOS MALOS |
|---|
| ○ |
| ○ |
| ○ |

| REFLECCIONES POSITIVAS O NEGATIVAS | | |
|---|---|---|
| ✓ | ✕ | |
| ✓ | ✕ | |
| ✓ | ✕ | |

El éxito está en la perseverancia

| FRASE DEL DÍA: | |
|---|---|

| ESCRIBE 10 LOGROS DEL DÍA | |
|---|---|
| 1 | |
| 2 | |
| 3 | |
| 4 | |
| 5 | |
| 6 | |
| 7 | |
| 8 | |
| 9 | |
| 10 | |

| MOMENTOS MÁGICOS PARA RECORDAR | |
|---|---|
| 1 | |
| 2 | |
| 3 | |
| 4 | |
| 5 | |

| YO AGRADEZCO POR... | |
|---|---|
| 1 | |
| 2 | |
| 3 | |

| DÍA | LOGRO A LARGO PLAZO: |
|---|---|

**METAS EN 3 MESES**

| TIEMPO | |
|---|---|
| PERSONAL | |
| ECONÓMICA | |

**METAS EN 1 MES**

| TIEMPO | |
|---|---|
| PERSONAL | |
| ECONÓMICA | |

**ACTIVIDADES PARA HOY**
**(O MAÑANA SI SE HACE EN LA NOCHE)**

| 1 | | ○ |
|---|---|---|
| 2 | | ○ |
| 3 | | ○ |

| ESTOY APRENDIENDO DE: | ○ LIBRO | ○ AUDIO | ○ VIDEO |
|---|---|---|---|
| NOMBRE: | | | |
| ESTOY EN LA PÁGINA O TIEMPO DEL VIDEO: | | | |

**HÁBITOS BUENOS**

- ○
- ○
- ○

**HÁBITOS MALOS**

- ○
- ○
- ○

**REFLECCIONES POSITIVAS O NEGATIVAS**

| ✓ | ✕ | |
|---|---|---|
| ✓ | ✕ | |
| ✓ | ✕ | |

El éxito está en la perseverancia

| FRASE DEL DÍA: | |
|---|---|

## ESCRIBE 10 LOGROS DEL DÍA

| | |
|---|---|
| 1 | |
| 2 | |
| 3 | |
| 4 | |
| 5 | |
| 6 | |
| 7 | |
| 8 | |
| 9 | |
| 10 | |

## MOMENTOS MÁGICOS PARA RECORDAR

| | |
|---|---|
| 1 | |
| 2 | |
| 3 | |
| 4 | |
| 5 | |

## YO AGRADEZCO POR...

| | |
|---|---|
| 1 | |
| 2 | |
| 3 | |

| DÍA | # LOGRO A LARGO PLAZO: |
|---|---|

| METAS EN 3 MESES | |
|---|---|
| TIEMPO | |
| PERSONAL | |
| ECONÓMICA | |

| METAS EN 1 MES | |
|---|---|
| TIEMPO | |
| PERSONAL | |
| ECONÓMICA | |

| ACTIVIDADES PARA HOY (O MAÑANA SI SE HACE EN LA NOCHE) | | |
|---|---|---|
| 1 | | ○ |
| 2 | | ○ |
| 3 | | ○ |

| ESTOY APRENDIENDO DE: | ○ LIBRO | ○ AUDIO | ○ VIDEO |
|---|---|---|---|
| NOMBRE: | | | |
| ESTOY EN LA PÁGINA O TIEMPO DEL VIDEO: | | | |

| HÁBITOS BUENOS |
|---|
| ○ |
| ○ |
| ○ |

| HÁBITOS MALOS |
|---|
| ○ |
| ○ |
| ○ |

| REFLECCIONES POSITIVAS O NEGATIVAS | | |
|---|---|---|
| ✓ | ✕ | |
| ✓ | ✕ | |
| ✓ | ✕ | |

El éxito está en la perseverancia

| FRASE DEL DÍA: | |
|---|---|

| ESCRIBE 10 LOGROS DEL DÍA | |
|---|---|
| 1 | |
| 2 | |
| 3 | |
| 4 | |
| 5 | |
| 6 | |
| 7 | |
| 8 | |
| 9 | |
| 10 | |

| MOMENTOS MÁGICOS PARA RECORDAR | |
|---|---|
| 1 | |
| 2 | |
| 3 | |
| 4 | |
| 5 | |

| YO AGRADEZCO POR… | |
|---|---|
| 1 | |
| 2 | |
| 3 | |

| DÍA | # LOGRO A LARGO PLAZO: |
|---|---|

**METAS EN 3 MESES**

| | |
|---|---|
| TIEMPO | |
| PERSONAL | |
| ECONÓMICA | |

**METAS EN 1 MES**

| | |
|---|---|
| TIEMPO | |
| PERSONAL | |
| ECONÓMICA | |

**ACTIVIDADES PARA HOY**
**(O MAÑANA SI SE HACE EN LA NOCHE)**

| | | |
|---|---|---|
| 1 | | ○ |
| 2 | | ○ |
| 3 | | ○ |

| ESTOY APRENDIENDO DE: | ○ LIBRO | ○ AUDIO | ○ VIDEO |
|---|---|---|---|
| NOMBRE: | | | |
| ESTOY EN LA PÁGINA O TIEMPO DEL VIDEO: | | | |

**HÁBITOS BUENOS**

| |
|---|
| ○ |
| ○ |
| ○ |

**HÁBITOS MALOS**

| |
|---|
| ○ |
| ○ |
| ○ |

**REFLECCIONES POSITIVAS O NEGATIVAS**

| | | |
|---|---|---|
| ✓ | ✕ | |
| ✓ | ✕ | |
| ✓ | ✕ | |

El éxito está en la perseverancia

| FRASE DEL DÍA: | |
|---|---|

## ESCRIBE 10 LOGROS DEL DÍA

| | |
|---|---|
| 1 | |
| 2 | |
| 3 | |
| 4 | |
| 5 | |
| 6 | |
| 7 | |
| 8 | |
| 9 | |
| 10 | |

## MOMENTOS MÁGICOS PARA RECORDAR

| | |
|---|---|
| 1 | |
| 2 | |
| 3 | |
| 4 | |
| 5 | |

## YO AGRADEZCO POR…

| | |
|---|---|
| 1 | |
| 2 | |
| 3 | |

| DÍA | LOGRO A LARGO PLAZO: |
|---|---|

**METAS EN 3 MESES**

| | |
|---|---|
| TIEMPO | |
| PERSONAL | |
| ECONÓMICA | |

**METAS EN 1 MES**

| | |
|---|---|
| TIEMPO | |
| PERSONAL | |
| ECONÓMICA | |

**ACTIVIDADES PARA HOY**
**(O MAÑANA SI SE HACE EN LA NOCHE)**

| | | |
|---|---|---|
| 1 | | ○ |
| 2 | | ○ |
| 3 | | ○ |

| ESTOY APRENDIENDO DE: | ○ LIBRO | ○ AUDIO | ○ VIDEO |
|---|---|---|---|
| NOMBRE: | | | |
| ESTOY EN LA PÁGINA O TIEMPO DEL VIDEO: | | | |

**HÁBITOS BUENOS**

| |
|---|
| ○ |
| ○ |
| ○ |

**HÁBITOS MALOS**

| |
|---|
| ○ |
| ○ |
| ○ |

**REFLECCIONES POSITIVAS O NEGATIVAS**

| | | |
|---|---|---|
| ✓ | ✕ | |
| ✓ | ✕ | |
| ✓ | ✕ | |

El éxito está en la perseverancia

| FRASE DEL DÍA: | |
|---|---|

## ESCRIBE 10 LOGROS DEL DÍA

| | |
|---|---|
| 1 | |
| 2 | |
| 3 | |
| 4 | |
| 5 | |
| 6 | |
| 7 | |
| 8 | |
| 9 | |
| 10 | |

## MOMENTOS MÁGICOS PARA RECORDAR

| | |
|---|---|
| 1 | |
| 2 | |
| 3 | |
| 4 | |
| 5 | |

## YO AGRADEZCO POR...

| | |
|---|---|
| 1 | |
| 2 | |
| 3 | |

| DÍA | # LOGRO A LARGO PLAZO: |
|---|---|

| METAS EN 3 MESES | |
|---|---|
| TIEMPO | |
| PERSONAL | |
| ECONÓMICA | |

| METAS EN 1 MES | |
|---|---|
| TIEMPO | |
| PERSONAL | |
| ECONÓMICA | |

| ACTIVIDADES PARA HOY (O MAÑANA SI SE HACE EN LA NOCHE) | | |
|---|---|---|
| 1 | | ○ |
| 2 | | ○ |
| 3 | | ○ |

| ESTOY APRENDIENDO DE: | ○ LIBRO | ○ AUDIO | ○ VIDEO |
|---|---|---|---|
| NOMBRE: | | | |
| ESTOY EN LA PÁGINA O TIEMPO DEL VIDEO: | | | |

| HÁBITOS BUENOS |
|---|
| ○ |
| ○ |
| ○ |

| HÁBITOS MALOS |
|---|
| ○ |
| ○ |
| ○ |

| REFLECCIONES POSITIVAS O NEGATIVAS | | |
|---|---|---|
| ✓ | ✕ | |
| ✓ | ✕ | |
| ✓ | ✕ | |

El éxito está en la perseverancia

| FRASE DEL DÍA: | |
|---|---|

## ESCRIBE 10 LOGROS DEL DÍA

| | |
|---|---|
| 1 | |
| 2 | |
| 3 | |
| 4 | |
| 5 | |
| 6 | |
| 7 | |
| 8 | |
| 9 | |
| 10 | |

## MOMENTOS MÁGICOS PARA RECORDAR

| | |
|---|---|
| 1 | |
| 2 | |
| 3 | |
| 4 | |
| 5 | |

## YO AGRADEZCO POR…

| | |
|---|---|
| 1 | |
| 2 | |
| 3 | |

| DÍA | # LOGRO A LARGO PLAZO: |
| --- | --- |

**METAS EN 3 MESES**

| TIEMPO | |
| --- | --- |
| PERSONAL | |
| ECONÓMICA | |

**METAS EN 1 MES**

| TIEMPO | |
| --- | --- |
| PERSONAL | |
| ECONÓMICA | |

**ACTIVIDADES PARA HOY**
**(O MAÑANA SI SE HACE EN LA NOCHE)**

| | | |
| --- | --- | --- |
| 1 | | ○ |
| 2 | | ○ |
| 3 | | ○ |

| ESTOY APRENDIENDO DE: | ○ LIBRO | ○ AUDIO | ○ VIDEO |
| --- | --- | --- | --- |
| NOMBRE: | | | |
| ESTOY EN LA PÁGINA O TIEMPO DEL VIDEO: | | | |

**HÁBITOS BUENOS**

| |
| --- |
| ○ |
| ○ |
| ○ |

**HÁBITOS MALOS**

| |
| --- |
| ○ |
| ○ |
| ○ |

**REFLECCIONES POSITIVAS O NEGATIVAS**

| | | |
| --- | --- | --- |
| ✓ | ✕ | |
| ✓ | ✕ | |
| ✓ | ✕ | |

El éxito está en la perseverancia

| FRASE DEL DÍA: | |
|---|---|

## ESCRIBE 10 LOGROS DEL DÍA

| | |
|---|---|
| 1 | |
| 2 | |
| 3 | |
| 4 | |
| 5 | |
| 6 | |
| 7 | |
| 8 | |
| 9 | |
| 10 | |

## MOMENTOS MÁGICOS PARA RECORDAR

| | |
|---|---|
| 1 | |
| 2 | |
| 3 | |
| 4 | |
| 5 | |

## YO AGRADEZCO POR…

| | |
|---|---|
| 1 | |
| 2 | |
| 3 | |

| DÍA | LOGRO A LARGO PLAZO: |
|---|---|

**METAS EN 3 MESES**

| | |
|---|---|
| TIEMPO | |
| PERSONAL | |
| ECONÓMICA | |

**METAS EN 1 MES**

| | |
|---|---|
| TIEMPO | |
| PERSONAL | |
| ECONÓMICA | |

**ACTIVIDADES PARA HOY**
(O MAÑANA SI SE HACE EN LA NOCHE)

| | | |
|---|---|---|
| 1 | | ○ |
| 2 | | ○ |
| 3 | | ○ |

| ESTOY APRENDIENDO DE: | ○ LIBRO | ○ AUDIO | ○ VIDEO |
|---|---|---|---|
| NOMBRE: | | | |
| ESTOY EN LA PÁGINA O TIEMPO DEL VIDEO: | | | |

**HÁBITOS BUENOS**

| |
|---|
| ○ |
| ○ |
| ○ |

**HÁBITOS MALOS**

| |
|---|
| ○ |
| ○ |
| ○ |

**REFLECCIONES POSITIVAS O NEGATIVAS**

| | | |
|---|---|---|
| ✓ | ✕ | |
| ✓ | ✕ | |
| ✓ | ✕ | |

El éxito está en la perseverancia

| FRASE DEL DÍA: | |
|---|---|

## ESCRIBE 10 LOGROS DEL DÍA

| | |
|---|---|
| 1 | |
| 2 | |
| 3 | |
| 4 | |
| 5 | |
| 6 | |
| 7 | |
| 8 | |
| 9 | |
| 10 | |

## MOMENTOS MÁGICOS PARA RECORDAR

| | |
|---|---|
| 1 | |
| 2 | |
| 3 | |
| 4 | |
| 5 | |

## YO AGRADEZCO POR...

| | |
|---|---|
| 1 | |
| 2 | |
| 3 | |

| DÍA | # LOGRO A LARGO PLAZO: |
| --- | --- |

| METAS EN 3 MESES | |
| --- | --- |
| TIEMPO | |
| PERSONAL | |
| ECONÓMICA | |

| METAS EN 1 MES | |
| --- | --- |
| TIEMPO | |
| PERSONAL | |
| ECONÓMICA | |

| ACTIVIDADES PARA HOY (O MAÑANA SI SE HACE EN LA NOCHE) | | |
| --- | --- | --- |
| 1 | | ○ |
| 2 | | ○ |
| 3 | | ○ |

| ESTOY APRENDIENDO DE: | ○ LIBRO | ○ AUDIO | ○ VIDEO |
| --- | --- | --- | --- |
| NOMBRE: | | | |
| ESTOY EN LA PÁGINA O TIEMPO DEL VIDEO: | | | |

| HÁBITOS BUENOS |
| --- |
| ○ |
| ○ |
| ○ |

| HÁBITOS MALOS |
| --- |
| ○ |
| ○ |
| ○ |

| REFLECCIONES POSITIVAS O NEGATIVAS | | |
| --- | --- | --- |
| ✓ | ✕ | |
| ✓ | ✕ | |
| ✓ | ✕ | |

El éxito está en la perseverancia

| FRASE DEL DÍA: | |
|---|---|

## ESCRIBE 10 LOGROS DEL DÍA

| | |
|---|---|
| 1 | |
| 2 | |
| 3 | |
| 4 | |
| 5 | |
| 6 | |
| 7 | |
| 8 | |
| 9 | |
| 10 | |

## MOMENTOS MÁGICOS PARA RECORDAR

| | |
|---|---|
| 1 | |
| 2 | |
| 3 | |
| 4 | |
| 5 | |

## YO AGRADEZCO POR...

| | |
|---|---|
| 1 | |
| 2 | |
| 3 | |

| DÍA | LOGRO A LARGO PLAZO: |
|---|---|

| METAS EN 3 MESES | |
|---|---|
| TIEMPO | |
| PERSONAL | |
| ECONÓMICA | |

| METAS EN 1 MES | |
|---|---|
| TIEMPO | |
| PERSONAL | |
| ECONÓMICA | |

| ACTIVIDADES PARA HOY (O MAÑANA SI SE HACE EN LA NOCHE) | | |
|---|---|---|
| 1 | | ○ |
| 2 | | ○ |
| 3 | | ○ |

| ESTOY APRENDIENDO DE: | ○ LIBRO | ○ AUDIO | ○ VIDEO |
|---|---|---|---|
| NOMBRE: | | | |
| ESTOY EN LA PÁGINA O TIEMPO DEL VIDEO: | | | |

| HÁBITOS BUENOS |
|---|
| ○ |
| ○ |
| ○ |

| HÁBITOS MALOS |
|---|
| ○ |
| ○ |
| ○ |

| REFLECCIONES POSITIVAS O NEGATIVAS | | |
|---|---|---|
| ✓ | ✕ | |
| ✓ | ✕ | |
| ✓ | ✕ | |

El éxito está en la perseverancia

| FRASE DEL DÍA: | |
|---|---|

## ESCRIBE 10 LOGROS DEL DÍA

| | |
|---|---|
| 1 | |
| 2 | |
| 3 | |
| 4 | |
| 5 | |
| 6 | |
| 7 | |
| 8 | |
| 9 | |
| 10 | |

## MOMENTOS MÁGICOS PARA RECORDAR

| | |
|---|---|
| 1 | |
| 2 | |
| 3 | |
| 4 | |
| 5 | |

## YO AGRADEZCO POR…

| | |
|---|---|
| 1 | |
| 2 | |
| 3 | |

| DÍA | LOGRO A LARGO PLAZO: |
|---|---|

**METAS EN 3 MESES**

| | |
|---|---|
| TIEMPO | |
| PERSONAL | |
| ECONÓMICA | |

**METAS EN 1 MES**

| | |
|---|---|
| TIEMPO | |
| PERSONAL | |
| ECONÓMICA | |

**ACTIVIDADES PARA HOY**
(O MAÑANA SI SE HACE EN LA NOCHE)

| | | |
|---|---|---|
| 1 | | ○ |
| 2 | | ○ |
| 3 | | ○ |

| ESTOY APRENDIENDO DE: | ○ LIBRO | ○ AUDIO | ○ VIDEO |
|---|---|---|---|
| NOMBRE: | | | |
| ESTOY EN LA PÁGINA O TIEMPO DEL VIDEO: | | | |

**HÁBITOS BUENOS**

| |
|---|
| ○ |
| ○ |
| ○ |

**HÁBITOS MALOS**

| |
|---|
| ○ |
| ○ |
| ○ |

**REFLECCIONES POSITIVAS O NEGATIVAS**

| | | |
|---|---|---|
| ✓ | ✕ | |
| ✓ | ✕ | |
| ✓ | ✕ | |

El éxito está en la perseverancia

| FRASE DEL DÍA: | |
|---|---|

## ESCRIBE 10 LOGROS DEL DÍA

| | |
|---|---|
| 1 | |
| 2 | |
| 3 | |
| 4 | |
| 5 | |
| 6 | |
| 7 | |
| 8 | |
| 9 | |
| 10 | |

## MOMENTOS MÁGICOS PARA RECORDAR

| | |
|---|---|
| 1 | |
| 2 | |
| 3 | |
| 4 | |
| 5 | |

## YO AGRADEZCO POR…

| | |
|---|---|
| 1 | |
| 2 | |
| 3 | |

| DÍA | # LOGRO A LARGO PLAZO: |
|---|---|

| METAS EN 3 MESES | |
|---|---|
| TIEMPO | |
| PERSONAL | |
| ECONÓMICA | |

| METAS EN 1 MES | |
|---|---|
| TIEMPO | |
| PERSONAL | |
| ECONÓMICA | |

| ACTIVIDADES PARA HOY<br>(O MAÑANA SI SE HACE EN LA NOCHE) | | |
|---|---|---|
| 1 | | ○ |
| 2 | | ○ |
| 3 | | ○ |

| ESTOY APRENDIENDO DE: | ○ LIBRO | ○ AUDIO | ○ VIDEO |
|---|---|---|---|
| NOMBRE: | | | |
| ESTOY EN LA PÁGINA O TIEMPO DEL VIDEO: | | | |

| HÁBITOS BUENOS |
|---|
| ○ |
| ○ |
| ○ |

| HÁBITOS MALOS |
|---|
| ○ |
| ○ |
| ○ |

| REFLECCIONES POSITIVAS O NEGATIVAS | | |
|---|---|---|
| ✓ | ✕ | |
| ✓ | ✕ | |
| ✓ | ✕ | |

El éxito está en la perseverancia

| FRASE DEL DÍA: | |
|---|---|

## ESCRIBE 10 LOGROS DEL DÍA

| | |
|---|---|
| 1 | |
| 2 | |
| 3 | |
| 4 | |
| 5 | |
| 6 | |
| 7 | |
| 8 | |
| 9 | |
| 10 | |

## MOMENTOS MÁGICOS PARA RECORDAR

| | |
|---|---|
| 1 | |
| 2 | |
| 3 | |
| 4 | |
| 5 | |

## YO AGRADEZCO POR...

| | |
|---|---|
| 1 | |
| 2 | |
| 3 | |

| DÍA | LOGRO A LARGO PLAZO: |
|---|---|

**METAS EN 3 MESES**

| | |
|---|---|
| TIEMPO | |
| PERSONAL | |
| ECONÓMICA | |

**METAS EN 1 MES**

| | |
|---|---|
| TIEMPO | |
| PERSONAL | |
| ECONÓMICA | |

**ACTIVIDADES PARA HOY**
(O MAÑANA SI SE HACE EN LA NOCHE)

| | | |
|---|---|---|
| 1 | | ○ |
| 2 | | ○ |
| 3 | | ○ |

| ESTOY APRENDIENDO DE: | ○ LIBRO | ○ AUDIO | ○ VIDEO |
|---|---|---|---|
| NOMBRE: | | | |
| ESTOY EN LA PÁGINA O TIEMPO DEL VIDEO: | | | |

**HÁBITOS BUENOS**

| |
|---|
| ○ |
| ○ |
| ○ |

**HÁBITOS MALOS**

| |
|---|
| ○ |
| ○ |
| ○ |

**REFLECCIONES POSITIVAS O NEGATIVAS**

| | | |
|---|---|---|
| ✓ | ✕ | |
| ✓ | ✕ | |
| ✓ | ✕ | |

El éxito está en la perseverancia

| FRASE DEL DÍA: | |
|---|---|

| ESCRIBE 10 LOGROS DEL DÍA | |
|---|---|
| 1 | |
| 2 | |
| 3 | |
| 4 | |
| 5 | |
| 6 | |
| 7 | |
| 8 | |
| 9 | |
| 10 | |

| MOMENTOS MÁGICOS PARA RECORDAR | |
|---|---|
| 1 | |
| 2 | |
| 3 | |
| 4 | |
| 5 | |

| YO AGRADEZCO POR... | |
|---|---|
| 1 | |
| 2 | |
| 3 | |

| DÍA | LOGRO A LARGO PLAZO: |
|---|---|

**METAS EN 3 MESES**

| | |
|---|---|
| TIEMPO | |
| PERSONAL | |
| ECONÓMICA | |

**METAS EN 1 MES**

| | |
|---|---|
| TIEMPO | |
| PERSONAL | |
| ECONÓMICA | |

**ACTIVIDADES PARA HOY**
(O MAÑANA SI SE HACE EN LA NOCHE)

| | | |
|---|---|---|
| 1 | | ○ |
| 2 | | ○ |
| 3 | | ○ |

| ESTOY APRENDIENDO DE: | ○ LIBRO | ○ AUDIO | ○ VIDEO |
|---|---|---|---|
| NOMBRE: | | | |
| ESTOY EN LA PÁGINA O TIEMPO DEL VIDEO: | | | |

**HÁBITOS BUENOS**

| |
|---|
| ○ |
| ○ |
| ○ |

**HÁBITOS MALOS**

| |
|---|
| ○ |
| ○ |
| ○ |

**REFLECCIONES POSITIVAS O NEGATIVAS**

| | | |
|---|---|---|
| ✓ | × | |
| ✓ | × | |
| ✓ | × | |

El éxito está en la perseverancia

| FRASE DEL DÍA: | |
|---|---|

## ESCRIBE 10 LOGROS DEL DÍA

| | |
|---|---|
| 1 | |
| 2 | |
| 3 | |
| 4 | |
| 5 | |
| 6 | |
| 7 | |
| 8 | |
| 9 | |
| 10 | |

## MOMENTOS MÁGICOS PARA RECORDAR

| | |
|---|---|
| 1 | |
| 2 | |
| 3 | |
| 4 | |
| 5 | |

## YO AGRADEZCO POR…

| | |
|---|---|
| 1 | |
| 2 | |
| 3 | |

| DÍA | # LOGRO A LARGO PLAZO: |
|---|---|

| METAS EN 3 MESES | |
|---|---|
| TIEMPO | |
| PERSONAL | |
| ECONÓMICA | |

| METAS EN 1 MES | |
|---|---|
| TIEMPO | |
| PERSONAL | |
| ECONÓMICA | |

| ACTIVIDADES PARA HOY (O MAÑANA SI SE HACE EN LA NOCHE) | | |
|---|---|---|
| 1 | | ○ |
| 2 | | ○ |
| 3 | | ○ |

| ESTOY APRENDIENDO DE: | ○ LIBRO ○ AUDIO ○ VIDEO |
|---|---|
| NOMBRE: | |
| ESTOY EN LA PÁGINA O TIEMPO DEL VIDEO: | |

| HÁBITOS BUENOS |
|---|
| ○ |
| ○ |
| ○ |

| HÁBITOS MALOS |
|---|
| ○ |
| ○ |
| ○ |

| REFLECCIONES POSITIVAS O NEGATIVAS | | |
|---|---|---|
| ✓ | ✕ | |
| ✓ | ✕ | |
| ✓ | ✕ | |

El éxito está en la perseverancia

| FRASE DEL DÍA: | |
|---|---|

## ESCRIBE 10 LOGROS DEL DÍA

| | |
|---|---|
| 1 | |
| 2 | |
| 3 | |
| 4 | |
| 5 | |
| 6 | |
| 7 | |
| 8 | |
| 9 | |
| 10 | |

## MOMENTOS MÁGICOS PARA RECORDAR

| | |
|---|---|
| 1 | |
| 2 | |
| 3 | |
| 4 | |
| 5 | |

## YO AGRADEZCO POR…

| | |
|---|---|
| 1 | |
| 2 | |
| 3 | |

| DÍA | LOGRO A LARGO PLAZO: |
|---|---|

**METAS EN 3 MESES**

| | |
|---|---|
| TIEMPO | |
| PERSONAL | |
| ECONÓMICA | |

**METAS EN 1 MES**

| | |
|---|---|
| TIEMPO | |
| PERSONAL | |
| ECONÓMICA | |

**ACTIVIDADES PARA HOY**
**(O MAÑANA SI SE HACE EN LA NOCHE)**

| | | |
|---|---|---|
| 1 | | ○ |
| 2 | | ○ |
| 3 | | ○ |

| ESTOY APRENDIENDO DE: | ○ LIBRO | ○ AUDIO | ○ VIDEO |
|---|---|---|---|
| NOMBRE: | | | |
| ESTOY EN LA PÁGINA O TIEMPO DEL VIDEO: | | | |

**HÁBITOS BUENOS**

| |
|---|
| ○ |
| ○ |
| ○ |

**HÁBITOS MALOS**

| |
|---|
| ○ |
| ○ |
| ○ |

**REFLECCIONES POSITIVAS O NEGATIVAS**

| | | |
|---|---|---|
| ✓ | ✕ | |
| ✓ | ✕ | |
| ✓ | ✕ | |

El éxito está en la perseverancia

| FRASE DEL DÍA: | |
|---|---|

| ESCRIBE 10 LOGROS DEL DÍA | |
|---|---|
| 1 | |
| 2 | |
| 3 | |
| 4 | |
| 5 | |
| 6 | |
| 7 | |
| 8 | |
| 9 | |
| 10 | |

| MOMENTOS MÁGICOS PARA RECORDAR | |
|---|---|
| 1 | |
| 2 | |
| 3 | |
| 4 | |
| 5 | |

| YO AGRADEZCO POR… | |
|---|---|
| 1 | |
| 2 | |
| 3 | |

| DÍA | # LOGRO A LARGO PLAZO: |
|---|---|

| METAS EN 3 MESES | |
|---|---|
| TIEMPO | |
| PERSONAL | |
| ECONÓMICA | |

| METAS EN 1 MES | |
|---|---|
| TIEMPO | |
| PERSONAL | |
| ECONÓMICA | |

| ACTIVIDADES PARA HOY (O MAÑANA SI SE HACE EN LA NOCHE) | | |
|---|---|---|
| 1 | | ○ |
| 2 | | ○ |
| 3 | | ○ |

| ESTOY APRENDIENDO DE: | ○ LIBRO | ○ AUDIO | ○ VIDEO |
|---|---|---|---|
| NOMBRE: | | | |
| ESTOY EN LA PÁGINA O TIEMPO DEL VIDEO: | | | |

| HÁBITOS BUENOS |
|---|
| ○ |
| ○ |
| ○ |

| HÁBITOS MALOS |
|---|
| ○ |
| ○ |
| ○ |

| REFLECCIONES POSITIVAS O NEGATIVAS | | |
|---|---|---|
| ✓ | ✕ | |
| ✓ | ✕ | |
| ✓ | ✕ | |

El éxito está en la perseverancia

| FRASE DEL DÍA: | |
|---|---|

| ESCRIBE 10 LOGROS DEL DÍA | |
|---|---|
| 1 | |
| 2 | |
| 3 | |
| 4 | |
| 5 | |
| 6 | |
| 7 | |
| 8 | |
| 9 | |
| 10 | |

| MOMENTOS MÁGICOS PARA RECORDAR | |
|---|---|
| 1 | |
| 2 | |
| 3 | |
| 4 | |
| 5 | |

| YO AGRADEZCO POR… | |
|---|---|
| 1 | |
| 2 | |
| 3 | |

| DÍA | # LOGRO A LARGO PLAZO: |
|---|---|

| METAS EN 3 MESES | |
|---|---|
| TIEMPO | |
| PERSONAL | |
| ECONÓMICA | |

| METAS EN 1 MES | |
|---|---|
| TIEMPO | |
| PERSONAL | |
| ECONÓMICA | |

| ACTIVIDADES PARA HOY (O MAÑANA SI SE HACE EN LA NOCHE) | | |
|---|---|---|
| 1 | | ○ |
| 2 | | ○ |
| 3 | | ○ |

| ESTOY APRENDIENDO DE: | ○ LIBRO | ○ AUDIO | ○ VIDEO |
|---|---|---|---|
| NOMBRE: | | | |
| ESTOY EN LA PÁGINA O TIEMPO DEL VIDEO: | | | |

| HÁBITOS BUENOS |
|---|
| ○ |
| ○ |
| ○ |

| HÁBITOS MALOS |
|---|
| ○ |
| ○ |
| ○ |

| REFLECCIONES POSITIVAS O NEGATIVAS | | |
|---|---|---|
| ✓ | ✕ | |
| ✓ | ✕ | |
| ✓ | ✕ | |

El éxito está en la perseverancia

| FRASE DEL DÍA: | |
|---|---|

## ESCRIBE 10 LOGROS DEL DÍA

| | |
|---|---|
| 1 | |
| 2 | |
| 3 | |
| 4 | |
| 5 | |
| 6 | |
| 7 | |
| 8 | |
| 9 | |
| 10 | |

## MOMENTOS MÁGICOS PARA RECORDAR

| | |
|---|---|
| 1 | |
| 2 | |
| 3 | |
| 4 | |
| 5 | |

## YO AGRADEZCO POR…

| | |
|---|---|
| 1 | |
| 2 | |
| 3 | |

| DÍA | # LOGRO A LARGO PLAZO: |
|---|---|

| METAS EN 3 MESES | |
|---|---|
| TIEMPO | |
| PERSONAL | |
| ECONÓMICA | |

| METAS EN 1 MES | |
|---|---|
| TIEMPO | |
| PERSONAL | |
| ECONÓMICA | |

| ACTIVIDADES PARA HOY<br>(O MAÑANA SI SE HACE EN LA NOCHE) | | |
|---|---|---|
| 1 | | ○ |
| 2 | | ○ |
| 3 | | ○ |

| ESTOY APRENDIENDO DE: | ○ LIBRO | ○ AUDIO | ○ VIDEO |
|---|---|---|---|
| NOMBRE: | | | |
| ESTOY EN LA PÁGINA O TIEMPO DEL VIDEO: | | | |

| HÁBITOS BUENOS |
|---|
| ○ |
| ○ |
| ○ |

| HÁBITOS MALOS |
|---|
| ○ |
| ○ |
| ○ |

| REFLECCIONES POSITIVAS O NEGATIVAS | | |
|---|---|---|
| ✓ | × | |
| ✓ | × | |
| ✓ | × | |

El éxito está en la perseverancia

| FRASE DEL DÍA: | |
|---|---|

## ESCRIBE 10 LOGROS DEL DÍA

| | |
|---|---|
| 1 | |
| 2 | |
| 3 | |
| 4 | |
| 5 | |
| 6 | |
| 7 | |
| 8 | |
| 9 | |
| 10 | |

## MOMENTOS MÁGICOS PARA RECORDAR

| | |
|---|---|
| 1 | |
| 2 | |
| 3 | |
| 4 | |
| 5 | |

## YO AGRADEZCO POR…

| | |
|---|---|
| 1 | |
| 2 | |
| 3 | |

| DÍA | # LOGRO A LARGO PLAZO: |
|---|---|

| METAS EN 3 MESES | |
|---|---|
| TIEMPO | |
| PERSONAL | |
| ECONÓMICA | |

| METAS EN 1 MES | |
|---|---|
| TIEMPO | |
| PERSONAL | |
| ECONÓMICA | |

| ACTIVIDADES PARA HOY<br>(O MAÑANA SI SE HACE EN LA NOCHE) | | |
|---|---|---|
| 1 | | ○ |
| 2 | | ○ |
| 3 | | ○ |

| ESTOY APRENDIENDO DE: | ○ LIBRO | ○ AUDIO | ○ VIDEO |
|---|---|---|---|
| NOMBRE: | | | |
| ESTOY EN LA PÁGINA O TIEMPO DEL VIDEO: | | | |

| HÁBITOS BUENOS |
|---|
| ○ |
| ○ |
| ○ |

| HÁBITOS MALOS |
|---|
| ○ |
| ○ |
| ○ |

| REFLECCIONES POSITIVAS O NEGATIVAS | | |
|---|---|---|
| ✓ | ✕ | |
| ✓ | ✕ | |
| ✓ | ✕ | |

El éxito está en la perseverancia

| FRASE DEL DÍA: | |
|---|---|

## ESCRIBE 10 LOGROS DEL DÍA

| | |
|---|---|
| 1 | |
| 2 | |
| 3 | |
| 4 | |
| 5 | |
| 6 | |
| 7 | |
| 8 | |
| 9 | |
| 10 | |

## MOMENTOS MÁGICOS PARA RECORDAR

| | |
|---|---|
| 1 | |
| 2 | |
| 3 | |
| 4 | |
| 5 | |

## YO AGRADEZCO POR…

| | |
|---|---|
| 1 | |
| 2 | |
| 3 | |

| DÍA | LOGRO A LARGO PLAZO: |
|---|---|

**METAS EN 3 MESES**

| | |
|---|---|
| TIEMPO | |
| PERSONAL | |
| ECONÓMICA | |

**METAS EN 1 MES**

| | |
|---|---|
| TIEMPO | |
| PERSONAL | |
| ECONÓMICA | |

**ACTIVIDADES PARA HOY**
(O MAÑANA SI SE HACE EN LA NOCHE)

| | | |
|---|---|---|
| 1 | | ○ |
| 2 | | ○ |
| 3 | | ○ |

| ESTOY APRENDIENDO DE: | ○ LIBRO | ○ AUDIO | ○ VIDEO |
|---|---|---|---|
| NOMBRE: | | | |
| ESTOY EN LA PÁGINA O TIEMPO DEL VIDEO: | | | |

**HÁBITOS BUENOS**

| |
|---|
| ○ |
| ○ |
| ○ |

**HÁBITOS MALOS**

| |
|---|
| ○ |
| ○ |
| ○ |

**REFLECCIONES POSITIVAS O NEGATIVAS**

| | | |
|---|---|---|
| ✓ | ✕ | |
| ✓ | ✕ | |
| ✓ | ✕ | |

El éxito está en la perseverancia

| FRASE DEL DÍA: | |
|---|---|

## ESCRIBE 10 LOGROS DEL DÍA

| | |
|---|---|
| 1 | |
| 2 | |
| 3 | |
| 4 | |
| 5 | |
| 6 | |
| 7 | |
| 8 | |
| 9 | |
| 10 | |

## MOMENTOS MÁGICOS PARA RECORDAR

| | |
|---|---|
| 1 | |
| 2 | |
| 3 | |
| 4 | |
| 5 | |

## YO AGRADEZCO POR…

| | |
|---|---|
| 1 | |
| 2 | |
| 3 | |

| DÍA | # LOGRO A LARGO PLAZO: |
|---|---|

| METAS EN 3 MESES | |
|---|---|
| TIEMPO | |
| PERSONAL | |
| ECONÓMICA | |

| METAS EN 1 MES | |
|---|---|
| TIEMPO | |
| PERSONAL | |
| ECONÓMICA | |

| ACTIVIDADES PARA HOY (O MAÑANA SI SE HACE EN LA NOCHE) | | |
|---|---|---|
| 1 | | ○ |
| 2 | | ○ |
| 3 | | ○ |

| ESTOY APRENDIENDO DE: | ○ LIBRO ○ AUDIO ○ VIDEO |
|---|---|
| NOMBRE: | |
| ESTOY EN LA PÁGINA O TIEMPO DEL VIDEO: | |

| HÁBITOS BUENOS |
|---|
| ○ |
| ○ |
| ○ |

| HÁBITOS MALOS |
|---|
| ○ |
| ○ |
| ○ |

| REFLECCIONES POSITIVAS O NEGATIVAS | | |
|---|---|---|
| ✓ | ✕ | |
| ✓ | ✕ | |
| ✓ | ✕ | |

El éxito está en la perseverancia

| FRASE DEL DÍA: | |
|---|---|

## ESCRIBE 10 LOGROS DEL DÍA

| | |
|---|---|
| 1 | |
| 2 | |
| 3 | |
| 4 | |
| 5 | |
| 6 | |
| 7 | |
| 8 | |
| 9 | |
| 10 | |

## MOMENTOS MÁGICOS PARA RECORDAR

| | |
|---|---|
| 1 | |
| 2 | |
| 3 | |
| 4 | |
| 5 | |

## YO AGRADEZCO POR...

| | |
|---|---|
| 1 | |
| 2 | |
| 3 | |

| DÍA | LOGRO A LARGO PLAZO: |
|---|---|

| METAS EN 3 MESES | |
|---|---|
| TIEMPO | |
| PERSONAL | |
| ECONÓMICA | |

| METAS EN 1 MES | |
|---|---|
| TIEMPO | |
| PERSONAL | |
| ECONÓMICA | |

| ACTIVIDADES PARA HOY (O MAÑANA SI SE HACE EN LA NOCHE) | | |
|---|---|---|
| 1 | | ○ |
| 2 | | ○ |
| 3 | | ○ |

| ESTOY APRENDIENDO DE: | ○ LIBRO ○ AUDIO ○ VIDEO |
|---|---|
| NOMBRE: | |
| ESTOY EN LA PÁGINA O TIEMPO DEL VIDEO: | |

| HÁBITOS BUENOS |
|---|
| ○ |
| ○ |
| ○ |

| HÁBITOS MALOS |
|---|
| ○ |
| ○ |
| ○ |

| REFLECCIONES POSITIVAS O NEGATIVAS | | |
|---|---|---|
| ✓ | ✗ | |
| ✓ | ✗ | |
| ✓ | ✗ | |

El éxito está en la perseverancia

| FRASE DEL DÍA: | |
|---|---|

## ESCRIBE 10 LOGROS DEL DÍA

| | |
|---|---|
| 1 | |
| 2 | |
| 3 | |
| 4 | |
| 5 | |
| 6 | |
| 7 | |
| 8 | |
| 9 | |
| 10 | |

## MOMENTOS MÁGICOS PARA RECORDAR

| | |
|---|---|
| 1 | |
| 2 | |
| 3 | |
| 4 | |
| 5 | |

## YO AGRADEZCO POR...

| | |
|---|---|
| 1 | |
| 2 | |
| 3 | |

| DÍA | # LOGRO A LARGO PLAZO: |
| --- | --- |

| METAS EN 3 MESES | |
| --- | --- |
| TIEMPO | |
| PERSONAL | |
| ECONÓMICA | |

| METAS EN 1 MES | |
| --- | --- |
| TIEMPO | |
| PERSONAL | |
| ECONÓMICA | |

| ACTIVIDADES PARA HOY (O MAÑANA SI SE HACE EN LA NOCHE) | | |
| --- | --- | --- |
| 1 | | ○ |
| 2 | | ○ |
| 3 | | ○ |

| ESTOY APRENDIENDO DE: | ○ LIBRO | ○ AUDIO | ○ VIDEO |
| --- | --- | --- | --- |
| NOMBRE: | | | |
| ESTOY EN LA PÁGINA O TIEMPO DEL VIDEO: | | | |

| HÁBITOS BUENOS |
| --- |
| ○ |
| ○ |
| ○ |

| HÁBITOS MALOS |
| --- |
| ○ |
| ○ |
| ○ |

| REFLECCIONES POSITIVAS O NEGATIVAS | | |
| --- | --- | --- |
| ✓ | ✕ | |
| ✓ | ✕ | |
| ✓ | ✕ | |

El éxito está en la perseverancia

| FRASE DEL DÍA: | |
|---|---|

| ESCRIBE 10 LOGROS DEL DÍA | |
|---|---|
| 1 | |
| 2 | |
| 3 | |
| 4 | |
| 5 | |
| 6 | |
| 7 | |
| 8 | |
| 9 | |
| 10 | |

| MOMENTOS MÁGICOS PARA RECORDAR | |
|---|---|
| 1 | |
| 2 | |
| 3 | |
| 4 | |
| 5 | |

| YO AGRADEZCO POR… | |
|---|---|
| 1 | |
| 2 | |
| 3 | |

| DÍA | LOGRO A LARGO PLAZO: |
|---|---|

| METAS EN 3 MESES | |
|---|---|
| TIEMPO | |
| PERSONAL | |
| ECONÓMICA | |

| METAS EN 1 MES | |
|---|---|
| TIEMPO | |
| PERSONAL | |
| ECONÓMICA | |

| ACTIVIDADES PARA HOY (O MAÑANA SI SE HACE EN LA NOCHE) | | |
|---|---|---|
| 1 | | ○ |
| 2 | | ○ |
| 3 | | ○ |

| ESTOY APRENDIENDO DE: | ○ LIBRO | ○ AUDIO | ○ VIDEO |
|---|---|---|---|
| NOMBRE: | | | |
| ESTOY EN LA PÁGINA O TIEMPO DEL VIDEO: | | | |

| HÁBITOS BUENOS |
|---|
| ○ |
| ○ |
| ○ |

| HÁBITOS MALOS |
|---|
| ○ |
| ○ |
| ○ |

| REFLECCIONES POSITIVAS O NEGATIVAS | | |
|---|---|---|
| ✓ | ✕ | |
| ✓ | ✕ | |
| ✓ | ✕ | |

El éxito está en la perseverancia

| FRASE DEL DÍA: | |
|---|---|

## ESCRIBE 10 LOGROS DEL DÍA

| | |
|---|---|
| 1 | |
| 2 | |
| 3 | |
| 4 | |
| 5 | |
| 6 | |
| 7 | |
| 8 | |
| 9 | |
| 10 | |

## MOMENTOS MÁGICOS PARA RECORDAR

| | |
|---|---|
| 1 | |
| 2 | |
| 3 | |
| 4 | |
| 5 | |

## YO AGRADEZCO POR…

| | |
|---|---|
| 1 | |
| 2 | |
| 3 | |

| DÍA | LOGRO A LARGO PLAZO: |
|---|---|

**METAS EN 3 MESES**

| | |
|---|---|
| TIEMPO | |
| PERSONAL | |
| ECONÓMICA | |

**METAS EN 1 MES**

| | |
|---|---|
| TIEMPO | |
| PERSONAL | |
| ECONÓMICA | |

**ACTIVIDADES PARA HOY**
(O MAÑANA SI SE HACE EN LA NOCHE)

| | | |
|---|---|---|
| 1 | | ○ |
| 2 | | ○ |
| 3 | | ○ |

| ESTOY APRENDIENDO DE: | ○ LIBRO | ○ AUDIO | ○ VIDEO |
|---|---|---|---|
| NOMBRE: | | | |
| ESTOY EN LA PÁGINA O TIEMPO DEL VIDEO: | | | |

**HÁBITOS BUENOS**

| |
|---|
| ○ |
| ○ |
| ○ |

**HÁBITOS MALOS**

| |
|---|
| ○ |
| ○ |
| ○ |

**REFLECCIONES POSITIVAS O NEGATIVAS**

| | | |
|---|---|---|
| ✓ | ✕ | |
| ✓ | ✕ | |
| ✓ | ✕ | |

El éxito está en la perseverancia

| FRASE DEL DÍA: | |
|---|---|

| ESCRIBE 10 LOGROS DEL DÍA | |
|---|---|
| 1 | |
| 2 | |
| 3 | |
| 4 | |
| 5 | |
| 6 | |
| 7 | |
| 8 | |
| 9 | |
| 10 | |

| MOMENTOS MÁGICOS PARA RECORDAR | |
|---|---|
| 1 | |
| 2 | |
| 3 | |
| 4 | |
| 5 | |

| YO AGRADEZCO POR... | |
|---|---|
| 1 | |
| 2 | |
| 3 | |

| DÍA | # LOGRO A LARGO PLAZO: |
|---|---|

| METAS EN 3 MESES | |
|---|---|
| TIEMPO | |
| PERSONAL | |
| ECONÓMICA | |

| METAS EN 1 MES | |
|---|---|
| TIEMPO | |
| PERSONAL | |
| ECONÓMICA | |

| ACTIVIDADES PARA HOY<br>(O MAÑANA SI SE HACE EN LA NOCHE) | | |
|---|---|---|
| 1 | | ○ |
| 2 | | ○ |
| 3 | | ○ |

| ESTOY APRENDIENDO DE: | ○ LIBRO | ○ AUDIO | ○ VIDEO |
|---|---|---|---|
| NOMBRE: | | | |
| ESTOY EN LA PÁGINA O TIEMPO DEL VIDEO: | | | |

| HÁBITOS BUENOS |
|---|
| ○ |
| ○ |
| ○ |

| HÁBITOS MALOS |
|---|
| ○ |
| ○ |
| ○ |

| REFLECCIONES POSITIVAS O NEGATIVAS | | |
|---|---|---|
| ✓ | ✕ | |
| ✓ | ✕ | |
| ✓ | ✕ | |

El éxito está en la perseverancia

| FRASE DEL DÍA: | |
|---|---|

| ESCRIBE 10 LOGROS DEL DÍA | |
|---|---|
| 1 | |
| 2 | |
| 3 | |
| 4 | |
| 5 | |
| 6 | |
| 7 | |
| 8 | |
| 9 | |
| 10 | |

| MOMENTOS MÁGICOS PARA RECORDAR | |
|---|---|
| 1 | |
| 2 | |
| 3 | |
| 4 | |
| 5 | |

| YO AGRADEZCO POR… | |
|---|---|
| 1 | |
| 2 | |
| 3 | |

| DÍA | LOGRO A LARGO PLAZO: |
|---|---|

| METAS EN 3 MESES | |
|---|---|
| TIEMPO | |
| PERSONAL | |
| ECONÓMICA | |

| METAS EN 1 MES | |
|---|---|
| TIEMPO | |
| PERSONAL | |
| ECONÓMICA | |

| ACTIVIDADES PARA HOY (O MAÑANA SI SE HACE EN LA NOCHE) | | |
|---|---|---|
| 1 | | ○ |
| 2 | | ○ |
| 3 | | ○ |

| ESTOY APRENDIENDO DE: | ○ LIBRO | ○ AUDIO | ○ VIDEO |
|---|---|---|---|
| NOMBRE: | | | |
| ESTOY EN LA PÁGINA O TIEMPO DEL VIDEO: | | | |

| HÁBITOS BUENOS |
|---|
| ○ |
| ○ |
| ○ |

| HÁBITOS MALOS |
|---|
| ○ |
| ○ |
| ○ |

| REFLECCIONES POSITIVAS O NEGATIVAS | | |
|---|---|---|
| ✓ | ✕ | |
| ✓ | ✕ | |
| ✓ | ✕ | |

El éxito está en la perseverancia

| FRASE DEL DÍA: | |
|---|---|

## ESCRIBE 10 LOGROS DEL DÍA

| | |
|---|---|
| 1 | |
| 2 | |
| 3 | |
| 4 | |
| 5 | |
| 6 | |
| 7 | |
| 8 | |
| 9 | |
| 10 | |

## MOMENTOS MÁGICOS PARA RECORDAR

| | |
|---|---|
| 1 | |
| 2 | |
| 3 | |
| 4 | |
| 5 | |

## YO AGRADEZCO POR…

| | |
|---|---|
| 1 | |
| 2 | |
| 3 | |

| DÍA | LOGRO A LARGO PLAZO: |
|---|---|

| METAS EN 3 MESES | |
|---|---|
| TIEMPO | |
| PERSONAL | |
| ECONÓMICA | |

| METAS EN 1 MES | |
|---|---|
| TIEMPO | |
| PERSONAL | |
| ECONÓMICA | |

| ACTIVIDADES PARA HOY (O MAÑANA SI SE HACE EN LA NOCHE) | | |
|---|---|---|
| 1 | | ○ |
| 2 | | ○ |
| 3 | | ○ |

| ESTOY APRENDIENDO DE: | ○ LIBRO | ○ AUDIO | ○ VIDEO |
|---|---|---|---|
| NOMBRE: | | | |
| ESTOY EN LA PÁGINA O TIEMPO DEL VIDEO: | | | |

| HÁBITOS BUENOS |
|---|
| ○ |
| ○ |
| ○ |

| HÁBITOS MALOS |
|---|
| ○ |
| ○ |
| ○ |

| REFLECCIONES POSITIVAS O NEGATIVAS | | |
|---|---|---|
| ✓ | ✕ | |
| ✓ | ✕ | |
| ✓ | ✕ | |

El éxito está en la perseverancia

| FRASE DEL DÍA: | |
|---|---|

## ESCRIBE 10 LOGROS DEL DÍA

| | |
|---|---|
| 1 | |
| 2 | |
| 3 | |
| 4 | |
| 5 | |
| 6 | |
| 7 | |
| 8 | |
| 9 | |
| 10 | |

## MOMENTOS MÁGICOS PARA RECORDAR

| | |
|---|---|
| 1 | |
| 2 | |
| 3 | |
| 4 | |
| 5 | |

## YO AGRADEZCO POR…

| | |
|---|---|
| 1 | |
| 2 | |
| 3 | |

| DÍA | LOGRO A LARGO PLAZO: |
|---|---|

**METAS EN 3 MESES**

| | |
|---|---|
| TIEMPO | |
| PERSONAL | |
| ECONÓMICA | |

**METAS EN 1 MES**

| | |
|---|---|
| TIEMPO | |
| PERSONAL | |
| ECONÓMICA | |

**ACTIVIDADES PARA HOY**
(O MAÑANA SI SE HACE EN LA NOCHE)

| | | |
|---|---|---|
| 1 | | ○ |
| 2 | | ○ |
| 3 | | ○ |

| ESTOY APRENDIENDO DE: | ○ LIBRO | ○ AUDIO | ○ VIDEO |
|---|---|---|---|
| NOMBRE: | | | |
| ESTOY EN LA PÁGINA O TIEMPO DEL VIDEO: | | | |

**HÁBITOS BUENOS**

| |
|---|
| ○ |
| ○ |
| ○ |

**HÁBITOS MALOS**

| |
|---|
| ○ |
| ○ |
| ○ |

**REFLECCIONES POSITIVAS O NEGATIVAS**

| | | |
|---|---|---|
| ✓ | ✕ | |
| ✓ | ✕ | |
| ✓ | ✕ | |

El éxito está en la perseverancia

| FRASE DEL DÍA: | |
|---|---|

## ESCRIBE 10 LOGROS DEL DÍA

| | |
|---|---|
| 1 | |
| 2 | |
| 3 | |
| 4 | |
| 5 | |
| 6 | |
| 7 | |
| 8 | |
| 9 | |
| 10 | |

## MOMENTOS MÁGICOS PARA RECORDAR

| | |
|---|---|
| 1 | |
| 2 | |
| 3 | |
| 4 | |
| 5 | |

## YO AGRADEZCO POR…

| | |
|---|---|
| 1 | |
| 2 | |
| 3 | |

| DÍA | LOGRO A LARGO PLAZO: |
|---|---|

**METAS EN 3 MESES**

| | |
|---|---|
| TIEMPO | |
| PERSONAL | |
| ECONÓMICA | |

**METAS EN 1 MES**

| | |
|---|---|
| TIEMPO | |
| PERSONAL | |
| ECONÓMICA | |

**ACTIVIDADES PARA HOY**
(O MAÑANA SI SE HACE EN LA NOCHE)

| | | |
|---|---|---|
| 1 | | ○ |
| 2 | | ○ |
| 3 | | ○ |

| ESTOY APRENDIENDO DE: | ○ LIBRO | ○ AUDIO | ○ VIDEO |
|---|---|---|---|
| NOMBRE: | | | |
| ESTOY EN LA PÁGINA O TIEMPO DEL VIDEO: | | | |

**HÁBITOS BUENOS**

- ○
- ○
- ○

**HÁBITOS MALOS**

- ○
- ○
- ○

**REFLECCIONES POSITIVAS O NEGATIVAS**

| | | |
|---|---|---|
| ✓ | ✕ | |
| ✓ | ✕ | |
| ✓ | ✕ | |

El éxito está en la perseverancia

| FRASE DEL DÍA: | |
|---|---|

## ESCRIBE 10 LOGROS DEL DÍA

| | |
|---|---|
| 1 | |
| 2 | |
| 3 | |
| 4 | |
| 5 | |
| 6 | |
| 7 | |
| 8 | |
| 9 | |
| 10 | |

## MOMENTOS MÁGICOS PARA RECORDAR

| | |
|---|---|
| 1 | |
| 2 | |
| 3 | |
| 4 | |
| 5 | |

## YO AGRADEZCO POR…

| | |
|---|---|
| 1 | |
| 2 | |
| 3 | |

| DÍA | # LOGRO A LARGO PLAZO: |
|---|---|

**METAS EN 3 MESES**

| | |
|---|---|
| TIEMPO | |
| PERSONAL | |
| ECONÓMICA | |

**METAS EN 1 MES**

| | |
|---|---|
| TIEMPO | |
| PERSONAL | |
| ECONÓMICA | |

**ACTIVIDADES PARA HOY**
(O MAÑANA SI SE HACE EN LA NOCHE)

| | | |
|---|---|---|
| 1 | | ○ |
| 2 | | ○ |
| 3 | | ○ |

| ESTOY APRENDIENDO DE: | ○ LIBRO | ○ AUDIO | ○ VIDEO |
|---|---|---|---|
| NOMBRE: | | | |
| ESTOY EN LA PÁGINA O TIEMPO DEL VIDEO: | | | |

**HÁBITOS BUENOS**

| | |
|---|---|
| ○ | |
| ○ | |
| ○ | |

**HÁBITOS MALOS**

| | |
|---|---|
| ○ | |
| ○ | |
| ○ | |

**REFLECCIONES POSITIVAS O NEGATIVAS**

| | | |
|---|---|---|
| ✓ | × | |
| ✓ | × | |
| ✓ | × | |

El éxito está en la perseverancia

| FRASE DEL DÍA: | |
|---|---|

## ESCRIBE 10 LOGROS DEL DÍA

| | |
|---|---|
| 1 | |
| 2 | |
| 3 | |
| 4 | |
| 5 | |
| 6 | |
| 7 | |
| 8 | |
| 9 | |
| 10 | |

## MOMENTOS MÁGICOS PARA RECORDAR

| | |
|---|---|
| 1 | |
| 2 | |
| 3 | |
| 4 | |
| 5 | |

## YO AGRADEZCO POR...

| | |
|---|---|
| 1 | |
| 2 | |
| 3 | |

| DÍA | # LOGRO A LARGO PLAZO: |
|---|---|

**METAS EN 3 MESES**

| TIEMPO | |
|---|---|
| PERSONAL | |
| ECONÓMICA | |

**METAS EN 1 MES**

| TIEMPO | |
|---|---|
| PERSONAL | |
| ECONÓMICA | |

**ACTIVIDADES PARA HOY**
(O MAÑANA SI SE HACE EN LA NOCHE)

| | | |
|---|---|---|
| 1 | | ○ |
| 2 | | ○ |
| 3 | | ○ |

| ESTOY APRENDIENDO DE: | ○ LIBRO | ○ AUDIO | ○ VIDEO |
|---|---|---|---|
| NOMBRE: | | | |
| ESTOY EN LA PÁGINA O TIEMPO DEL VIDEO: | | | |

**HÁBITOS BUENOS**

| |
|---|
| ○ |
| ○ |
| ○ |

**HÁBITOS MALOS**

| |
|---|
| ○ |
| ○ |
| ○ |

**REFLECCIONES POSITIVAS O NEGATIVAS**

| | | |
|---|---|---|
| ✓ | × | |
| ✓ | × | |
| ✓ | × | |

El éxito está en la perseverancia

| FRASE DEL DÍA: | |
|---|---|

| ESCRIBE 10 LOGROS DEL DÍA | |
|---|---|
| 1 | |
| 2 | |
| 3 | |
| 4 | |
| 5 | |
| 6 | |
| 7 | |
| 8 | |
| 9 | |
| 10 | |

| MOMENTOS MÁGICOS PARA RECORDAR | |
|---|---|
| 1 | |
| 2 | |
| 3 | |
| 4 | |
| 5 | |

| YO AGRADEZCO POR… | |
|---|---|
| 1 | |
| 2 | |
| 3 | |

| DÍA | # LOGRO A LARGO PLAZO: |
|---|---|

| METAS EN 3 MESES | |
|---|---|
| TIEMPO | |
| PERSONAL | |
| ECONÓMICA | |

| METAS EN 1 MES | |
|---|---|
| TIEMPO | |
| PERSONAL | |
| ECONÓMICA | |

| ACTIVIDADES PARA HOY (O MAÑANA SI SE HACE EN LA NOCHE) | | |
|---|---|---|
| 1 | | ○ |
| 2 | | ○ |
| 3 | | ○ |

| ESTOY APRENDIENDO DE: | ○ LIBRO ○ AUDIO ○ VIDEO |
|---|---|
| NOMBRE: | |
| ESTOY EN LA PÁGINA O TIEMPO DEL VIDEO: | |

| HÁBITOS BUENOS |
|---|
| ○ |
| ○ |
| ○ |

| HÁBITOS MALOS |
|---|
| ○ |
| ○ |
| ○ |

| REFLECCIONES POSITIVAS O NEGATIVAS | | |
|---|---|---|
| ✓ | ✕ | |
| ✓ | ✕ | |
| ✓ | ✕ | |

El éxito está en la perseverancia

| FRASE DEL DÍA: | |
|---|---|

## ESCRIBE 10 LOGROS DEL DÍA

| | |
|---|---|
| 1 | |
| 2 | |
| 3 | |
| 4 | |
| 5 | |
| 6 | |
| 7 | |
| 8 | |
| 9 | |
| 10 | |

## MOMENTOS MÁGICOS PARA RECORDAR

| | |
|---|---|
| 1 | |
| 2 | |
| 3 | |
| 4 | |
| 5 | |

## YO AGRADEZCO POR…

| | |
|---|---|
| 1 | |
| 2 | |
| 3 | |

| DÍA | LOGRO A LARGO PLAZO: |
|---|---|

**METAS EN 3 MESES**

| | |
|---|---|
| TIEMPO | |
| PERSONAL | |
| ECONÓMICA | |

**METAS EN 1 MES**

| | |
|---|---|
| TIEMPO | |
| PERSONAL | |
| ECONÓMICA | |

**ACTIVIDADES PARA HOY**
(O MAÑANA SI SE HACE EN LA NOCHE)

| | | |
|---|---|---|
| 1 | | ○ |
| 2 | | ○ |
| 3 | | ○ |

| ESTOY APRENDIENDO DE: | ○ LIBRO | ○ AUDIO | ○ VIDEO |
|---|---|---|---|
| NOMBRE: | | | |
| ESTOY EN LA PÁGINA O TIEMPO DEL VIDEO: | | | |

**HÁBITOS BUENOS**

- ○
- ○
- ○

**HÁBITOS MALOS**

- ○
- ○
- ○

**REFLECCIONES POSITIVAS O NEGATIVAS**

| | | |
|---|---|---|
| ✓ | ✕ | |
| ✓ | ✕ | |
| ✓ | ✕ | |

El éxito está en la perseverancia

| FRASE DEL DÍA: | |
|---|---|

## ESCRIBE 10 LOGROS DEL DÍA

| | |
|---|---|
| 1 | |
| 2 | |
| 3 | |
| 4 | |
| 5 | |
| 6 | |
| 7 | |
| 8 | |
| 9 | |
| 10 | |

## MOMENTOS MÁGICOS PARA RECORDAR

| | |
|---|---|
| 1 | |
| 2 | |
| 3 | |
| 4 | |
| 5 | |

## YO AGRADEZCO POR…

| | |
|---|---|
| 1 | |
| 2 | |
| 3 | |

| DÍA | # LOGRO A LARGO PLAZO: |
|---|---|

**METAS EN 3 MESES**

| | |
|---|---|
| TIEMPO | |
| PERSONAL | |
| ECONÓMICA | |

**METAS EN 1 MES**

| | |
|---|---|
| TIEMPO | |
| PERSONAL | |
| ECONÓMICA | |

**ACTIVIDADES PARA HOY**
(O MAÑANA SI SE HACE EN LA NOCHE)

| | | |
|---|---|---|
| 1 | | ○ |
| 2 | | ○ |
| 3 | | ○ |

| ESTOY APRENDIENDO DE: | ○ LIBRO | ○ AUDIO | ○ VIDEO |
|---|---|---|---|
| NOMBRE: | | | |
| ESTOY EN LA PÁGINA O TIEMPO DEL VIDEO: | | | |

**HÁBITOS BUENOS**

| |
|---|
| ○ |
| ○ |
| ○ |

**HÁBITOS MALOS**

| |
|---|
| ○ |
| ○ |
| ○ |

**REFLECCIONES POSITIVAS O NEGATIVAS**

| | | |
|---|---|---|
| ✓ | ✕ | |
| ✓ | ✕ | |
| ✓ | ✕ | |

El éxito está en la perseverancia

| FRASE DEL DÍA: | |
|---|---|

## ESCRIBE 10 LOGROS DEL DÍA

| | |
|---|---|
| 1 | |
| 2 | |
| 3 | |
| 4 | |
| 5 | |
| 6 | |
| 7 | |
| 8 | |
| 9 | |
| 10 | |

## MOMENTOS MÁGICOS PARA RECORDAR

| | |
|---|---|
| 1 | |
| 2 | |
| 3 | |
| 4 | |
| 5 | |

## YO AGRADEZCO POR…

| | |
|---|---|
| 1 | |
| 2 | |
| 3 | |

| DÍA | LOGRO A LARGO PLAZO: |
|---|---|

**METAS EN 3 MESES**

| | |
|---|---|
| TIEMPO | |
| PERSONAL | |
| ECONÓMICA | |

**METAS EN 1 MES**

| | |
|---|---|
| TIEMPO | |
| PERSONAL | |
| ECONÓMICA | |

**ACTIVIDADES PARA HOY**
(O MAÑANA SI SE HACE EN LA NOCHE)

| | | |
|---|---|---|
| 1 | | ○ |
| 2 | | ○ |
| 3 | | ○ |

| ESTOY APRENDIENDO DE: | ○ LIBRO | ○ AUDIO | ○ VIDEO |
|---|---|---|---|
| NOMBRE: | | | |
| ESTOY EN LA PÁGINA O TIEMPO DEL VIDEO: | | | |

**HÁBITOS BUENOS**

| |
|---|
| ○ |
| ○ |
| ○ |

**HÁBITOS MALOS**

| |
|---|
| ○ |
| ○ |
| ○ |

**REFLECCIONES POSITIVAS O NEGATIVAS**

| | | |
|---|---|---|
| ✓ | ✕ | |
| ✓ | ✕ | |
| ✓ | ✕ | |

El éxito está en la perseverancia

| FRASE DEL DÍA: | |
|---|---|

## ESCRIBE 10 LOGROS DEL DÍA

| | |
|---|---|
| 1 | |
| 2 | |
| 3 | |
| 4 | |
| 5 | |
| 6 | |
| 7 | |
| 8 | |
| 9 | |
| 10 | |

## MOMENTOS MÁGICOS PARA RECORDAR

| | |
|---|---|
| 1 | |
| 2 | |
| 3 | |
| 4 | |
| 5 | |

## YO AGRADEZCO POR…

| | |
|---|---|
| 1 | |
| 2 | |
| 3 | |

| DÍA | # LOGRO A LARGO PLAZO: |
|---|---|

**METAS EN 3 MESES**

| | |
|---|---|
| TIEMPO | |
| PERSONAL | |
| ECONÓMICA | |

**METAS EN 1 MES**

| | |
|---|---|
| TIEMPO | |
| PERSONAL | |
| ECONÓMICA | |

**ACTIVIDADES PARA HOY**
(O MAÑANA SI SE HACE EN LA NOCHE)

| | | |
|---|---|---|
| 1 | | ○ |
| 2 | | ○ |
| 3 | | ○ |

| ESTOY APRENDIENDO DE: | ○ LIBRO | ○ AUDIO | ○ VIDEO |
|---|---|---|---|
| NOMBRE: | | | |
| ESTOY EN LA PÁGINA O TIEMPO DEL VIDEO: | | | |

**HÁBITOS BUENOS**

| | |
|---|---|
| ○ | |
| ○ | |
| ○ | |

**HÁBITOS MALOS**

| | |
|---|---|
| ○ | |
| ○ | |
| ○ | |

**REFLECCIONES POSITIVAS O NEGATIVAS**

| | | |
|---|---|---|
| ✓ | ✕ | |
| ✓ | ✕ | |
| ✓ | ✕ | |

El éxito está en la perseverancia

| FRASE DEL DÍA: | |
|---|---|

## ESCRIBE 10 LOGROS DEL DÍA

| | |
|---|---|
| 1 | |
| 2 | |
| 3 | |
| 4 | |
| 5 | |
| 6 | |
| 7 | |
| 8 | |
| 9 | |
| 10 | |

## MOMENTOS MÁGICOS PARA RECORDAR

| | |
|---|---|
| 1 | |
| 2 | |
| 3 | |
| 4 | |
| 5 | |

## YO AGRADEZCO POR…

| | |
|---|---|
| 1 | |
| 2 | |
| 3 | |

| DÍA | # LOGRO A LARGO PLAZO: |
|---|---|

| METAS EN 3 MESES | |
|---|---|
| TIEMPO | |
| PERSONAL | |
| ECONÓMICA | |

| METAS EN 1 MES | |
|---|---|
| TIEMPO | |
| PERSONAL | |
| ECONÓMICA | |

| ACTIVIDADES PARA HOY (O MAÑANA SI SE HACE EN LA NOCHE) | | |
|---|---|---|
| 1 | | ○ |
| 2 | | ○ |
| 3 | | ○ |

| ESTOY APRENDIENDO DE: | ○ LIBRO | ○ AUDIO | ○ VIDEO |
|---|---|---|---|
| NOMBRE: | | | |
| ESTOY EN LA PÁGINA O TIEMPO DEL VIDEO: | | | |

| HÁBITOS BUENOS |
|---|
| ○ |
| ○ |
| ○ |

| HÁBITOS MALOS |
|---|
| ○ |
| ○ |
| ○ |

| REFLECCIONES POSITIVAS O NEGATIVAS | | |
|---|---|---|
| ✓ | ✕ | |
| ✓ | ✕ | |
| ✓ | ✕ | |

El éxito está en la perseverancia

| FRASE DEL DÍA: | |
|---|---|

## ESCRIBE 10 LOGROS DEL DÍA

| | |
|---|---|
| 1 | |
| 2 | |
| 3 | |
| 4 | |
| 5 | |
| 6 | |
| 7 | |
| 8 | |
| 9 | |
| 10 | |

## MOMENTOS MÁGICOS PARA RECORDAR

| | |
|---|---|
| 1 | |
| 2 | |
| 3 | |
| 4 | |
| 5 | |

## YO AGRADEZCO POR…

| | |
|---|---|
| 1 | |
| 2 | |
| 3 | |

| DÍA | # LOGRO A LARGO PLAZO: |
|---|---|

| METAS EN 3 MESES | |
|---|---|
| TIEMPO | |
| PERSONAL | |
| ECONÓMICA | |

| METAS EN 1 MES | |
|---|---|
| TIEMPO | |
| PERSONAL | |
| ECONÓMICA | |

| ACTIVIDADES PARA HOY<br>(O MAÑANA SI SE HACE EN LA NOCHE) | | |
|---|---|---|
| 1 | | ○ |
| 2 | | ○ |
| 3 | | ○ |

| ESTOY APRENDIENDO DE: | ○ LIBRO ○ AUDIO ○ VIDEO |
|---|---|
| NOMBRE: | |
| ESTOY EN LA PÁGINA O TIEMPO DEL VIDEO: | |

| HÁBITOS BUENOS |
|---|
| ○ |
| ○ |
| ○ |

| HÁBITOS MALOS |
|---|
| ○ |
| ○ |
| ○ |

| REFLECCIONES POSITIVAS O NEGATIVAS | | |
|---|---|---|
| ✓ | ✕ | |
| ✓ | ✕ | |
| ✓ | ✕ | |

El éxito está en la perseverancia

| FRASE DEL DÍA: | |
|---|---|

## ESCRIBE 10 LOGROS DEL DÍA

| | |
|---|---|
| 1 | |
| 2 | |
| 3 | |
| 4 | |
| 5 | |
| 6 | |
| 7 | |
| 8 | |
| 9 | |
| 10 | |

## MOMENTOS MÁGICOS PARA RECORDAR

| | |
|---|---|
| 1 | |
| 2 | |
| 3 | |
| 4 | |
| 5 | |

## YO AGRADEZCO POR…

| | |
|---|---|
| 1 | |
| 2 | |
| 3 | |

| DÍA | LOGRO A LARGO PLAZO: |
| --- | --- |

**METAS EN 3 MESES**

| | |
| --- | --- |
| TIEMPO | |
| PERSONAL | |
| ECONÓMICA | |

**METAS EN 1 MES**

| | |
| --- | --- |
| TIEMPO | |
| PERSONAL | |
| ECONÓMICA | |

**ACTIVIDADES PARA HOY**
**(O MAÑANA SI SE HACE EN LA NOCHE)**

| | | |
| --- | --- | --- |
| 1 | | ○ |
| 2 | | ○ |
| 3 | | ○ |

| ESTOY APRENDIENDO DE: | ○ LIBRO | ○ AUDIO | ○ VIDEO |
| --- | --- | --- | --- |
| NOMBRE: | | | |
| ESTOY EN LA PÁGINA O TIEMPO DEL VIDEO: | | | |

**HÁBITOS BUENOS**

| |
| --- |
| ○ |
| ○ |
| ○ |

**HÁBITOS MALOS**

| |
| --- |
| ○ |
| ○ |
| ○ |

**REFLECCIONES POSITIVAS O NEGATIVAS**

| | | |
| --- | --- | --- |
| ✓ | ✕ | |
| ✓ | ✕ | |
| ✓ | ✕ | |

El éxito está en la perseverancia

| FRASE DEL DÍA: | |
|---|---|

## ESCRIBE 10 LOGROS DEL DÍA

| | |
|---|---|
| 1 | |
| 2 | |
| 3 | |
| 4 | |
| 5 | |
| 6 | |
| 7 | |
| 8 | |
| 9 | |
| 10 | |

## MOMENTOS MÁGICOS PARA RECORDAR

| | |
|---|---|
| 1 | |
| 2 | |
| 3 | |
| 4 | |
| 5 | |

## YO AGRADEZCO POR…

| | |
|---|---|
| 1 | |
| 2 | |
| 3 | |

| DÍA | # LOGRO A LARGO PLAZO: |
|---|---|

**METAS EN 3 MESES**

| TIEMPO | |
|---|---|
| PERSONAL | |
| ECONÓMICA | |

**METAS EN 1 MES**

| TIEMPO | |
|---|---|
| PERSONAL | |
| ECONÓMICA | |

**ACTIVIDADES PARA HOY**
(O MAÑANA SI SE HACE EN LA NOCHE)

| | | |
|---|---|---|
| 1 | | ○ |
| 2 | | ○ |
| 3 | | ○ |

| ESTOY APRENDIENDO DE: | ○ LIBRO | ○ AUDIO | ○ VIDEO |
|---|---|---|---|
| NOMBRE: | | | |
| ESTOY EN LA PÁGINA O TIEMPO DEL VIDEO: | | | |

**HÁBITOS BUENOS**

| |
|---|
| ○ |
| ○ |
| ○ |

**HÁBITOS MALOS**

| |
|---|
| ○ |
| ○ |
| ○ |

**REFLECCIONES POSITIVAS O NEGATIVAS**

| | | |
|---|---|---|
| ✓ | × | |
| ✓ | × | |
| ✓ | × | |

El éxito está en la perseverancia

| FRASE DEL DÍA: | |
|---|---|

## ESCRIBE 10 LOGROS DEL DÍA

| | |
|---|---|
| 1 | |
| 2 | |
| 3 | |
| 4 | |
| 5 | |
| 6 | |
| 7 | |
| 8 | |
| 9 | |
| 10 | |

## MOMENTOS MÁGICOS PARA RECORDAR

| | |
|---|---|
| 1 | |
| 2 | |
| 3 | |
| 4 | |
| 5 | |

## YO AGRADEZCO POR…

| | |
|---|---|
| 1 | |
| 2 | |
| 3 | |

| DÍA | LOGRO A LARGO PLAZO: |
|---|---|

**METAS EN 3 MESES**

| | |
|---|---|
| TIEMPO | |
| PERSONAL | |
| ECONÓMICA | |

**METAS EN 1 MES**

| | |
|---|---|
| TIEMPO | |
| PERSONAL | |
| ECONÓMICA | |

**ACTIVIDADES PARA HOY**
(O MAÑANA SI SE HACE EN LA NOCHE)

| | | |
|---|---|---|
| 1 | | ○ |
| 2 | | ○ |
| 3 | | ○ |

| ESTOY APRENDIENDO DE: | ○ LIBRO | ○ AUDIO | ○ VIDEO |
|---|---|---|---|
| NOMBRE: | | | |
| ESTOY EN LA PÁGINA O TIEMPO DEL VIDEO: | | | |

**HÁBITOS BUENOS**

- ○
- ○
- ○

**HÁBITOS MALOS**

- ○
- ○
- ○

**REFLECCIONES POSITIVAS O NEGATIVAS**

| | | |
|---|---|---|
| ✓ | ✕ | |
| ✓ | ✕ | |
| ✓ | ✕ | |

El éxito está en la perseverancia

| FRASE DEL DÍA: | |
|---|---|

## ESCRIBE 10 LOGROS DEL DÍA

| | |
|---|---|
| 1 | |
| 2 | |
| 3 | |
| 4 | |
| 5 | |
| 6 | |
| 7 | |
| 8 | |
| 9 | |
| 10 | |

## MOMENTOS MÁGICOS PARA RECORDAR

| | |
|---|---|
| 1 | |
| 2 | |
| 3 | |
| 4 | |
| 5 | |

## YO AGRADEZCO POR…

| | |
|---|---|
| 1 | |
| 2 | |
| 3 | |

| DÍA | LOGRO A LARGO PLAZO: |
|---|---|

**METAS EN 3 MESES**

| | |
|---|---|
| TIEMPO | |
| PERSONAL | |
| ECONÓMICA | |

**METAS EN 1 MES**

| | |
|---|---|
| TIEMPO | |
| PERSONAL | |
| ECONÓMICA | |

**ACTIVIDADES PARA HOY**
(O MAÑANA SI SE HACE EN LA NOCHE)

| | | |
|---|---|---|
| 1 | | ○ |
| 2 | | ○ |
| 3 | | ○ |

| ESTOY APRENDIENDO DE: | ○ LIBRO | ○ AUDIO | ○ VIDEO |
|---|---|---|---|
| NOMBRE: | | | |
| ESTOY EN LA PÁGINA O TIEMPO DEL VIDEO: | | | |

**HÁBITOS BUENOS**

| | |
|---|---|
| ○ | |
| ○ | |
| ○ | |

**HÁBITOS MALOS**

| | |
|---|---|
| ○ | |
| ○ | |
| ○ | |

**REFLECCIONES POSITIVAS O NEGATIVAS**

| | | |
|---|---|---|
| ✓ | ✕ | |
| ✓ | ✕ | |
| ✓ | ✕ | |

El éxito está en la perseverancia

| FRASE DEL DÍA: | |
|---|---|

## ESCRIBE 10 LOGROS DEL DÍA

| | |
|---|---|
| 1 | |
| 2 | |
| 3 | |
| 4 | |
| 5 | |
| 6 | |
| 7 | |
| 8 | |
| 9 | |
| 10 | |

## MOMENTOS MÁGICOS PARA RECORDAR

| | |
|---|---|
| 1 | |
| 2 | |
| 3 | |
| 4 | |
| 5 | |

## YO AGRADEZCO POR...

| | |
|---|---|
| 1 | |
| 2 | |
| 3 | |

| DÍA | # LOGRO A LARGO PLAZO: |
|---|---|

| METAS EN 3 MESES | |
|---|---|
| TIEMPO | |
| PERSONAL | |
| ECONÓMICA | |

| METAS EN 1 MES | |
|---|---|
| TIEMPO | |
| PERSONAL | |
| ECONÓMICA | |

| ACTIVIDADES PARA HOY<br>(O MAÑANA SI SE HACE EN LA NOCHE) | | |
|---|---|---|
| 1 | | ○ |
| 2 | | ○ |
| 3 | | ○ |

| ESTOY APRENDIENDO DE: | ○ LIBRO | ○ AUDIO | ○ VIDEO |
|---|---|---|---|
| NOMBRE: | | | |
| ESTOY EN LA PÁGINA O TIEMPO DEL VIDEO: | | | |

| HÁBITOS BUENOS |
|---|
| ○ |
| ○ |
| ○ |

| HÁBITOS MALOS |
|---|
| ○ |
| ○ |
| ○ |

| REFLECCIONES POSITIVAS O NEGATIVAS | | |
|---|---|---|
| ✓ | ✕ | |
| ✓ | ✕ | |
| ✓ | ✕ | |

El éxito está en la perseverancia

| FRASE DEL DÍA: | |
|---|---|

## ESCRIBE 10 LOGROS DEL DÍA

| | |
|---|---|
| 1 | |
| 2 | |
| 3 | |
| 4 | |
| 5 | |
| 6 | |
| 7 | |
| 8 | |
| 9 | |
| 10 | |

## MOMENTOS MÁGICOS PARA RECORDAR

| | |
|---|---|
| 1 | |
| 2 | |
| 3 | |
| 4 | |
| 5 | |

## YO AGRADEZCO POR…

| | |
|---|---|
| 1 | |
| 2 | |
| 3 | |

| DÍA | LOGRO A LARGO PLAZO: |
|---|---|

**METAS EN 3 MESES**

| | |
|---|---|
| TIEMPO | |
| PERSONAL | |
| ECONÓMICA | |

**METAS EN 1 MES**

| | |
|---|---|
| TIEMPO | |
| PERSONAL | |
| ECONÓMICA | |

**ACTIVIDADES PARA HOY**
(O MAÑANA SI SE HACE EN LA NOCHE)

| | | |
|---|---|---|
| 1 | | ○ |
| 2 | | ○ |
| 3 | | ○ |

| ESTOY APRENDIENDO DE: | ○ LIBRO | ○ AUDIO | ○ VIDEO |
|---|---|---|---|
| NOMBRE: | | | |
| ESTOY EN LA PÁGINA O TIEMPO DEL VIDEO: | | | |

**HÁBITOS BUENOS**

| |
|---|
| ○ |
| ○ |
| ○ |

**HÁBITOS MALOS**

| |
|---|
| ○ |
| ○ |
| ○ |

**REFLECCIONES POSITIVAS O NEGATIVAS**

| | | |
|---|---|---|
| ✓ | ✕ | |
| ✓ | ✕ | |
| ✓ | ✕ | |

El éxito está en la perseverancia

| FRASE DEL DÍA: | |
|---|---|

## ESCRIBE 10 LOGROS DEL DÍA

| | |
|---|---|
| 1 | |
| 2 | |
| 3 | |
| 4 | |
| 5 | |
| 6 | |
| 7 | |
| 8 | |
| 9 | |
| 10 | |

## MOMENTOS MÁGICOS PARA RECORDAR

| | |
|---|---|
| 1 | |
| 2 | |
| 3 | |
| 4 | |
| 5 | |

## YO AGRADEZCO POR…

| | |
|---|---|
| 1 | |
| 2 | |
| 3 | |

| DÍA | LOGRO A LARGO PLAZO: |
|---|---|

**METAS EN 3 MESES**

| | |
|---|---|
| TIEMPO | |
| PERSONAL | |
| ECONÓMICA | |

**METAS EN 1 MES**

| | |
|---|---|
| TIEMPO | |
| PERSONAL | |
| ECONÓMICA | |

**ACTIVIDADES PARA HOY**
(O MAÑANA SI SE HACE EN LA NOCHE)

| | | |
|---|---|---|
| 1 | | ○ |
| 2 | | ○ |
| 3 | | ○ |

| ESTOY APRENDIENDO DE: | ○ LIBRO | ○ AUDIO | ○ VIDEO |
|---|---|---|---|
| NOMBRE: | | | |
| ESTOY EN LA PÁGINA O TIEMPO DEL VIDEO: | | | |

**HÁBITOS BUENOS**

- ○
- ○
- ○

**HÁBITOS MALOS**

- ○
- ○
- ○

**REFLECCIONES POSITIVAS O NEGATIVAS**

| | | |
|---|---|---|
| ✓ | ✕ | |
| ✓ | ✕ | |
| ✓ | ✕ | |

El éxito está en la perseverancia

| FRASE DEL DÍA: | |
|---|---|

## ESCRIBE 10 LOGROS DEL DÍA

| | |
|---|---|
| 1 | |
| 2 | |
| 3 | |
| 4 | |
| 5 | |
| 6 | |
| 7 | |
| 8 | |
| 9 | |
| 10 | |

## MOMENTOS MÁGICOS PARA RECORDAR

| | |
|---|---|
| 1 | |
| 2 | |
| 3 | |
| 4 | |
| 5 | |

## YO AGRADEZCO POR…

| | |
|---|---|
| 1 | |
| 2 | |
| 3 | |

| DÍA | LOGRO A LARGO PLAZO: |
|---|---|

**METAS EN 3 MESES**

| | |
|---|---|
| TIEMPO | |
| PERSONAL | |
| ECONÓMICA | |

**METAS EN 1 MES**

| | |
|---|---|
| TIEMPO | |
| PERSONAL | |
| ECONÓMICA | |

**ACTIVIDADES PARA HOY**
(O MAÑANA SI SE HACE EN LA NOCHE)

| | | |
|---|---|---|
| 1 | | ○ |
| 2 | | ○ |
| 3 | | ○ |

| ESTOY APRENDIENDO DE: | ○ LIBRO | ○ AUDIO | ○ VIDEO |
|---|---|---|---|
| NOMBRE: | | | |
| ESTOY EN LA PÁGINA O TIEMPO DEL VIDEO: | | | |

**HÁBITOS BUENOS**

| |
|---|
| ○ |
| ○ |
| ○ |

**HÁBITOS MALOS**

| |
|---|
| ○ |
| ○ |
| ○ |

**REFLECCIONES POSITIVAS O NEGATIVAS**

| | | |
|---|---|---|
| ✓ | ✕ | |
| ✓ | ✕ | |
| ✓ | ✕ | |

El éxito está en la perseverancia

| FRASE DEL DÍA: | |
|---|---|

## ESCRIBE 10 LOGROS DEL DÍA

| | |
|---|---|
| 1 | |
| 2 | |
| 3 | |
| 4 | |
| 5 | |
| 6 | |
| 7 | |
| 8 | |
| 9 | |
| 10 | |

## MOMENTOS MÁGICOS PARA RECORDAR

| | |
|---|---|
| 1 | |
| 2 | |
| 3 | |
| 4 | |
| 5 | |

## YO AGRADEZCO POR…

| | |
|---|---|
| 1 | |
| 2 | |
| 3 | |

| DÍA | # LOGRO A LARGO PLAZO: |
| --- | --- |

| METAS EN 3 MESES | |
| --- | --- |
| TIEMPO | |
| PERSONAL | |
| ECONÓMICA | |

| METAS EN 1 MES | |
| --- | --- |
| TIEMPO | |
| PERSONAL | |
| ECONÓMICA | |

| ACTIVIDADES PARA HOY (O MAÑANA SI SE HACE EN LA NOCHE) | | |
| --- | --- | --- |
| 1 | | ○ |
| 2 | | ○ |
| 3 | | ○ |

| ESTOY APRENDIENDO DE: | ○ LIBRO | ○ AUDIO | ○ VIDEO |
| --- | --- | --- | --- |
| NOMBRE: | | | |
| ESTOY EN LA PÁGINA O TIEMPO DEL VIDEO: | | | |

| HÁBITOS BUENOS |
| --- |
| ○ |
| ○ |
| ○ |

| HÁBITOS MALOS |
| --- |
| ○ |
| ○ |
| ○ |

| REFLECCIONES POSITIVAS O NEGATIVAS | | |
| --- | --- | --- |
| ✓ | ✕ | |
| ✓ | ✕ | |
| ✓ | ✕ | |

El éxito está en la perseverancia

| FRASE DEL DÍA: | |
|---|---|

## ESCRIBE 10 LOGROS DEL DÍA

| | |
|---|---|
| 1 | |
| 2 | |
| 3 | |
| 4 | |
| 5 | |
| 6 | |
| 7 | |
| 8 | |
| 9 | |
| 10 | |

## MOMENTOS MÁGICOS PARA RECORDAR

| | |
|---|---|
| 1 | |
| 2 | |
| 3 | |
| 4 | |
| 5 | |

## YO AGRADEZCO POR…

| | |
|---|---|
| 1 | |
| 2 | |
| 3 | |

| DÍA | LOGRO A LARGO PLAZO: |
| --- | --- |

**METAS EN 3 MESES**

| | |
| --- | --- |
| TIEMPO | |
| PERSONAL | |
| ECONÓMICA | |

**METAS EN 1 MES**

| | |
| --- | --- |
| TIEMPO | |
| PERSONAL | |
| ECONÓMICA | |

**ACTIVIDADES PARA HOY**
(O MAÑANA SI SE HACE EN LA NOCHE)

| | | |
| --- | --- | --- |
| 1 | | ○ |
| 2 | | ○ |
| 3 | | ○ |

| ESTOY APRENDIENDO DE: | ○ LIBRO | ○ AUDIO | ○ VIDEO |
| --- | --- | --- | --- |
| NOMBRE: | | | |
| ESTOY EN LA PÁGINA O TIEMPO DEL VIDEO: | | | |

**HÁBITOS BUENOS**

- ○
- ○
- ○

**HÁBITOS MALOS**

- ○
- ○
- ○

**REFLECCIONES POSITIVAS O NEGATIVAS**

| | | |
| --- | --- | --- |
| ✓ | ✕ | |
| ✓ | ✕ | |
| ✓ | ✕ | |

El éxito está en la perseverancia

| FRASE DEL DÍA: | |
|---|---|

## ESCRIBE 10 LOGROS DEL DÍA

| | |
|---|---|
| 1 | |
| 2 | |
| 3 | |
| 4 | |
| 5 | |
| 6 | |
| 7 | |
| 8 | |
| 9 | |
| 10 | |

## MOMENTOS MÁGICOS PARA RECORDAR

| | |
|---|---|
| 1 | |
| 2 | |
| 3 | |
| 4 | |
| 5 | |

## YO AGRADEZCO POR…

| | |
|---|---|
| 1 | |
| 2 | |
| 3 | |

| DÍA | # LOGRO A LARGO PLAZO: |
| --- | --- |

**METAS EN 3 MESES**

| TIEMPO | |
| --- | --- |
| PERSONAL | |
| ECONÓMICA | |

**METAS EN 1 MES**

| TIEMPO | |
| --- | --- |
| PERSONAL | |
| ECONÓMICA | |

**ACTIVIDADES PARA HOY**
(O MAÑANA SI SE HACE EN LA NOCHE)

| | | |
| --- | --- | --- |
| 1 | | ○ |
| 2 | | ○ |
| 3 | | ○ |

| ESTOY APRENDIENDO DE: | ○ LIBRO | ○ AUDIO | ○ VIDEO |
| --- | --- | --- | --- |
| NOMBRE: | | | |
| ESTOY EN LA PÁGINA O TIEMPO DEL VIDEO: | | | |

**HÁBITOS BUENOS**

| |
| --- |
| ○ |
| ○ |
| ○ |

**HÁBITOS MALOS**

| |
| --- |
| ○ |
| ○ |
| ○ |

**REFLECCIONES POSITIVAS O NEGATIVAS**

| | | |
| --- | --- | --- |
| ✓ | ✕ | |
| ✓ | ✕ | |
| ✓ | ✕ | |

El éxito está en la perseverancia

| FRASE DEL DÍA: | |
|---|---|

## ESCRIBE 10 LOGROS DEL DÍA

| | |
|---|---|
| 1 | |
| 2 | |
| 3 | |
| 4 | |
| 5 | |
| 6 | |
| 7 | |
| 8 | |
| 9 | |
| 10 | |

## MOMENTOS MÁGICOS PARA RECORDAR

| | |
|---|---|
| 1 | |
| 2 | |
| 3 | |
| 4 | |
| 5 | |

## YO AGRADEZCO POR…

| | |
|---|---|
| 1 | |
| 2 | |
| 3 | |

| DÍA | LOGRO A LARGO PLAZO: |
|---|---|

**METAS EN 3 MESES**

| | |
|---|---|
| TIEMPO | |
| PERSONAL | |
| ECONÓMICA | |

**METAS EN 1 MES**

| | |
|---|---|
| TIEMPO | |
| PERSONAL | |
| ECONÓMICA | |

**ACTIVIDADES PARA HOY**
(O MAÑANA SI SE HACE EN LA NOCHE)

| | | |
|---|---|---|
| 1 | | ○ |
| 2 | | ○ |
| 3 | | ○ |

| ESTOY APRENDIENDO DE: | ○ LIBRO | ○ AUDIO | ○ VIDEO |
|---|---|---|---|
| NOMBRE: | | | |
| ESTOY EN LA PÁGINA O TIEMPO DEL VIDEO: | | | |

**HÁBITOS BUENOS**

| |
|---|
| ○ |
| ○ |
| ○ |

**HÁBITOS MALOS**

| |
|---|
| ○ |
| ○ |
| ○ |

**REFLECCIONES POSITIVAS O NEGATIVAS**

| | | |
|---|---|---|
| ✓ | ✕ | |
| ✓ | ✕ | |
| ✓ | ✕ | |

El éxito está en la perseverancia

| FRASE DEL DÍA: | |
|---|---|

## ESCRIBE 10 LOGROS DEL DÍA

| | |
|---|---|
| 1 | |
| 2 | |
| 3 | |
| 4 | |
| 5 | |
| 6 | |
| 7 | |
| 8 | |
| 9 | |
| 10 | |

## MOMENTOS MÁGICOS PARA RECORDAR

| | |
|---|---|
| 1 | |
| 2 | |
| 3 | |
| 4 | |
| 5 | |

## YO AGRADEZCO POR…

| | |
|---|---|
| 1 | |
| 2 | |
| 3 | |

| DÍA | # LOGRO A LARGO PLAZO: |
| --- | --- |

**METAS EN 3 MESES**

| TIEMPO | |
| --- | --- |
| PERSONAL | |
| ECONÓMICA | |

**METAS EN 1 MES**

| TIEMPO | |
| --- | --- |
| PERSONAL | |
| ECONÓMICA | |

**ACTIVIDADES PARA HOY**
(O MAÑANA SI SE HACE EN LA NOCHE)

| | | |
| --- | --- | --- |
| 1 | | ○ |
| 2 | | ○ |
| 3 | | ○ |

| ESTOY APRENDIENDO DE: | ○ LIBRO | ○ AUDIO | ○ VIDEO |
| --- | --- | --- | --- |
| NOMBRE: | | | |
| ESTOY EN LA PÁGINA O TIEMPO DEL VIDEO: | | | |

**HÁBITOS BUENOS**

| | |
| --- | --- |
| ○ | |
| ○ | |
| ○ | |

**HÁBITOS MALOS**

| | |
| --- | --- |
| ○ | |
| ○ | |
| ○ | |

**REFLECCIONES POSITIVAS O NEGATIVAS**

| | | |
| --- | --- | --- |
| ✓ | ✕ | |
| ✓ | ✕ | |
| ✓ | ✕ | |

El éxito está en la perseverancia

| FRASE DEL DÍA: | |
|---|---|

## ESCRIBE 10 LOGROS DEL DÍA

| | |
|---|---|
| 1 | |
| 2 | |
| 3 | |
| 4 | |
| 5 | |
| 6 | |
| 7 | |
| 8 | |
| 9 | |
| 10 | |

## MOMENTOS MÁGICOS PARA RECORDAR

| | |
|---|---|
| 1 | |
| 2 | |
| 3 | |
| 4 | |
| 5 | |

## YO AGRADEZCO POR…

| | |
|---|---|
| 1 | |
| 2 | |
| 3 | |

| DÍA | # LOGRO A LARGO PLAZO: |
|---|---|

| METAS EN 3 MESES | |
|---|---|
| TIEMPO | |
| PERSONAL | |
| ECONÓMICA | |

| METAS EN 1 MES | |
|---|---|
| TIEMPO | |
| PERSONAL | |
| ECONÓMICA | |

| ACTIVIDADES PARA HOY (O MAÑANA SI SE HACE EN LA NOCHE) | | |
|---|---|---|
| 1 | | ○ |
| 2 | | ○ |
| 3 | | ○ |

| ESTOY APRENDIENDO DE: | ○ LIBRO | ○ AUDIO | ○ VIDEO |
|---|---|---|---|
| NOMBRE: | | | |
| ESTOY EN LA PÁGINA O TIEMPO DEL VIDEO: | | | |

| HÁBITOS BUENOS |
|---|
| ○ |
| ○ |
| ○ |

| HÁBITOS MALOS |
|---|
| ○ |
| ○ |
| ○ |

| REFLECCIONES POSITIVAS O NEGATIVAS | | |
|---|---|---|
| ✓ | ✕ | |
| ✓ | ✕ | |
| ✓ | ✕ | |

El éxito está en la perseverancia

| FRASE DEL DÍA: | |
|---|---|

## ESCRIBE 10 LOGROS DEL DÍA

| | |
|---|---|
| 1 | |
| 2 | |
| 3 | |
| 4 | |
| 5 | |
| 6 | |
| 7 | |
| 8 | |
| 9 | |
| 10 | |

## MOMENTOS MÁGICOS PARA RECORDAR

| | |
|---|---|
| 1 | |
| 2 | |
| 3 | |
| 4 | |
| 5 | |

## YO AGRADEZCO POR...

| | |
|---|---|
| 1 | |
| 2 | |
| 3 | |

| DÍA | LOGRO A LARGO PLAZO: |
|---|---|

**METAS EN 3 MESES**

| | |
|---|---|
| TIEMPO | |
| PERSONAL | |
| ECONÓMICA | |

**METAS EN 1 MES**

| | |
|---|---|
| TIEMPO | |
| PERSONAL | |
| ECONÓMICA | |

**ACTIVIDADES PARA HOY**
(O MAÑANA SI SE HACE EN LA NOCHE)

| | | |
|---|---|---|
| 1 | | ○ |
| 2 | | ○ |
| 3 | | ○ |

| ESTOY APRENDIENDO DE: | ○ LIBRO | ○ AUDIO | ○ VIDEO |
|---|---|---|---|
| NOMBRE: | | | |
| ESTOY EN LA PÁGINA O TIEMPO DEL VIDEO: | | | |

**HÁBITOS BUENOS**

| |
|---|
| ○ |
| ○ |
| ○ |

**HÁBITOS MALOS**

| |
|---|
| ○ |
| ○ |
| ○ |

**REFLECCIONES POSITIVAS O NEGATIVAS**

| | | |
|---|---|---|
| ✓ | ✕ | |
| ✓ | ✕ | |
| ✓ | ✕ | |

El éxito está en la perseverancia

| FRASE DEL DÍA: | |
|---|---|

## ESCRIBE 10 LOGROS DEL DÍA

| | |
|---|---|
| 1 | |
| 2 | |
| 3 | |
| 4 | |
| 5 | |
| 6 | |
| 7 | |
| 8 | |
| 9 | |
| 10 | |

## MOMENTOS MÁGICOS PARA RECORDAR

| | |
|---|---|
| 1 | |
| 2 | |
| 3 | |
| 4 | |
| 5 | |

## YO AGRADEZCO POR…

| | |
|---|---|
| 1 | |
| 2 | |
| 3 | |

| DÍA | # LOGRO A LARGO PLAZO: |
|---|---|

| METAS EN 3 MESES | |
|---|---|
| TIEMPO | |
| PERSONAL | |
| ECONÓMICA | |

| METAS EN 1 MES | |
|---|---|
| TIEMPO | |
| PERSONAL | |
| ECONÓMICA | |

| ACTIVIDADES PARA HOY (O MAÑANA SI SE HACE EN LA NOCHE) | | |
|---|---|---|
| 1 | | ○ |
| 2 | | ○ |
| 3 | | ○ |

| ESTOY APRENDIENDO DE: | ○ LIBRO ○ AUDIO ○ VIDEO |
|---|---|
| NOMBRE: | |
| ESTOY EN LA PÁGINA O TIEMPO DEL VIDEO: | |

| HÁBITOS BUENOS |
|---|
| ○ |
| ○ |
| ○ |

| HÁBITOS MALOS |
|---|
| ○ |
| ○ |
| ○ |

| REFLECCIONES POSITIVAS O NEGATIVAS | | |
|---|---|---|
| ✓ | ✕ | |
| ✓ | ✕ | |
| ✓ | ✕ | |

El éxito está en la perseverancia

| FRASE DEL DÍA: | |
|---|---|

## ESCRIBE 10 LOGROS DEL DÍA

| | |
|---|---|
| 1 | |
| 2 | |
| 3 | |
| 4 | |
| 5 | |
| 6 | |
| 7 | |
| 8 | |
| 9 | |
| 10 | |

## MOMENTOS MÁGICOS PARA RECORDAR

| | |
|---|---|
| 1 | |
| 2 | |
| 3 | |
| 4 | |
| 5 | |

## YO AGRADEZCO POR…

| | |
|---|---|
| 1 | |
| 2 | |
| 3 | |

| DÍA | # LOGRO A LARGO PLAZO: |
|---|---|

| METAS EN 3 MESES | |
|---|---|
| TIEMPO | |
| PERSONAL | |
| ECONÓMICA | |

| METAS EN 1 MES | |
|---|---|
| TIEMPO | |
| PERSONAL | |
| ECONÓMICA | |

| ACTIVIDADES PARA HOY (O MAÑANA SI SE HACE EN LA NOCHE) | | |
|---|---|---|
| 1 | | ○ |
| 2 | | ○ |
| 3 | | ○ |

| ESTOY APRENDIENDO DE: | ○ LIBRO ○ AUDIO ○ VIDEO |
|---|---|
| NOMBRE: | |
| ESTOY EN LA PÁGINA O TIEMPO DEL VIDEO: | |

| HÁBITOS BUENOS |
|---|
| ○ |
| ○ |
| ○ |

| HÁBITOS MALOS |
|---|
| ○ |
| ○ |
| ○ |

| REFLECCIONES POSITIVAS O NEGATIVAS | | |
|---|---|---|
| ✓ | ✗ | |
| ✓ | ✗ | |
| ✓ | ✗ | |

El éxito está en la perseverancia

| FRASE DEL DÍA: | |
|---|---|

## ESCRIBE 10 LOGROS DEL DÍA

| | |
|---|---|
| 1 | |
| 2 | |
| 3 | |
| 4 | |
| 5 | |
| 6 | |
| 7 | |
| 8 | |
| 9 | |
| 10 | |

## MOMENTOS MÁGICOS PARA RECORDAR

| | |
|---|---|
| 1 | |
| 2 | |
| 3 | |
| 4 | |
| 5 | |

## YO AGRADEZCO POR…

| | |
|---|---|
| 1 | |
| 2 | |
| 3 | |

| DÍA | # LOGRO A LARGO PLAZO: |
|---|---|

**METAS EN 3 MESES**

| | |
|---|---|
| TIEMPO | |
| PERSONAL | |
| ECONÓMICA | |

**METAS EN 1 MES**

| | |
|---|---|
| TIEMPO | |
| PERSONAL | |
| ECONÓMICA | |

**ACTIVIDADES PARA HOY**
(O MAÑANA SI SE HACE EN LA NOCHE)

| | | |
|---|---|---|
| 1 | | ○ |
| 2 | | ○ |
| 3 | | ○ |

| ESTOY APRENDIENDO DE: | ○ LIBRO ○ AUDIO ○ VIDEO |
|---|---|
| NOMBRE: | |
| ESTOY EN LA PÁGINA O TIEMPO DEL VIDEO: | |

**HÁBITOS BUENOS**

- ○
- ○
- ○

**HÁBITOS MALOS**

- ○
- ○
- ○

**REFLECCIONES POSITIVAS O NEGATIVAS**

| | | |
|---|---|---|
| ✓ | ✕ | |
| ✓ | ✕ | |
| ✓ | ✕ | |

El éxito está en la perseverancia

| FRASE DEL DÍA: | |
|---|---|

## ESCRIBE 10 LOGROS DEL DÍA

| | |
|---|---|
| 1 | |
| 2 | |
| 3 | |
| 4 | |
| 5 | |
| 6 | |
| 7 | |
| 8 | |
| 9 | |
| 10 | |

## MOMENTOS MÁGICOS PARA RECORDAR

| | |
|---|---|
| 1 | |
| 2 | |
| 3 | |
| 4 | |
| 5 | |

## YO AGRADEZCO POR…

| | |
|---|---|
| 1 | |
| 2 | |
| 3 | |

| DÍA | # LOGRO A LARGO PLAZO: |
|---|---|

| METAS EN 3 MESES | |
|---|---|
| TIEMPO | |
| PERSONAL | |
| ECONÓMICA | |

| METAS EN 1 MES | |
|---|---|
| TIEMPO | |
| PERSONAL | |
| ECONÓMICA | |

| ACTIVIDADES PARA HOY (O MAÑANA SI SE HACE EN LA NOCHE) | | |
|---|---|---|
| 1 | | ○ |
| 2 | | ○ |
| 3 | | ○ |

| ESTOY APRENDIENDO DE: | ○ LIBRO | ○ AUDIO | ○ VIDEO |
|---|---|---|---|
| NOMBRE: | | | |
| ESTOY EN LA PÁGINA O TIEMPO DEL VIDEO: | | | |

| HÁBITOS BUENOS |
|---|
| ○ |
| ○ |
| ○ |

| HÁBITOS MALOS |
|---|
| ○ |
| ○ |
| ○ |

| REFLECCIONES POSITIVAS O NEGATIVAS | | |
|---|---|---|
| ✓ | ✕ | |
| ✓ | ✕ | |
| ✓ | ✕ | |

El éxito está en la perseverancia

| FRASE DEL DÍA: | |
|---|---|

| ESCRIBE 10 LOGROS DEL DÍA | |
|---|---|
| 1 | |
| 2 | |
| 3 | |
| 4 | |
| 5 | |
| 6 | |
| 7 | |
| 8 | |
| 9 | |
| 10 | |

| MOMENTOS MÁGICOS PARA RECORDAR | |
|---|---|
| 1 | |
| 2 | |
| 3 | |
| 4 | |
| 5 | |

| YO AGRADEZCO POR… | |
|---|---|
| 1 | |
| 2 | |
| 3 | |

| DÍA | LOGRO A LARGO PLAZO: |
|---|---|

**METAS EN 3 MESES**

| | |
|---|---|
| TIEMPO | |
| PERSONAL | |
| ECONÓMICA | |

**METAS EN 1 MES**

| | |
|---|---|
| TIEMPO | |
| PERSONAL | |
| ECONÓMICA | |

**ACTIVIDADES PARA HOY**
(O MAÑANA SI SE HACE EN LA NOCHE)

| | | |
|---|---|---|
| 1 | | ○ |
| 2 | | ○ |
| 3 | | ○ |

| ESTOY APRENDIENDO DE: | ○ LIBRO | ○ AUDIO | ○ VIDEO |
|---|---|---|---|
| NOMBRE: | | | |
| ESTOY EN LA PÁGINA O TIEMPO DEL VIDEO: | | | |

**HÁBITOS BUENOS**

| | |
|---|---|
| ○ | |
| ○ | |
| ○ | |

**HÁBITOS MALOS**

| | |
|---|---|
| ○ | |
| ○ | |
| ○ | |

**REFLECCIONES POSITIVAS O NEGATIVAS**

| | | |
|---|---|---|
| ✓ | ✕ | |
| ✓ | ✕ | |
| ✓ | ✕ | |

El éxito está en la perseverancia

| FRASE DEL DÍA: | |
|---|---|

## ESCRIBE 10 LOGROS DEL DÍA

| | |
|---|---|
| 1 | |
| 2 | |
| 3 | |
| 4 | |
| 5 | |
| 6 | |
| 7 | |
| 8 | |
| 9 | |
| 10 | |

## MOMENTOS MÁGICOS PARA RECORDAR

| | |
|---|---|
| 1 | |
| 2 | |
| 3 | |
| 4 | |
| 5 | |

## YO AGRADEZCO POR…

| | |
|---|---|
| 1 | |
| 2 | |
| 3 | |

| DÍA | # LOGRO A LARGO PLAZO: |
|---|---|

| METAS EN 3 MESES | |
|---|---|
| TIEMPO | |
| PERSONAL | |
| ECONÓMICA | |

| METAS EN 1 MES | |
|---|---|
| TIEMPO | |
| PERSONAL | |
| ECONÓMICA | |

| ACTIVIDADES PARA HOY<br>(O MAÑANA SI SE HACE EN LA NOCHE) | | |
|---|---|---|
| 1 | | ○ |
| 2 | | ○ |
| 3 | | ○ |

| ESTOY APRENDIENDO DE: | ○ LIBRO ○ AUDIO ○ VIDEO |
|---|---|
| NOMBRE: | |
| ESTOY EN LA PÁGINA O TIEMPO DEL VIDEO: | |

| HÁBITOS BUENOS |
|---|
| ○ |
| ○ |
| ○ |

| HÁBITOS MALOS |
|---|
| ○ |
| ○ |
| ○ |

| REFLECCIONES POSITIVAS O NEGATIVAS | | |
|---|---|---|
| ✓ | ✕ | |
| ✓ | ✕ | |
| ✓ | ✕ | |

El éxito está en la perseverancia

| FRASE DEL DÍA: | |
|---|---|

| ESCRIBE 10 LOGROS DEL DÍA | |
|---|---|
| 1 | |
| 2 | |
| 3 | |
| 4 | |
| 5 | |
| 6 | |
| 7 | |
| 8 | |
| 9 | |
| 10 | |

| MOMENTOS MÁGICOS PARA RECORDAR | |
|---|---|
| 1 | |
| 2 | |
| 3 | |
| 4 | |
| 5 | |

| YO AGRADEZCO POR… | |
|---|---|
| 1 | |
| 2 | |
| 3 | |

| DÍA | LOGRO A LARGO PLAZO: |
|---|---|

**METAS EN 3 MESES**

| | |
|---|---|
| TIEMPO | |
| PERSONAL | |
| ECONÓMICA | |

**METAS EN 1 MES**

| | |
|---|---|
| TIEMPO | |
| PERSONAL | |
| ECONÓMICA | |

**ACTIVIDADES PARA HOY**
(O MAÑANA SI SE HACE EN LA NOCHE)

| | | |
|---|---|---|
| 1 | | ○ |
| 2 | | ○ |
| 3 | | ○ |

| ESTOY APRENDIENDO DE: | ○ LIBRO ○ AUDIO ○ VIDEO |
|---|---|
| NOMBRE: | |
| ESTOY EN LA PÁGINA O TIEMPO DEL VIDEO: | |

**HÁBITOS BUENOS**

- ○
- ○
- ○

**HÁBITOS MALOS**

- ○
- ○
- ○

**REFLECCIONES POSITIVAS O NEGATIVAS**

| | | |
|---|---|---|
| ✓ | ✕ | |
| ✓ | ✕ | |
| ✓ | ✕ | |

El éxito está en la perseverancia

| FRASE DEL DÍA: | |
|---|---|

## ESCRIBE 10 LOGROS DEL DÍA

| | |
|---|---|
| 1 | |
| 2 | |
| 3 | |
| 4 | |
| 5 | |
| 6 | |
| 7 | |
| 8 | |
| 9 | |
| 10 | |

## MOMENTOS MÁGICOS PARA RECORDAR

| | |
|---|---|
| 1 | |
| 2 | |
| 3 | |
| 4 | |
| 5 | |

## YO AGRADEZCO POR…

| | |
|---|---|
| 1 | |
| 2 | |
| 3 | |

| DÍA | LOGRO A LARGO PLAZO: |
|---|---|

**METAS EN 3 MESES**

| | |
|---|---|
| TIEMPO | |
| PERSONAL | |
| ECONÓMICA | |

**METAS EN 1 MES**

| | |
|---|---|
| TIEMPO | |
| PERSONAL | |
| ECONÓMICA | |

**ACTIVIDADES PARA HOY**
(O MAÑANA SI SE HACE EN LA NOCHE)

| | | |
|---|---|---|
| 1 | | ○ |
| 2 | | ○ |
| 3 | | ○ |

| ESTOY APRENDIENDO DE: | ○ LIBRO | ○ AUDIO | ○ VIDEO |
|---|---|---|---|
| NOMBRE: | | | |
| ESTOY EN LA PÁGINA O TIEMPO DEL VIDEO: | | | |

**HÁBITOS BUENOS**

| |
|---|
| ○ |
| ○ |
| ○ |

**HÁBITOS MALOS**

| |
|---|
| ○ |
| ○ |
| ○ |

**REFLECCIONES POSITIVAS O NEGATIVAS**

| | | |
|---|---|---|
| ✓ | ✕ | |
| ✓ | ✕ | |
| ✓ | ✕ | |

El éxito está en la perseverancia

| FRASE DEL DÍA: | |
|---|---|

## ESCRIBE 10 LOGROS DEL DÍA

| | |
|---|---|
| 1 | |
| 2 | |
| 3 | |
| 4 | |
| 5 | |
| 6 | |
| 7 | |
| 8 | |
| 9 | |
| 10 | |

## MOMENTOS MÁGICOS PARA RECORDAR

| | |
|---|---|
| 1 | |
| 2 | |
| 3 | |
| 4 | |
| 5 | |

## YO AGRADEZCO POR…

| | |
|---|---|
| 1 | |
| 2 | |
| 3 | |

| DÍA | # LOGRO A LARGO PLAZO: |
|---|---|

| METAS EN 3 MESES | |
|---|---|
| TIEMPO | |
| PERSONAL | |
| ECONÓMICA | |

| METAS EN 1 MES | |
|---|---|
| TIEMPO | |
| PERSONAL | |
| ECONÓMICA | |

| ACTIVIDADES PARA HOY<br>(O MAÑANA SI SE HACE EN LA NOCHE) | | |
|---|---|---|
| 1 | | ○ |
| 2 | | ○ |
| 3 | | ○ |

| ESTOY APRENDIENDO DE: | ○ LIBRO ○ AUDIO ○ VIDEO |
|---|---|
| NOMBRE: | |
| ESTOY EN LA PÁGINA O TIEMPO DEL VIDEO: | |

| HÁBITOS BUENOS |
|---|
| ○ |
| ○ |
| ○ |

| HÁBITOS MALOS |
|---|
| ○ |
| ○ |
| ○ |

| REFLECCIONES POSITIVAS O NEGATIVAS | | |
|---|---|---|
| ✓ | × | |
| ✓ | × | |
| ✓ | × | |

El éxito está en la perseverancia

| FRASE DEL DÍA: | |
|---|---|

## ESCRIBE 10 LOGROS DEL DÍA

| | |
|---|---|
| 1 | |
| 2 | |
| 3 | |
| 4 | |
| 5 | |
| 6 | |
| 7 | |
| 8 | |
| 9 | |
| 10 | |

## MOMENTOS MÁGICOS PARA RECORDAR

| | |
|---|---|
| 1 | |
| 2 | |
| 3 | |
| 4 | |
| 5 | |

## YO AGRADEZCO POR…

| | |
|---|---|
| 1 | |
| 2 | |
| 3 | |

| DÍA | LOGRO A LARGO PLAZO: |
|---|---|

**METAS EN 3 MESES**

| | |
|---|---|
| TIEMPO | |
| PERSONAL | |
| ECONÓMICA | |

**METAS EN 1 MES**

| | |
|---|---|
| TIEMPO | |
| PERSONAL | |
| ECONÓMICA | |

**ACTIVIDADES PARA HOY**
(O MAÑANA SI SE HACE EN LA NOCHE)

| | | |
|---|---|---|
| 1 | | ○ |
| 2 | | ○ |
| 3 | | ○ |

| ESTOY APRENDIENDO DE: | ○ LIBRO | ○ AUDIO | ○ VIDEO |
|---|---|---|---|
| NOMBRE: | | | |
| ESTOY EN LA PÁGINA O TIEMPO DEL VIDEO: | | | |

**HÁBITOS BUENOS**

| | |
|---|---|
| ○ | |
| ○ | |
| ○ | |

**HÁBITOS MALOS**

| | |
|---|---|
| ○ | |
| ○ | |
| ○ | |

**REFLECCIONES POSITIVAS O NEGATIVAS**

| | | |
|---|---|---|
| ✓ | ✕ | |
| ✓ | ✕ | |
| ✓ | ✕ | |

El éxito está en la perseverancia

| FRASE DEL DÍA: | |
|---|---|

## ESCRIBE 10 LOGROS DEL DÍA

| | |
|---|---|
| 1 | |
| 2 | |
| 3 | |
| 4 | |
| 5 | |
| 6 | |
| 7 | |
| 8 | |
| 9 | |
| 10 | |

## MOMENTOS MÁGICOS PARA RECORDAR

| | |
|---|---|
| 1 | |
| 2 | |
| 3 | |
| 4 | |
| 5 | |

## YO AGRADEZCO POR…

| | |
|---|---|
| 1 | |
| 2 | |
| 3 | |

| DÍA | LOGRO A LARGO PLAZO: |
|---|---|

**METAS EN 3 MESES**

| | |
|---|---|
| TIEMPO | |
| PERSONAL | |
| ECONÓMICA | |

**METAS EN 1 MES**

| | |
|---|---|
| TIEMPO | |
| PERSONAL | |
| ECONÓMICA | |

**ACTIVIDADES PARA HOY**
(O MAÑANA SI SE HACE EN LA NOCHE)

| | | |
|---|---|---|
| 1 | | ○ |
| 2 | | ○ |
| 3 | | ○ |

| ESTOY APRENDIENDO DE: | ○ LIBRO | ○ AUDIO | ○ VIDEO |
|---|---|---|---|
| NOMBRE: | | | |
| ESTOY EN LA PÁGINA O TIEMPO DEL VIDEO: | | | |

**HÁBITOS BUENOS**

| |
|---|
| ○ |
| ○ |
| ○ |

**HÁBITOS MALOS**

| |
|---|
| ○ |
| ○ |
| ○ |

**REFLECCIONES POSITIVAS O NEGATIVAS**

| | | |
|---|---|---|
| ✓ | ✕ | |
| ✓ | ✕ | |
| ✓ | ✕ | |

El éxito está en la perseverancia

| FRASE DEL DÍA: | |
|---|---|

## ESCRIBE 10 LOGROS DEL DÍA

| | |
|---|---|
| 1 | |
| 2 | |
| 3 | |
| 4 | |
| 5 | |
| 6 | |
| 7 | |
| 8 | |
| 9 | |
| 10 | |

## MOMENTOS MÁGICOS PARA RECORDAR

| | |
|---|---|
| 1 | |
| 2 | |
| 3 | |
| 4 | |
| 5 | |

## YO AGRADEZCO POR…

| | |
|---|---|
| 1 | |
| 2 | |
| 3 | |

| DÍA | # LOGRO A LARGO PLAZO: |
|---|---|

**METAS EN 3 MESES**

| | |
|---|---|
| TIEMPO | |
| PERSONAL | |
| ECONÓMICA | |

**METAS EN 1 MES**

| | |
|---|---|
| TIEMPO | |
| PERSONAL | |
| ECONÓMICA | |

**ACTIVIDADES PARA HOY**
(O MAÑANA SI SE HACE EN LA NOCHE)

| | | |
|---|---|---|
| 1 | | ○ |
| 2 | | ○ |
| 3 | | ○ |

| ESTOY APRENDIENDO DE: | ○ LIBRO | ○ AUDIO | ○ VIDEO |
|---|---|---|---|
| NOMBRE: | | | |
| ESTOY EN LA PÁGINA O TIEMPO DEL VIDEO: | | | |

**HÁBITOS BUENOS**

| |
|---|
| ○ |
| ○ |
| ○ |

**HÁBITOS MALOS**

| |
|---|
| ○ |
| ○ |
| ○ |

**REFLECCIONES POSITIVAS O NEGATIVAS**

| | | |
|---|---|---|
| ✓ | × | |
| ✓ | × | |
| ✓ | × | |

El éxito está en la perseverancia

| FRASE DEL DÍA: | |
|---|---|

## ESCRIBE 10 LOGROS DEL DÍA

| | |
|---|---|
| 1 | |
| 2 | |
| 3 | |
| 4 | |
| 5 | |
| 6 | |
| 7 | |
| 8 | |
| 9 | |
| 10 | |

## MOMENTOS MÁGICOS PARA RECORDAR

| | |
|---|---|
| 1 | |
| 2 | |
| 3 | |
| 4 | |
| 5 | |

## YO AGRADEZCO POR…

| | |
|---|---|
| 1 | |
| 2 | |
| 3 | |

| DÍA | LOGRO A LARGO PLAZO: |
|---|---|

| METAS EN 3 MESES | |
|---|---|
| TIEMPO | |
| PERSONAL | |
| ECONÓMICA | |

| METAS EN 1 MES | |
|---|---|
| TIEMPO | |
| PERSONAL | |
| ECONÓMICA | |

| ACTIVIDADES PARA HOY (O MAÑANA SI SE HACE EN LA NOCHE) | | |
|---|---|---|
| 1 | | ○ |
| 2 | | ○ |
| 3 | | ○ |

| ESTOY APRENDIENDO DE: | ○ LIBRO ○ AUDIO ○ VIDEO |
|---|---|
| NOMBRE: | |
| ESTOY EN LA PÁGINA O TIEMPO DEL VIDEO: | |

| HÁBITOS BUENOS |
|---|
| ○ |
| ○ |
| ○ |

| HÁBITOS MALOS |
|---|
| ○ |
| ○ |
| ○ |

| REFLECCIONES POSITIVAS O NEGATIVAS | | |
|---|---|---|
| ✓ | ✕ | |
| ✓ | ✕ | |
| ✓ | ✕ | |

El éxito está en la perseverancia

| FRASE DEL DÍA: | |
|---|---|

## ESCRIBE 10 LOGROS DEL DÍA

| | |
|---|---|
| 1 | |
| 2 | |
| 3 | |
| 4 | |
| 5 | |
| 6 | |
| 7 | |
| 8 | |
| 9 | |
| 10 | |

## MOMENTOS MÁGICOS PARA RECORDAR

| | |
|---|---|
| 1 | |
| 2 | |
| 3 | |
| 4 | |
| 5 | |

## YO AGRADEZCO POR…

| | |
|---|---|
| 1 | |
| 2 | |
| 3 | |

| DÍA | LOGRO A LARGO PLAZO: |
|---|---|

**METAS EN 3 MESES**

| | |
|---|---|
| TIEMPO | |
| PERSONAL | |
| ECONÓMICA | |

**METAS EN 1 MES**

| | |
|---|---|
| TIEMPO | |
| PERSONAL | |
| ECONÓMICA | |

**ACTIVIDADES PARA HOY**
(O MAÑANA SI SE HACE EN LA NOCHE)

| | | |
|---|---|---|
| 1 | | ○ |
| 2 | | ○ |
| 3 | | ○ |

| ESTOY APRENDIENDO DE: | ○ LIBRO | ○ AUDIO | ○ VIDEO |
|---|---|---|---|
| NOMBRE: | | | |
| ESTOY EN LA PÁGINA O TIEMPO DEL VIDEO: | | | |

**HÁBITOS BUENOS**

| |
|---|
| ○ |
| ○ |
| ○ |

**HÁBITOS MALOS**

| |
|---|
| ○ |
| ○ |
| ○ |

**REFLECCIONES POSITIVAS O NEGATIVAS**

| | | |
|---|---|---|
| ✓ | ✕ | |
| ✓ | ✕ | |
| ✓ | ✕ | |

El éxito está en la perseverancia

| FRASE DEL DÍA: | |
|---|---|

## ESCRIBE 10 LOGROS DEL DÍA

| | |
|---|---|
| 1 | |
| 2 | |
| 3 | |
| 4 | |
| 5 | |
| 6 | |
| 7 | |
| 8 | |
| 9 | |
| 10 | |

## MOMENTOS MÁGICOS PARA RECORDAR

| | |
|---|---|
| 1 | |
| 2 | |
| 3 | |
| 4 | |
| 5 | |

## YO AGRADEZCO POR…

| | |
|---|---|
| 1 | |
| 2 | |
| 3 | |

| DÍA | LOGRO A LARGO PLAZO: |
|---|---|

**METAS EN 3 MESES**

| | |
|---|---|
| TIEMPO | |
| PERSONAL | |
| ECONÓMICA | |

**METAS EN 1 MES**

| | |
|---|---|
| TIEMPO | |
| PERSONAL | |
| ECONÓMICA | |

**ACTIVIDADES PARA HOY**
**(O MAÑANA SI SE HACE EN LA NOCHE)**

| | | |
|---|---|---|
| 1 | | ○ |
| 2 | | ○ |
| 3 | | ○ |

| ESTOY APRENDIENDO DE: | ○ LIBRO | ○ AUDIO | ○ VIDEO |
|---|---|---|---|
| NOMBRE: | | | |
| ESTOY EN LA PÁGINA O TIEMPO DEL VIDEO: | | | |

**HÁBITOS BUENOS**

| |
|---|
| ○ |
| ○ |
| ○ |

**HÁBITOS MALOS**

| |
|---|
| ○ |
| ○ |
| ○ |

**REFLECCIONES POSITIVAS O NEGATIVAS**

| | | |
|---|---|---|
| ✓ | ✕ | |
| ✓ | ✕ | |
| ✓ | ✕ | |

El éxito está en la perseverancia

| FRASE DEL DÍA: | |
|---|---|

## ESCRIBE 10 LOGROS DEL DÍA

| | |
|---|---|
| 1 | |
| 2 | |
| 3 | |
| 4 | |
| 5 | |
| 6 | |
| 7 | |
| 8 | |
| 9 | |
| 10 | |

## MOMENTOS MÁGICOS PARA RECORDAR

| | |
|---|---|
| 1 | |
| 2 | |
| 3 | |
| 4 | |
| 5 | |

## YO AGRADEZCO POR…

| | |
|---|---|
| 1 | |
| 2 | |
| 3 | |

| DÍA | # LOGRO A LARGO PLAZO: |
|---|---|

**METAS EN 3 MESES**

| | |
|---|---|
| TIEMPO | |
| PERSONAL | |
| ECONÓMICA | - |

**METAS EN 1 MES**

| | |
|---|---|
| TIEMPO | |
| PERSONAL | |
| ECONÓMICA | |

**ACTIVIDADES PARA HOY**
(O MAÑANA SI SE HACE EN LA NOCHE)

| | | |
|---|---|---|
| 1 | | ○ |
| 2 | | ○ |
| 3 | | ○ |

| ESTOY APRENDIENDO DE: | ○ LIBRO | ○ AUDIO | ○ VIDEO |
|---|---|---|---|

NOMBRE:

ESTOY EN LA PÁGINA O TIEMPO DEL VIDEO:

**HÁBITOS BUENOS**

○

○

○

**HÁBITOS MALOS**

○

○

○

**REFLECCIONES POSITIVAS O NEGATIVAS**

| | | |
|---|---|---|
| ✓ | × | |
| ✓ | × | |
| ✓ | × | |

El éxito está en la perseverancia

| FRASE DEL DÍA: | |
|---|---|

| ESCRIBE 10 LOGROS DEL DÍA | |
|---|---|
| 1 | |
| 2 | |
| 3 | |
| 4 | |
| 5 | |
| 6 | |
| 7 | |
| 8 | |
| 9 | |
| 10 | |

| MOMENTOS MÁGICOS PARA RECORDAR | |
|---|---|
| 1 | |
| 2 | |
| 3 | |
| 4 | |
| 5 | |

| YO AGRADEZCO POR… | |
|---|---|
| 1 | |
| 2 | |
| 3 | |

| DÍA | LOGRO A LARGO PLAZO: |
|---|---|

**METAS EN 3 MESES**

| | |
|---|---|
| TIEMPO | |
| PERSONAL | |
| ECONÓMICA | |

**METAS EN 1 MES**

| | |
|---|---|
| TIEMPO | |
| PERSONAL | |
| ECONÓMICA | |

**ACTIVIDADES PARA HOY**
**(O MAÑANA SI SE HACE EN LA NOCHE)**

| | | |
|---|---|---|
| 1 | | ○ |
| 2 | | ○ |
| 3 | | ○ |

| ESTOY APRENDIENDO DE: | ○ LIBRO | ○ AUDIO | ○ VIDEO |
|---|---|---|---|
| NOMBRE: | | | |
| ESTOY EN LA PÁGINA O TIEMPO DEL VIDEO: | | | |

**HÁBITOS BUENOS**

| |
|---|
| ○ |
| ○ |
| ○ |

**HÁBITOS MALOS**

| |
|---|
| ○ |
| ○ |
| ○ |

**REFLECCIONES POSITIVAS O NEGATIVAS**

| | | |
|---|---|---|
| ✓ | ✗ | |
| ✓ | ✗ | |
| ✓ | ✗ | |

El éxito está en la perseverancia

| FRASE DEL DÍA: | |
|---|---|

## ESCRIBE 10 LOGROS DEL DÍA

| | |
|---|---|
| 1 | |
| 2 | |
| 3 | |
| 4 | |
| 5 | |
| 6 | |
| 7 | |
| 8 | |
| 9 | |
| 10 | |

## MOMENTOS MÁGICOS PARA RECORDAR

| | |
|---|---|
| 1 | |
| 2 | |
| 3 | |
| 4 | |
| 5 | |

## YO AGRADEZCO POR...

| | |
|---|---|
| 1 | |
| 2 | |
| 3 | |

| DÍA | # LOGRO A LARGO PLAZO: |
|---|---|

**METAS EN 3 MESES**

| | |
|---|---|
| TIEMPO | |
| PERSONAL | |
| ECONÓMICA | |

**METAS EN 1 MES**

| | |
|---|---|
| TIEMPO | |
| PERSONAL | |
| ECONÓMICA | |

**ACTIVIDADES PARA HOY**
(O MAÑANA SI SE HACE EN LA NOCHE)

| | | |
|---|---|---|
| 1 | | ○ |
| 2 | | ○ |
| 3 | | ○ |

| ESTOY APRENDIENDO DE: | ○ LIBRO | ○ AUDIO | ○ VIDEO |
|---|---|---|---|
| NOMBRE: | | | |
| ESTOY EN LA PÁGINA O TIEMPO DEL VIDEO: | | | |

**HÁBITOS BUENOS**

| |
|---|
| ○ |
| ○ |
| ○ |

**HÁBITOS MALOS**

| |
|---|
| ○ |
| ○ |
| ○ |

**REFLECCIONES POSITIVAS O NEGATIVAS**

| | | |
|---|---|---|
| ✓ | × | |
| ✓ | × | |
| ✓ | × | |

El éxito está en la perseverancia

| FRASE DEL DÍA: | |
|---|---|

## ESCRIBE 10 LOGROS DEL DÍA

| | |
|---|---|
| 1 | |
| 2 | |
| 3 | |
| 4 | |
| 5 | |
| 6 | |
| 7 | |
| 8 | |
| 9 | |
| 10 | |

## MOMENTOS MÁGICOS PARA RECORDAR

| | |
|---|---|
| 1 | |
| 2 | |
| 3 | |
| 4 | |
| 5 | |

## YO AGRADEZCO POR…

| | |
|---|---|
| 1 | |
| 2 | |
| 3 | |

| DÍA | # LOGRO A LARGO PLAZO: |
|---|---|

**METAS EN 3 MESES**

| | |
|---|---|
| TIEMPO | |
| PERSONAL | |
| ECONÓMICA | |

**METAS EN 1 MES**

| | |
|---|---|
| TIEMPO | |
| PERSONAL | |
| ECONÓMICA | |

**ACTIVIDADES PARA HOY**
(O MAÑANA SI SE HACE EN LA NOCHE)

| | | |
|---|---|---|
| 1 | | ○ |
| 2 | | ○ |
| 3 | | ○ |

| ESTOY APRENDIENDO DE: | ○ LIBRO | ○ AUDIO | ○ VIDEO |
|---|---|---|---|
| NOMBRE: | | | |
| ESTOY EN LA PÁGINA O TIEMPO DEL VIDEO: | | | |

**HÁBITOS BUENOS**

| | |
|---|---|
| ○ | |
| ○ | |
| ○ | |

**HÁBITOS MALOS**

| | |
|---|---|
| ○ | |
| ○ | |
| ○ | |

**REFLECCIONES POSITIVAS O NEGATIVAS**

| | | |
|---|---|---|
| ✓ | ✕ | |
| ✓ | ✕ | |
| ✓ | ✕ | |

El éxito está en la perseverancia

| FRASE DEL DÍA: | |
|---|---|

## ESCRIBE 10 LOGROS DEL DÍA

| | |
|---|---|
| 1 | |
| 2 | |
| 3 | |
| 4 | |
| 5 | |
| 6 | |
| 7 | |
| 8 | |
| 9 | |
| 10 | |

## MOMENTOS MÁGICOS PARA RECORDAR

| | |
|---|---|
| 1 | |
| 2 | |
| 3 | |
| 4 | |
| 5 | |

## YO AGRADEZCO POR…

| | |
|---|---|
| 1 | |
| 2 | |
| 3 | |

| DÍA | LOGRO A LARGO PLAZO: |
|---|---|

**METAS EN 3 MESES**

| TIEMPO | |
|---|---|
| PERSONAL | |
| ECONÓMICA | |

**METAS EN 1 MES**

| TIEMPO | |
|---|---|
| PERSONAL | |
| ECONÓMICA | |

**ACTIVIDADES PARA HOY**
**(O MAÑANA SI SE HACE EN LA NOCHE)**

| | | |
|---|---|---|
| 1 | | ○ |
| 2 | | ○ |
| 3 | | ○ |

| ESTOY APRENDIENDO DE: | ○ LIBRO | ○ AUDIO | ○ VIDEO |
|---|---|---|---|
| NOMBRE: | | | |
| ESTOY EN LA PÁGINA O TIEMPO DEL VIDEO: | | | |

**HÁBITOS BUENOS**

| |
|---|
| ○ |
| ○ |
| ○ |

**HÁBITOS MALOS**

| |
|---|
| ○ |
| ○ |
| ○ |

**REFLECCIONES POSITIVAS O NEGATIVAS**

| | | |
|---|---|---|
| ✓ | ✕ | |
| ✓ | ✕ | |
| ✓ | ✕ | |

El éxito está en la perseverancia

| FRASE DEL DÍA: | |
|---|---|

| ESCRIBE 10 LOGROS DEL DÍA | |
|---|---|
| 1 | |
| 2 | |
| 3 | |
| 4 | |
| 5 | |
| 6 | |
| 7 | |
| 8 | |
| 9 | |
| 10 | |

| MOMENTOS MÁGICOS PARA RECORDAR | |
|---|---|
| 1 | |
| 2 | |
| 3 | |
| 4 | |
| 5 | |

| YO AGRADEZCO POR… | |
|---|---|
| 1 | |
| 2 | |
| 3 | |

| DÍA | LOGRO A LARGO PLAZO: |
|---|---|

| METAS EN 3 MESES | |
|---|---|
| TIEMPO | |
| PERSONAL | |
| ECONÓMICA | |

| METAS EN 1 MES | |
|---|---|
| TIEMPO | |
| PERSONAL | |
| ECONÓMICA | |

| ACTIVIDADES PARA HOY (O MAÑANA SI SE HACE EN LA NOCHE) | | |
|---|---|---|
| 1 | | ○ |
| 2 | | ○ |
| 3 | | ○ |

| ESTOY APRENDIENDO DE: | ○ LIBRO | ○ AUDIO | ○ VIDEO |
|---|---|---|---|
| NOMBRE: | | | |
| ESTOY EN LA PÁGINA O TIEMPO DEL VIDEO: | | | |

| HÁBITOS BUENOS |
|---|
| ○ |
| ○ |
| ○ |

| HÁBITOS MALOS |
|---|
| ○ |
| ○ |
| ○ |

| REFLECCIONES POSITIVAS O NEGATIVAS | | |
|---|---|---|
| ✓ | ✕ | |
| ✓ | ✕ | |
| ✓ | ✕ | |

El éxito está en la perseverancia

| FRASE DEL DÍA: | |
|---|---|

## ESCRIBE 10 LOGROS DEL DÍA

| | |
|---|---|
| 1 | |
| 2 | |
| 3 | |
| 4 | |
| 5 | |
| 6 | |
| 7 | |
| 8 | |
| 9 | |
| 10 | |

## MOMENTOS MÁGICOS PARA RECORDAR

| | |
|---|---|
| 1 | |
| 2 | |
| 3 | |
| 4 | |
| 5 | |

## YO AGRADEZCO POR...

| | |
|---|---|
| 1 | |
| 2 | |
| 3 | |

| DÍA | LOGRO A LARGO PLAZO: |
|---|---|

| METAS EN 3 MESES | |
|---|---|
| TIEMPO | |
| PERSONAL | |
| ECONÓMICA | |

| METAS EN 1 MES | |
|---|---|
| TIEMPO | |
| PERSONAL | |
| ECONÓMICA | |

| ACTIVIDADES PARA HOY (O MAÑANA SI SE HACE EN LA NOCHE) | | |
|---|---|---|
| 1 | | ○ |
| 2 | | ○ |
| 3 | | ○ |

| ESTOY APRENDIENDO DE: | ○ LIBRO | ○ AUDIO | ○ VIDEO |
|---|---|---|---|
| NOMBRE: | | | |
| ESTOY EN LA PÁGINA O TIEMPO DEL VIDEO: | | | |

| HÁBITOS BUENOS |
|---|
| ○ |
| ○ |
| ○ |

| HÁBITOS MALOS |
|---|
| ○ |
| ○ |
| ○ |

| REFLECCIONES POSITIVAS O NEGATIVAS | | |
|---|---|---|
| ✓ | ✕ | |
| ✓ | ✕ | |
| ✓ | ✕ | |

El éxito está en la perseverancia

| FRASE DEL DÍA: | |
|---|---|

## ESCRIBE 10 LOGROS DEL DÍA

| | |
|---|---|
| 1 | |
| 2 | |
| 3 | |
| 4 | |
| 5 | |
| 6 | |
| 7 | |
| 8 | |
| 9 | |
| 10 | |

## MOMENTOS MÁGICOS PARA RECORDAR

| | |
|---|---|
| 1 | |
| 2 | |
| 3 | |
| 4 | |
| 5 | |

## YO AGRADEZCO POR...

| | |
|---|---|
| 1 | |
| 2 | |
| 3 | |

| DÍA | LOGRO A LARGO PLAZO: |
|---|---|

| METAS EN 3 MESES | |
|---|---|
| TIEMPO | |
| PERSONAL | |
| ECONÓMICA | |

| METAS EN 1 MES | |
|---|---|
| TIEMPO | |
| PERSONAL | |
| ECONÓMICA | |

| ACTIVIDADES PARA HOY<br>(O MAÑANA SI SE HACE EN LA NOCHE) | | |
|---|---|---|
| 1 | | ○ |
| 2 | | ○ |
| 3 | | ○ |

| ESTOY APRENDIENDO DE: | ○ LIBRO ○ AUDIO ○ VIDEO |
|---|---|
| NOMBRE: | |
| ESTOY EN LA PÁGINA O TIEMPO DEL VIDEO: | |

| HÁBITOS BUENOS |
|---|
| ○ |
| ○ |
| ○ |

| HÁBITOS MALOS |
|---|
| ○ |
| ○ |
| ○ |

| REFLECCIONES POSITIVAS O NEGATIVAS | | |
|---|---|---|
| ✓ | ✕ | |
| ✓ | ✕ | |
| ✓ | ✕ | |

El éxito está en la perseverancia

| FRASE DEL DÍA: | |
|---|---|

## ESCRIBE 10 LOGROS DEL DÍA

| | |
|---|---|
| 1 | |
| 2 | |
| 3 | |
| 4 | |
| 5 | |
| 6 | |
| 7 | |
| 8 | |
| 9 | |
| 10 | |

## MOMENTOS MÁGICOS PARA RECORDAR

| | |
|---|---|
| 1 | |
| 2 | |
| 3 | |
| 4 | |
| 5 | |

## YO AGRADEZCO POR…

| | |
|---|---|
| 1 | |
| 2 | |
| 3 | |

| DÍA | # LOGRO A LARGO PLAZO: |
|---|---|

**METAS EN 3 MESES**

| | |
|---|---|
| TIEMPO | |
| PERSONAL | |
| ECONÓMICA | |

**METAS EN 1 MES**

| | |
|---|---|
| TIEMPO | |
| PERSONAL | |
| ECONÓMICA | |

**ACTIVIDADES PARA HOY**
(O MAÑANA SI SE HACE EN LA NOCHE)

| | | |
|---|---|---|
| 1 | | ○ |
| 2 | | ○ |
| 3 | | ○ |

| ESTOY APRENDIENDO DE: | ○ LIBRO | ○ AUDIO | ○ VIDEO |
|---|---|---|---|
| NOMBRE: | | | |
| ESTOY EN LA PÁGINA O TIEMPO DEL VIDEO: | | | |

**HÁBITOS BUENOS**

| |
|---|
| ○ |
| ○ |
| ○ |

**HÁBITOS MALOS**

| |
|---|
| ○ |
| ○ |
| ○ |

**REFLECCIONES POSITIVAS O NEGATIVAS**

| | | |
|---|---|---|
| ✓ | ✕ | |
| ✓ | ✕ | |
| ✓ | ✕ | |

El éxito está en la perseverancia

| FRASE DEL DÍA: | |
|---|---|

## ESCRIBE 10 LOGROS DEL DÍA

| | |
|---|---|
| 1 | |
| 2 | |
| 3 | |
| 4 | |
| 5 | |
| 6 | |
| 7 | |
| 8 | |
| 9 | |
| 10 | |

## MOMENTOS MÁGICOS PARA RECORDAR

| | |
|---|---|
| 1 | |
| 2 | |
| 3 | |
| 4 | |
| 5 | |

## YO AGRADEZCO POR…

| | |
|---|---|
| 1 | |
| 2 | |
| 3 | |

| DÍA | LOGRO A LARGO PLAZO: |
|---|---|

| METAS EN 3 MESES | |
|---|---|
| TIEMPO | |
| PERSONAL | |
| ECONÓMICA | |

| METAS EN 1 MES | |
|---|---|
| TIEMPO | |
| PERSONAL | |
| ECONÓMICA | |

| ACTIVIDADES PARA HOY (O MAÑANA SI SE HACE EN LA NOCHE) | | |
|---|---|---|
| 1 | | ○ |
| 2 | | ○ |
| 3 | | ○ |

| ESTOY APRENDIENDO DE: | ○ LIBRO | ○ AUDIO | ○ VIDEO |
|---|---|---|---|
| NOMBRE: | | | |
| ESTOY EN LA PÁGINA O TIEMPO DEL VIDEO: | | | |

| HÁBITOS BUENOS |
|---|
| ○ |
| ○ |
| ○ |

| HÁBITOS MALOS |
|---|
| ○ |
| ○ |
| ○ |

| REFLECCIONES POSITIVAS O NEGATIVAS | | |
|---|---|---|
| ✓ | ✕ | |
| ✓ | ✕ | |
| ✓ | ✕ | |

El éxito está en la perseverancia

| FRASE DEL DÍA: | |
|---|---|

## ESCRIBE 10 LOGROS DEL DÍA

| | |
|---|---|
| 1 | |
| 2 | |
| 3 | |
| 4 | |
| 5 | |
| 6 | |
| 7 | |
| 8 | |
| 9 | |
| 10 | |

## MOMENTOS MÁGICOS PARA RECORDAR

| | |
|---|---|
| 1 | |
| 2 | |
| 3 | |
| 4 | |
| 5 | |

## YO AGRADEZCO POR…

| | |
|---|---|
| 1 | |
| 2 | |
| 3 | |

| DÍA | LOGRO A LARGO PLAZO: |
|---|---|

**METAS EN 3 MESES**

| TIEMPO | |
|---|---|
| PERSONAL | |
| ECONÓMICA | |

**METAS EN 1 MES**

| TIEMPO | |
|---|---|
| PERSONAL | |
| ECONÓMICA | |

**ACTIVIDADES PARA HOY**
(O MAÑANA SI SE HACE EN LA NOCHE)

| | | |
|---|---|---|
| 1 | | ○ |
| 2 | | ○ |
| 3 | | ○ |

| ESTOY APRENDIENDO DE: | ○ LIBRO ○ AUDIO ○ VIDEO |
|---|---|
| NOMBRE: | |
| ESTOY EN LA PÁGINA O TIEMPO DEL VIDEO: | |

**HÁBITOS BUENOS**

| | |
|---|---|
| ○ | |
| ○ | |
| ○ | |

**HÁBITOS MALOS**

| | |
|---|---|
| ○ | |
| ○ | |
| ○ | |

**REFLECCIONES POSITIVAS O NEGATIVAS**

| | | |
|---|---|---|
| ✓ | ✕ | |
| ✓ | ✕ | |
| ✓ | ✕ | |

El éxito está en la perseverancia

| FRASE DEL DÍA: | |
|---|---|

## ESCRIBE 10 LOGROS DEL DÍA

| | |
|---|---|
| 1 | |
| 2 | |
| 3 | |
| 4 | |
| 5 | |
| 6 | |
| 7 | |
| 8 | |
| 9 | |
| 10 | |

## MOMENTOS MÁGICOS PARA RECORDAR

| | |
|---|---|
| 1 | |
| 2 | |
| 3 | |
| 4 | |
| 5 | |

## YO AGRADEZCO POR…

| | |
|---|---|
| 1 | |
| 2 | |
| 3 | |

| DÍA | LOGRO A LARGO PLAZO: |
|---|---|

| METAS EN 3 MESES | |
|---|---|
| TIEMPO | |
| PERSONAL | |
| ECONÓMICA | |

| METAS EN 1 MES | |
|---|---|
| TIEMPO | |
| PERSONAL | |
| ECONÓMICA | |

| ACTIVIDADES PARA HOY (O MAÑANA SI SE HACE EN LA NOCHE) | | |
|---|---|---|
| 1 | | ○ |
| 2 | | ○ |
| 3 | | ○ |

| ESTOY APRENDIENDO DE: | ○ LIBRO | ○ AUDIO | ○ VIDEO |
|---|---|---|---|
| NOMBRE: | | | |
| ESTOY EN LA PÁGINA O TIEMPO DEL VIDEO: | | | |

| HÁBITOS BUENOS |
|---|
| ○ |
| ○ |
| ○ |

| HÁBITOS MALOS |
|---|
| ○ |
| ○ |
| ○ |

| REFLECCIONES POSITIVAS O NEGATIVAS | | |
|---|---|---|
| ✓ | ✕ | |
| ✓ | ✕ | |
| ✓ | ✕ | |

El éxito está en la perseverancia

| FRASE DEL DÍA: | |
|---|---|

## ESCRIBE 10 LOGROS DEL DÍA

| | |
|---|---|
| 1 | |
| 2 | |
| 3 | |
| 4 | |
| 5 | |
| 6 | |
| 7 | |
| 8 | |
| 9 | |
| 10 | |

## MOMENTOS MÁGICOS PARA RECORDAR

| | |
|---|---|
| 1 | |
| 2 | |
| 3 | |
| 4 | |
| 5 | |

## YO AGRADEZCO POR...

| | |
|---|---|
| 1 | |
| 2 | |
| 3 | |

| DÍA | # LOGRO A LARGO PLAZO: |
|---|---|

| METAS EN 3 MESES | |
|---|---|
| TIEMPO | |
| PERSONAL | |
| ECONÓMICA | |

| METAS EN 1 MES | |
|---|---|
| TIEMPO | |
| PERSONAL | |
| ECONÓMICA | |

| ACTIVIDADES PARA HOY (O MAÑANA SI SE HACE EN LA NOCHE) | | |
|---|---|---|
| 1 | | ○ |
| 2 | | ○ |
| 3 | | ○ |

| ESTOY APRENDIENDO DE: | ○ LIBRO ○ AUDIO ○ VIDEO |
|---|---|
| NOMBRE: | |
| ESTOY EN LA PÁGINA O TIEMPO DEL VIDEO: | |

| HÁBITOS BUENOS |
|---|
| ○ |
| ○ |
| ○ |

| HÁBITOS MALOS |
|---|
| ○ |
| ○ |
| ○ |

| REFLECCIONES POSITIVAS O NEGATIVAS | | |
|---|---|---|
| ✓ | ✗ | |
| ✓ | ✗ | |
| ✓ | ✗ | |

El éxito está en la perseverancia

| FRASE DEL DÍA: | |
|---|---|

## ESCRIBE 10 LOGROS DEL DÍA

| | |
|---|---|
| 1 | |
| 2 | |
| 3 | |
| 4 | |
| 5 | |
| 6 | |
| 7 | |
| 8 | |
| 9 | |
| 10 | |

## MOMENTOS MÁGICOS PARA RECORDAR

| | |
|---|---|
| 1 | |
| 2 | |
| 3 | |
| 4 | |
| 5 | |

## YO AGRADEZCO POR…

| | |
|---|---|
| 1 | |
| 2 | |
| 3 | |

| DÍA | LOGRO A LARGO PLAZO: |
|---|---|

**METAS EN 3 MESES**

| | |
|---|---|
| TIEMPO | |
| PERSONAL | |
| ECONÓMICA | |

**METAS EN 1 MES**

| | |
|---|---|
| TIEMPO | |
| PERSONAL | |
| ECONÓMICA | |

**ACTIVIDADES PARA HOY**
(O MAÑANA SI SE HACE EN LA NOCHE)

| | | |
|---|---|---|
| 1 | | ○ |
| 2 | | ○ |
| 3 | | ○ |

| ESTOY APRENDIENDO DE: | ○ LIBRO | ○ AUDIO | ○ VIDEO |
|---|---|---|---|
| NOMBRE: | | | |
| ESTOY EN LA PÁGINA O TIEMPO DEL VIDEO: | | | |

**HÁBITOS BUENOS**

- ○
- ○
- ○

**HÁBITOS MALOS**

- ○
- ○
- ○

**REFLECCIONES POSITIVAS O NEGATIVAS**

| | | |
|---|---|---|
| ✓ | ✕ | |
| ✓ | ✕ | |
| ✓ | ✕ | |

El éxito está en la perseverancia

| FRASE DEL DÍA: | |
|---|---|

## ESCRIBE 10 LOGROS DEL DÍA

| | |
|---|---|
| 1 | |
| 2 | |
| 3 | |
| 4 | |
| 5 | |
| 6 | |
| 7 | |
| 8 | |
| 9 | |
| 10 | |

## MOMENTOS MÁGICOS PARA RECORDAR

| | |
|---|---|
| 1 | |
| 2 | |
| 3 | |
| 4 | |
| 5 | |

## YO AGRADEZCO POR…

| | |
|---|---|
| 1 | |
| 2 | |
| 3 | |

| DÍA | # LOGRO A LARGO PLAZO: |
|---|---|

**METAS EN 3 MESES**

| | |
|---|---|
| TIEMPO | |
| PERSONAL | |
| ECONÓMICA | |

**METAS EN 1 MES**

| | |
|---|---|
| TIEMPO | |
| PERSONAL | |
| ECONÓMICA | |

**ACTIVIDADES PARA HOY**
(O MAÑANA SI SE HACE EN LA NOCHE)

| | | |
|---|---|---|
| 1 | | ○ |
| 2 | | ○ |
| 3 | | ○ |

| ESTOY APRENDIENDO DE: | ○ LIBRO ○ AUDIO ○ VIDEO |
|---|---|
| NOMBRE: | |
| ESTOY EN LA PÁGINA O TIEMPO DEL VIDEO: | |

**HÁBITOS BUENOS**

- ○
- ○
- ○

**HÁBITOS MALOS**

- ○
- ○
- ○

**REFLECCIONES POSITIVAS O NEGATIVAS**

| | | |
|---|---|---|
| ✓ | ✕ | |
| ✓ | ✕ | |
| ✓ | ✕ | |

El éxito está en la perseverancia

| FRASE DEL DÍA: | |
|---|---|

## ESCRIBE 10 LOGROS DEL DÍA

| | |
|---|---|
| 1 | |
| 2 | |
| 3 | |
| 4 | |
| 5 | |
| 6 | |
| 7 | |
| 8 | |
| 9 | |
| 10 | |

## MOMENTOS MÁGICOS PARA RECORDAR

| | |
|---|---|
| 1 | |
| 2 | |
| 3 | |
| 4 | |
| 5 | |

## YO AGRADEZCO POR...

| | |
|---|---|
| 1 | |
| 2 | |
| 3 | |

| DÍA | LOGRO A LARGO PLAZO: |
|---|---|

**METAS EN 3 MESES**

| | |
|---|---|
| TIEMPO | |
| PERSONAL | |
| ECONÓMICA | |

**METAS EN 1 MES**

| | |
|---|---|
| TIEMPO | |
| PERSONAL | |
| ECONÓMICA | |

**ACTIVIDADES PARA HOY**
(O MAÑANA SI SE HACE EN LA NOCHE)

| | | |
|---|---|---|
| 1 | | ○ |
| 2 | | ○ |
| 3 | | ○ |

| ESTOY APRENDIENDO DE: | ○ LIBRO | ○ AUDIO | ○ VIDEO |
|---|---|---|---|
| NOMBRE: | | | |
| ESTOY EN LA PÁGINA O TIEMPO DEL VIDEO: | | | |

**HÁBITOS BUENOS**

| |
|---|
| ○ |
| ○ |
| ○ |

**HÁBITOS MALOS**

| |
|---|
| ○ |
| ○ |
| ○ |

**REFLECCIONES POSITIVAS O NEGATIVAS**

| | | |
|---|---|---|
| ✓ | × | |
| ✓ | × | |
| ✓ | × | |

El éxito está en la perseverancia

| FRASE DEL DÍA: | |
|---|---|

## ESCRIBE 10 LOGROS DEL DÍA

| | |
|---|---|
| 1 | |
| 2 | |
| 3 | |
| 4 | |
| 5 | |
| 6 | |
| 7 | |
| 8 | |
| 9 | |
| 10 | |

## MOMENTOS MÁGICOS PARA RECORDAR

| | |
|---|---|
| 1 | |
| 2 | |
| 3 | |
| 4 | |
| 5 | |

## YO AGRADEZCO POR...

| | |
|---|---|
| 1 | |
| 2 | |
| 3 | |

| DÍA | LOGRO A LARGO PLAZO: |
|---|---|

| METAS EN 3 MESES | |
|---|---|
| TIEMPO | |
| PERSONAL | |
| ECONÓMICA | |

| METAS EN 1 MES | |
|---|---|
| TIEMPO | |
| PERSONAL | |
| ECONÓMICA | |

| ACTIVIDADES PARA HOY<br>(O MAÑANA SI SE HACE EN LA NOCHE) | | |
|---|---|---|
| 1 | | ○ |
| 2 | | ○ |
| 3 | | ○ |

| ESTOY APRENDIENDO DE: | ○ LIBRO ○ AUDIO ○ VIDEO |
|---|---|
| NOMBRE: | |
| ESTOY EN LA PÁGINA O TIEMPO DEL VIDEO: | |

| HÁBITOS BUENOS |
|---|
| ○ |
| ○ |
| ○ |

| HÁBITOS MALOS |
|---|
| ○ |
| ○ |
| ○ |

| REFLECCIONES POSITIVAS O NEGATIVAS | | |
|---|---|---|
| ✓ | ✕ | |
| ✓ | ✕ | |
| ✓ | ✕ | |

El éxito está en la perseverancia

| FRASE DEL DÍA: | |
|---|---|

## ESCRIBE 10 LOGROS DEL DÍA

| | |
|---|---|
| 1 | |
| 2 | |
| 3 | |
| 4 | |
| 5 | |
| 6 | |
| 7 | |
| 8 | |
| 9 | |
| 10 | |

## MOMENTOS MÁGICOS PARA RECORDAR

| | |
|---|---|
| 1 | |
| 2 | |
| 3 | |
| 4 | |
| 5 | |

## YO AGRADEZCO POR…

| | |
|---|---|
| 1 | |
| 2 | |
| 3 | |

| DÍA | LOGRO A LARGO PLAZO: |
|---|---|

## METAS EN 3 MESES

| TIEMPO | |
|---|---|
| PERSONAL | |
| ECONÓMICA | |

## METAS EN 1 MES

| TIEMPO | |
|---|---|
| PERSONAL | |
| ECONÓMICA | |

## ACTIVIDADES PARA HOY
(O MAÑANA SI SE HACE EN LA NOCHE)

| | | |
|---|---|---|
| 1 | | ○ |
| 2 | | ○ |
| 3 | | ○ |

| ESTOY APRENDIENDO DE: | ○ LIBRO | ○ AUDIO | ○ VIDEO |
|---|---|---|---|
| NOMBRE: | | | |
| ESTOY EN LA PÁGINA O TIEMPO DEL VIDEO: | | | |

## HÁBITOS BUENOS

| |
|---|
| ○ |
| ○ |
| ○ |

## HÁBITOS MALOS

| |
|---|
| ○ |
| ○ |
| ○ |

## REFLECCIONES POSITIVAS O NEGATIVAS

| | | |
|---|---|---|
| ✓ | ✕ | |
| ✓ | ✕ | |
| ✓ | ✕ | |

El éxito está en la perseverancia

| FRASE DEL DÍA: | |
|---|---|

## ESCRIBE 10 LOGROS DEL DÍA

| | |
|---|---|
| 1 | |
| 2 | |
| 3 | |
| 4 | |
| 5 | |
| 6 | |
| 7 | |
| 8 | |
| 9 | |
| 10 | |

## MOMENTOS MÁGICOS PARA RECORDAR

| | |
|---|---|
| 1 | |
| 2 | |
| 3 | |
| 4 | |
| 5 | |

## YO AGRADEZCO POR…

| | |
|---|---|
| 1 | |
| 2 | |
| 3 | |

| DÍA | LOGRO A LARGO PLAZO: |
|---|---|

| METAS EN 3 MESES | |
|---|---|
| TIEMPO | |
| PERSONAL | |
| ECONÓMICA | |

| METAS EN 1 MES | |
|---|---|
| TIEMPO | |
| PERSONAL | |
| ECONÓMICA | |

| ACTIVIDADES PARA HOY (O MAÑANA SI SE HACE EN LA NOCHE) | | |
|---|---|---|
| 1 | | ○ |
| 2 | | ○ |
| 3 | | ○ |

| ESTOY APRENDIENDO DE: | ○ LIBRO | ○ AUDIO | ○ VIDEO |
|---|---|---|---|
| NOMBRE: | | | |
| ESTOY EN LA PÁGINA O TIEMPO DEL VIDEO: | | | |

| HÁBITOS BUENOS |
|---|
| ○ |
| ○ |
| ○ |

| HÁBITOS MALOS |
|---|
| ○ |
| ○ |
| ○ |

| REFLECCIONES POSITIVAS O NEGATIVAS | | |
|---|---|---|
| ✓ | ✕ | |
| ✓ | ✕ | |
| ✓ | ✕ | |

El éxito está en la perseverancia

| FRASE DEL DÍA: | |
|---|---|

## ESCRIBE 10 LOGROS DEL DÍA

| | |
|---|---|
| 1 | |
| 2 | |
| 3 | |
| 4 | |
| 5 | |
| 6 | |
| 7 | |
| 8 | |
| 9 | |
| 10 | |

## MOMENTOS MÁGICOS PARA RECORDAR

| | |
|---|---|
| 1 | |
| 2 | |
| 3 | |
| 4 | |
| 5 | |

## YO AGRADEZCO POR…

| | |
|---|---|
| 1 | |
| 2 | |
| 3 | |

| DÍA | # LOGRO A LARGO PLAZO: |
|---|---|

**METAS EN 3 MESES**

| TIEMPO | |
|---|---|
| PERSONAL | |
| ECONÓMICA | |

**METAS EN 1 MES**

| TIEMPO | |
|---|---|
| PERSONAL | |
| ECONÓMICA | |

**ACTIVIDADES PARA HOY**
(O MAÑANA SI SE HACE EN LA NOCHE)

| 1 | | ○ |
|---|---|---|
| 2 | | ○ |
| 3 | | ○ |

| ESTOY APRENDIENDO DE: | ○ LIBRO | ○ AUDIO | ○ VIDEO |
|---|---|---|---|
| NOMBRE: | | | |
| ESTOY EN LA PÁGINA O TIEMPO DEL VIDEO: | | | |

**HÁBITOS BUENOS**

| ○ |
|---|
| ○ |
| ○ |

**HÁBITOS MALOS**

| ○ |
|---|
| ○ |
| ○ |

**REFLECCIONES POSITIVAS O NEGATIVAS**

| ✓ | ✗ | |
|---|---|---|
| ✓ | ✗ | |
| ✓ | ✗ | |

El éxito está en la perseverancia

| FRASE DEL DÍA: | |
|---|---|

## ESCRIBE 10 LOGROS DEL DÍA

| | |
|---|---|
| 1 | |
| 2 | |
| 3 | |
| 4 | |
| 5 | |
| 6 | |
| 7 | |
| 8 | |
| 9 | |
| 10 | |

## MOMENTOS MÁGICOS PARA RECORDAR

| | |
|---|---|
| 1 | |
| 2 | |
| 3 | |
| 4 | |
| 5 | |

## YO AGRADEZCO POR...

| | |
|---|---|
| 1 | |
| 2 | |
| 3 | |

| DÍA | LOGRO A LARGO PLAZO: |
|---|---|

**METAS EN 3 MESES**

| | |
|---|---|
| TIEMPO | |
| PERSONAL | |
| ECONÓMICA | |

**METAS EN 1 MES**

| | |
|---|---|
| TIEMPO | |
| PERSONAL | |
| ECONÓMICA | |

**ACTIVIDADES PARA HOY**
(O MAÑANA SI SE HACE EN LA NOCHE)

| | | |
|---|---|---|
| 1 | | ○ |
| 2 | | ○ |
| 3 | | ○ |

| ESTOY APRENDIENDO DE: | ○ LIBRO | ○ AUDIO | ○ VIDEO |
|---|---|---|---|
| NOMBRE: | | | |
| ESTOY EN LA PÁGINA O TIEMPO DEL VIDEO: | | | |

**HÁBITOS BUENOS**

- ○
- ○
- ○

**HÁBITOS MALOS**

- ○
- ○
- ○

**REFLECCIONES POSITIVAS O NEGATIVAS**

| | | |
|---|---|---|
| ✓ | ✕ | |
| ✓ | ✕ | |
| ✓ | ✕ | |

El éxito está en la perseverancia

| FRASE DEL DÍA: | |
|---|---|

## ESCRIBE 10 LOGROS DEL DÍA

| | |
|---|---|
| 1 | |
| 2 | |
| 3 | |
| 4 | |
| 5 | |
| 6 | |
| 7 | |
| 8 | |
| 9 | |
| 10 | |

## MOMENTOS MÁGICOS PARA RECORDAR

| | |
|---|---|
| 1 | |
| 2 | |
| 3 | |
| 4 | |
| 5 | |

## YO AGRADEZCO POR...

| | |
|---|---|
| 1 | |
| 2 | |
| 3 | |

| DÍA | LOGRO A LARGO PLAZO: |
|---|---|

**METAS EN 3 MESES**

| | |
|---|---|
| TIEMPO | |
| PERSONAL | |
| ECONÓMICA | |

**METAS EN 1 MES**

| | |
|---|---|
| TIEMPO | |
| PERSONAL | |
| ECONÓMICA | |

**ACTIVIDADES PARA HOY**
(O MAÑANA SI SE HACE EN LA NOCHE)

| | | |
|---|---|---|
| 1 | | ○ |
| 2 | | ○ |
| 3 | | ○ |

| ESTOY APRENDIENDO DE: | ○ LIBRO ○ AUDIO ○ VIDEO |
|---|---|
| NOMBRE: | |
| ESTOY EN LA PÁGINA O TIEMPO DEL VIDEO: | |

**HÁBITOS BUENOS**

- ○
- ○
- ○

**HÁBITOS MALOS**

- ○
- ○
- ○

**REFLECCIONES POSITIVAS O NEGATIVAS**

| | | |
|---|---|---|
| ✓ | ✕ | |
| ✓ | ✕ | |
| ✓ | ✕ | |

El éxito está en la perseverancia

| FRASE DEL DÍA: | |
|---|---|

## ESCRIBE 10 LOGROS DEL DÍA

| | |
|---|---|
| 1 | |
| 2 | |
| 3 | |
| 4 | |
| 5 | |
| 6 | |
| 7 | |
| 8 | |
| 9 | |
| 10 | |

## MOMENTOS MÁGICOS PARA RECORDAR

| | |
|---|---|
| 1 | |
| 2 | |
| 3 | |
| 4 | |
| 5 | |

## YO AGRADEZCO POR…

| | |
|---|---|
| 1 | |
| 2 | |
| 3 | |

| DÍA | LOGRO A LARGO PLAZO: |
|---|---|

| METAS EN 3 MESES | |
|---|---|
| TIEMPO | |
| PERSONAL | |
| ECONÓMICA | |

| METAS EN 1 MES | |
|---|---|
| TIEMPO | |
| PERSONAL | |
| ECONÓMICA | |

| ACTIVIDADES PARA HOY<br>(O MAÑANA SI SE HACE EN LA NOCHE) | | |
|---|---|---|
| 1 | | ○ |
| 2 | | ○ |
| 3 | | ○ |

| ESTOY APRENDIENDO DE: | ○ LIBRO | ○ AUDIO | ○ VIDEO |
|---|---|---|---|
| NOMBRE: | | | |
| ESTOY EN LA PÁGINA O TIEMPO DEL VIDEO: | | | |

| HÁBITOS BUENOS |
|---|
| ○ |
| ○ |
| ○ |

| HÁBITOS MALOS |
|---|
| ○ |
| ○ |
| ○ |

| REFLECCIONES POSITIVAS O NEGATIVAS | | |
|---|---|---|
| ✓ | ✕ | |
| ✓ | ✕ | |
| ✓ | ✕ | |

El éxito está en la perseverancia

| FRASE DEL DÍA: | |
|---|---|

## ESCRIBE 10 LOGROS DEL DÍA

| | |
|---|---|
| 1 | |
| 2 | |
| 3 | |
| 4 | |
| 5 | |
| 6 | |
| 7 | |
| 8 | |
| 9 | |
| 10 | |

## MOMENTOS MÁGICOS PARA RECORDAR

| | |
|---|---|
| 1 | |
| 2 | |
| 3 | |
| 4 | |
| 5 | |

## YO AGRADEZCO POR…

| | |
|---|---|
| 1 | |
| 2 | |
| 3 | |

| DÍA | # LOGRO A LARGO PLAZO: |
|---|---|

| METAS EN 3 MESES | |
|---|---|
| TIEMPO | |
| PERSONAL | |
| ECONÓMICA | |

| METAS EN 1 MES | |
|---|---|
| TIEMPO | |
| PERSONAL | |
| ECONÓMICA | |

| ACTIVIDADES PARA HOY (O MAÑANA SI SE HACE EN LA NOCHE) | | |
|---|---|---|
| 1 | | ○ |
| 2 | | ○ |
| 3 | | ○ |

| ESTOY APRENDIENDO DE: | ○ LIBRO ○ AUDIO ○ VIDEO |
|---|---|
| NOMBRE: | |
| ESTOY EN LA PÁGINA O TIEMPO DEL VIDEO: | |

| HÁBITOS BUENOS |
|---|
| ○ |
| ○ |
| ○ |

| HÁBITOS MALOS |
|---|
| ○ |
| ○ |
| ○ |

| REFLECCIONES POSITIVAS O NEGATIVAS | | |
|---|---|---|
| ✓ | ✕ | |
| ✓ | ✕ | |
| ✓ | ✕ | |

El éxito está en la perseverancia

| FRASE DEL DÍA: | |
|---|---|

| ESCRIBE 10 LOGROS DEL DÍA | |
|---|---|
| 1 | |
| 2 | |
| 3 | |
| 4 | |
| 5 | |
| 6 | |
| 7 | |
| 8 | |
| 9 | |
| 10 | |

| MOMENTOS MÁGICOS PARA RECORDAR | |
|---|---|
| 1 | |
| 2 | |
| 3 | |
| 4 | |
| 5 | |

| YO AGRADEZCO POR... | |
|---|---|
| 1 | |
| 2 | |
| 3 | |

| DÍA | # LOGRO A LARGO PLAZO: |
|---|---|

**METAS EN 3 MESES**

| | |
|---|---|
| TIEMPO | |
| PERSONAL | |
| ECONÓMICA | |

**METAS EN 1 MES**

| | |
|---|---|
| TIEMPO | |
| PERSONAL | |
| ECONÓMICA | |

**ACTIVIDADES PARA HOY**
(O MAÑANA SI SE HACE EN LA NOCHE)

| | | |
|---|---|---|
| 1 | | ○ |
| 2 | | ○ |
| 3 | | ○ |

| ESTOY APRENDIENDO DE: | ○ LIBRO | ○ AUDIO | ○ VIDEO |
|---|---|---|---|
| NOMBRE: | | | |
| ESTOY EN LA PÁGINA O TIEMPO DEL VIDEO: | | | |

**HÁBITOS BUENOS**

| |
|---|
| ○ |
| ○ |
| ○ |

**HÁBITOS MALOS**

| |
|---|
| ○ |
| ○ |
| ○ |

**REFLECCIONES POSITIVAS O NEGATIVAS**

| | | |
|---|---|---|
| ✓ | × | |
| ✓ | × | |
| ✓ | × | |

El éxito está en la perseverancia

| FRASE DEL DÍA: | |
|---|---|

## ESCRIBE 10 LOGROS DEL DÍA

| | |
|---|---|
| 1 | |
| 2 | |
| 3 | |
| 4 | |
| 5 | |
| 6 | |
| 7 | |
| 8 | |
| 9 | |
| 10 | |

## MOMENTOS MÁGICOS PARA RECORDAR

| | |
|---|---|
| 1 | |
| 2 | |
| 3 | |
| 4 | |
| 5 | |

## YO AGRADEZCO POR…

| | |
|---|---|
| 1 | |
| 2 | |
| 3 | |

| DÍA | # LOGRO A LARGO PLAZO: |
|---|---|

| METAS EN 3 MESES | |
|---|---|
| TIEMPO | |
| PERSONAL | |
| ECONÓMICA | |

| METAS EN 1 MES | |
|---|---|
| TIEMPO | |
| PERSONAL | |
| ECONÓMICA | |

| ACTIVIDADES PARA HOY (O MAÑANA SI SE HACE EN LA NOCHE) | | |
|---|---|---|
| 1 | | ○ |
| 2 | | ○ |
| 3 | | ○ |

| ESTOY APRENDIENDO DE: | ○ LIBRO ○ AUDIO ○ VIDEO |
|---|---|
| NOMBRE: | |
| ESTOY EN LA PÁGINA O TIEMPO DEL VIDEO: | |

| HÁBITOS BUENOS |
|---|
| ○ |
| ○ |
| ○ |

| HÁBITOS MALOS |
|---|
| ○ |
| ○ |
| ○ |

| REFLECCIONES POSITIVAS O NEGATIVAS | | |
|---|---|---|
| ✓ | ✕ | |
| ✓ | ✕ | |
| ✓ | ✕ | |

El éxito está en la perseverancia

| FRASE DEL DÍA: | |
|---|---|

## ESCRIBE 10 LOGROS DEL DÍA

| | |
|---|---|
| 1 | |
| 2 | |
| 3 | |
| 4 | |
| 5 | |
| 6 | |
| 7 | |
| 8 | |
| 9 | |
| 10 | |

## MOMENTOS MÁGICOS PARA RECORDAR

| | |
|---|---|
| 1 | |
| 2 | |
| 3 | |
| 4 | |
| 5 | |

## YO AGRADEZCO POR…

| | |
|---|---|
| 1 | |
| 2 | |
| 3 | |

| DÍA | LOGRO A LARGO PLAZO: |
|---|---|

**METAS EN 3 MESES**

| | |
|---|---|
| TIEMPO | |
| PERSONAL | |
| ECONÓMICA | |

**METAS EN 1 MES**

| | |
|---|---|
| TIEMPO | |
| PERSONAL | |
| ECONÓMICA | |

**ACTIVIDADES PARA HOY**
(O MAÑANA SI SE HACE EN LA NOCHE)

| | | |
|---|---|---|
| 1 | | ○ |
| 2 | | ○ |
| 3 | | ○ |

| ESTOY APRENDIENDO DE: | ○ LIBRO | ○ AUDIO | ○ VIDEO |
|---|---|---|---|
| NOMBRE: | | | |
| ESTOY EN LA PÁGINA O TIEMPO DEL VIDEO: | | | |

**HÁBITOS BUENOS**

| |
|---|
| ○ |
| ○ |
| ○ |

**HÁBITOS MALOS**

| |
|---|
| ○ |
| ○ |
| ○ |

**REFLECCIONES POSITIVAS O NEGATIVAS**

| | | |
|---|---|---|
| ✓ | ✕ | |
| ✓ | ✕ | |
| ✓ | ✕ | |

El éxito está en la perseverancia

| FRASE DEL DÍA: | |
|---|---|

## ESCRIBE 10 LOGROS DEL DÍA

| | |
|---|---|
| 1 | |
| 2 | |
| 3 | |
| 4 | |
| 5 | |
| 6 | |
| 7 | |
| 8 | |
| 9 | |
| 10 | |

## MOMENTOS MÁGICOS PARA RECORDAR

| | |
|---|---|
| 1 | |
| 2 | |
| 3 | |
| 4 | |
| 5 | |

## YO AGRADEZCO POR...

| | |
|---|---|
| 1 | |
| 2 | |
| 3 | |

| DÍA | # LOGRO A LARGO PLAZO: |
|---|---|

**METAS EN 3 MESES**

| | |
|---|---|
| TIEMPO | |
| PERSONAL | |
| ECONÓMICA | |

**METAS EN 1 MES**

| | |
|---|---|
| TIEMPO | |
| PERSONAL | |
| ECONÓMICA | |

**ACTIVIDADES PARA HOY**
(O MAÑANA SI SE HACE EN LA NOCHE)

| | | |
|---|---|---|
| 1 | | ○ |
| 2 | | ○ |
| 3 | | ○ |

| ESTOY APRENDIENDO DE: | ○ LIBRO | ○ AUDIO | ○ VIDEO |
|---|---|---|---|
| NOMBRE: | | | |
| ESTOY EN LA PÁGINA O TIEMPO DEL VIDEO: | | | |

**HÁBITOS BUENOS**

| |
|---|
| ○ |
| ○ |
| ○ |

**HÁBITOS MALOS**

| |
|---|
| ○ |
| ○ |
| ○ |

**REFLECCIONES POSITIVAS O NEGATIVAS**

| | | |
|---|---|---|
| ✓ | ✕ | |
| ✓ | ✕ | |
| ✓ | ✕ | |

El éxito está en la perseverancia

| FRASE DEL DÍA: | |
|---|---|

## ESCRIBE 10 LOGROS DEL DÍA

| | |
|---|---|
| 1 | |
| 2 | |
| 3 | |
| 4 | |
| 5 | |
| 6 | |
| 7 | |
| 8 | |
| 9 | |
| 10 | |

## MOMENTOS MÁGICOS PARA RECORDAR

| | |
|---|---|
| 1 | |
| 2 | |
| 3 | |
| 4 | |
| 5 | |

## YO AGRADEZCO POR...

| | |
|---|---|
| 1 | |
| 2 | |
| 3 | |

| DÍA | LOGRO A LARGO PLAZO: |
|---|---|

**METAS EN 3 MESES**

| | |
|---|---|
| TIEMPO | |
| PERSONAL | |
| ECONÓMICA | |

**METAS EN 1 MES**

| | |
|---|---|
| TIEMPO | |
| PERSONAL | |
| ECONÓMICA | |

**ACTIVIDADES PARA HOY**
**(O MAÑANA SI SE HACE EN LA NOCHE)**

| | | |
|---|---|---|
| 1 | | ○ |
| 2 | | ○ |
| 3 | | ○ |

| ESTOY APRENDIENDO DE: | ○ LIBRO | ○ AUDIO | ○ VIDEO |
|---|---|---|---|
| NOMBRE: | | | |
| ESTOY EN LA PÁGINA O TIEMPO DEL VIDEO: | | | |

**HÁBITOS BUENOS**

| |
|---|
| ○ |
| ○ |
| ○ |

**HÁBITOS MALOS**

| |
|---|
| ○ |
| ○ |
| ○ |

**REFLECCIONES POSITIVAS O NEGATIVAS**

| | | |
|---|---|---|
| ✓ | ✕ | |
| ✓ | ✕ | |
| ✓ | ✕ | |

El éxito está en la perseverancia

| FRASE DEL DÍA: | |
|---|---|

## ESCRIBE 10 LOGROS DEL DÍA

| | |
|---|---|
| 1 | |
| 2 | |
| 3 | |
| 4 | |
| 5 | |
| 6 | |
| 7 | |
| 8 | |
| 9 | |
| 10 | |

## MOMENTOS MÁGICOS PARA RECORDAR

| | |
|---|---|
| 1 | |
| 2 | |
| 3 | |
| 4 | |
| 5 | |

## YO AGRADEZCO POR…

| | |
|---|---|
| 1 | |
| 2 | |
| 3 | |

| DÍA | LOGRO A LARGO PLAZO: |
|---|---|

**METAS EN 3 MESES**

| | |
|---|---|
| TIEMPO | |
| PERSONAL | |
| ECONÓMICA | |

**METAS EN 1 MES**

| | |
|---|---|
| TIEMPO | |
| PERSONAL | |
| ECONÓMICA | |

**ACTIVIDADES PARA HOY**
(O MAÑANA SI SE HACE EN LA NOCHE)

| | | |
|---|---|---|
| 1 | | ○ |
| 2 | | ○ |
| 3 | | ○ |

| ESTOY APRENDIENDO DE: | ○ LIBRO | ○ AUDIO | ○ VIDEO |
|---|---|---|---|
| NOMBRE: | | | |
| ESTOY EN LA PÁGINA O TIEMPO DEL VIDEO: | | | |

**HÁBITOS BUENOS**

| |
|---|
| ○ |
| ○ |
| ○ |

**HÁBITOS MALOS**

| |
|---|
| ○ |
| ○ |
| ○ |

**REFLECCIONES POSITIVAS O NEGATIVAS**

| | | |
|---|---|---|
| ✓ | ✕ | |
| ✓ | ✕ | |
| ✓ | ✕ | |

El éxito está en la perseverancia

| FRASE DEL DÍA: | |
|---|---|

## ESCRIBE 10 LOGROS DEL DÍA

| | |
|---|---|
| 1 | |
| 2 | |
| 3 | |
| 4 | |
| 5 | |
| 6 | |
| 7 | |
| 8 | |
| 9 | |
| 10 | |

## MOMENTOS MÁGICOS PARA RECORDAR

| | |
|---|---|
| 1 | |
| 2 | |
| 3 | |
| 4 | |
| 5 | |

## YO AGRADEZCO POR…

| | |
|---|---|
| 1 | |
| 2 | |
| 3 | |

| DÍA | LOGRO A LARGO PLAZO: |
|---|---|

| METAS EN 3 MESES | |
|---|---|
| TIEMPO | |
| PERSONAL | |
| ECONÓMICA | |

| METAS EN 1 MES | |
|---|---|
| TIEMPO | |
| PERSONAL | |
| ECONÓMICA | |

| ACTIVIDADES PARA HOY (O MAÑANA SI SE HACE EN LA NOCHE) | | |
|---|---|---|
| 1 | | ○ |
| 2 | | ○ |
| 3 | | ○ |

| ESTOY APRENDIENDO DE: | ○ LIBRO | ○ AUDIO | ○ VIDEO |
|---|---|---|---|
| NOMBRE: | | | |
| ESTOY EN LA PÁGINA O TIEMPO DEL VIDEO: | | | |

| HÁBITOS BUENOS |
|---|
| ○ |
| ○ |
| ○ |

| HÁBITOS MALOS |
|---|
| ○ |
| ○ |
| ○ |

| REFLECCIONES POSITIVAS O NEGATIVAS | | |
|---|---|---|
| ✓ | ✕ | |
| ✓ | ✕ | |
| ✓ | ✕ | |

El éxito está en la perseverancia

| FRASE DEL DÍA: | |
|---|---|

## ESCRIBE 10 LOGROS DEL DÍA

| | |
|---|---|
| 1 | |
| 2 | |
| 3 | |
| 4 | |
| 5 | |
| 6 | |
| 7 | |
| 8 | |
| 9 | |
| 10 | |

## MOMENTOS MÁGICOS PARA RECORDAR

| | |
|---|---|
| 1 | |
| 2 | |
| 3 | |
| 4 | |
| 5 | |

## YO AGRADEZCO POR...

| | |
|---|---|
| 1 | |
| 2 | |
| 3 | |

| DÍA | LOGRO A LARGO PLAZO: |
|---|---|

**METAS EN 3 MESES**

| | |
|---|---|
| TIEMPO | |
| PERSONAL | |
| ECONÓMICA | |

**METAS EN 1 MES**

| | |
|---|---|
| TIEMPO | |
| PERSONAL | |
| ECONÓMICA | |

**ACTIVIDADES PARA HOY**
(O MAÑANA SI SE HACE EN LA NOCHE)

| | | |
|---|---|---|
| 1 | | ○ |
| 2 | | ○ |
| 3 | | ○ |

| ESTOY APRENDIENDO DE: | ○ LIBRO ○ AUDIO ○ VIDEO |
|---|---|
| NOMBRE: | |
| ESTOY EN LA PÁGINA O TIEMPO DEL VIDEO: | |

**HÁBITOS BUENOS**

| |
|---|
| ○ |
| ○ |
| ○ |

**HÁBITOS MALOS**

| |
|---|
| ○ |
| ○ |
| ○ |

**REFLECCIONES POSITIVAS O NEGATIVAS**

| | | |
|---|---|---|
| ✓ | ✕ | |
| ✓ | ✕ | |
| ✓ | ✕ | |

El éxito está en la perseverancia

| FRASE DEL DÍA: | |
|---|---|

## ESCRIBE 10 LOGROS DEL DÍA

| | |
|---|---|
| 1 | |
| 2 | |
| 3 | |
| 4 | |
| 5 | |
| 6 | |
| 7 | |
| 8 | |
| 9 | |
| 10 | |

## MOMENTOS MÁGICOS PARA RECORDAR

| | |
|---|---|
| 1 | |
| 2 | |
| 3 | |
| 4 | |
| 5 | |

## YO AGRADEZCO POR…

| | |
|---|---|
| 1 | |
| 2 | |
| 3 | |

| DÍA | # LOGRO A LARGO PLAZO: |
|---|---|

| METAS EN 3 MESES | |
|---|---|
| TIEMPO | |
| PERSONAL | |
| ECONÓMICA | |

| METAS EN 1 MES | |
|---|---|
| TIEMPO | |
| PERSONAL | |
| ECONÓMICA | |

| ACTIVIDADES PARA HOY<br>(O MAÑANA SI SE HACE EN LA NOCHE) | | |
|---|---|---|
| 1 | | ○ |
| 2 | | ○ |
| 3 | | ○ |

| ESTOY APRENDIENDO DE: | ○ LIBRO | ○ AUDIO | ○ VIDEO |
|---|---|---|---|
| NOMBRE: | | | |
| ESTOY EN LA PÁGINA O TIEMPO DEL VIDEO: | | | |

| HÁBITOS BUENOS |
|---|
| ○ |
| ○ |
| ○ |

| HÁBITOS MALOS |
|---|
| ○ |
| ○ |
| ○ |

| REFLECCIONES POSITIVAS O NEGATIVAS | | |
|---|---|---|
| ✓ | ✕ | |
| ✓ | ✕ | |
| ✓ | ✕ | |

El éxito está en la perseverancia

| FRASE DEL DÍA: | |
|---|---|

## ESCRIBE 10 LOGROS DEL DÍA

| | |
|---|---|
| 1 | |
| 2 | |
| 3 | |
| 4 | |
| 5 | |
| 6 | |
| 7 | |
| 8 | |
| 9 | |
| 10 | |

## MOMENTOS MÁGICOS PARA RECORDAR

| | |
|---|---|
| 1 | |
| 2 | |
| 3 | |
| 4 | |
| 5 | |

## YO AGRADEZCO POR…

| | |
|---|---|
| 1 | |
| 2 | |
| 3 | |

| DÍA | LOGRO A LARGO PLAZO: |
| --- | --- |

**METAS EN 3 MESES**

| | |
| --- | --- |
| TIEMPO | |
| PERSONAL | |
| ECONÓMICA | |

**METAS EN 1 MES**

| | |
| --- | --- |
| TIEMPO | |
| PERSONAL | |
| ECONÓMICA | |

**ACTIVIDADES PARA HOY**
(O MAÑANA SI SE HACE EN LA NOCHE)

| | | |
| --- | --- | --- |
| 1 | | ○ |
| 2 | | ○ |
| 3 | | ○ |

| ESTOY APRENDIENDO DE: | ○ LIBRO ○ AUDIO ○ VIDEO |
| --- | --- |
| NOMBRE: | |
| ESTOY EN LA PÁGINA O TIEMPO DEL VIDEO: | |

**HÁBITOS BUENOS**

- ○
- ○
- ○

**HÁBITOS MALOS**

- ○
- ○
- ○

**REFLECCIONES POSITIVAS O NEGATIVAS**

| | | |
| --- | --- | --- |
| ✓ | ✗ | |
| ✓ | ✗ | |
| ✓ | ✗ | |

El éxito está en la perseverancia

| FRASE DEL DÍA: | |
|---|---|

## ESCRIBE 10 LOGROS DEL DÍA

| | |
|---|---|
| 1 | |
| 2 | |
| 3 | |
| 4 | |
| 5 | |
| 6 | |
| 7 | |
| 8 | |
| 9 | |
| 10 | |

## MOMENTOS MÁGICOS PARA RECORDAR

| | |
|---|---|
| 1 | |
| 2 | |
| 3 | |
| 4 | |
| 5 | |

## YO AGRADEZCO POR…

| | |
|---|---|
| 1 | |
| 2 | |
| 3 | |

| DÍA | # LOGRO A LARGO PLAZO: |
|---|---|

| METAS EN 3 MESES | |
|---|---|
| TIEMPO | |
| PERSONAL | |
| ECONÓMICA | |

| METAS EN 1 MES | |
|---|---|
| TIEMPO | |
| PERSONAL | |
| ECONÓMICA | |

| ACTIVIDADES PARA HOY (O MAÑANA SI SE HACE EN LA NOCHE) | | |
|---|---|---|
| 1 | | ○ |
| 2 | | ○ |
| 3 | | ○ |

| ESTOY APRENDIENDO DE: | ○ LIBRO ○ AUDIO ○ VIDEO |
|---|---|
| NOMBRE: | |
| ESTOY EN LA PÁGINA O TIEMPO DEL VIDEO: | |

| HÁBITOS BUENOS |
|---|
| ○ |
| ○ |
| ○ |

| HÁBITOS MALOS |
|---|
| ○ |
| ○ |
| ○ |

| REFLECCIONES POSITIVAS O NEGATIVAS | | |
|---|---|---|
| ✓ | ✕ | |
| ✓ | ✕ | |
| ✓ | ✕ | |

El éxito está en la perseverancia

| FRASE DEL DÍA: | |
|---|---|

## ESCRIBE 10 LOGROS DEL DÍA

| | |
|---|---|
| 1 | |
| 2 | |
| 3 | |
| 4 | |
| 5 | |
| 6 | |
| 7 | |
| 8 | |
| 9 | |
| 10 | |

## MOMENTOS MÁGICOS PARA RECORDAR

| | |
|---|---|
| 1 | |
| 2 | |
| 3 | |
| 4 | |
| 5 | |

## YO AGRADEZCO POR...

| | |
|---|---|
| 1 | |
| 2 | |
| 3 | |

| DÍA | # LOGRO A LARGO PLAZO: |
|---|---|

| METAS EN 3 MESES | |
|---|---|
| TIEMPO | |
| PERSONAL | |
| ECONÓMICA | |

| METAS EN 1 MES | |
|---|---|
| TIEMPO | |
| PERSONAL | |
| ECONÓMICA | |

| ACTIVIDADES PARA HOY (O MAÑANA SI SE HACE EN LA NOCHE) | | |
|---|---|---|
| 1 | | ○ |
| 2 | | ○ |
| 3 | | ○ |

| ESTOY APRENDIENDO DE: | ○ LIBRO | ○ AUDIO | ○ VIDEO |
|---|---|---|---|
| NOMBRE: | | | |
| ESTOY EN LA PÁGINA O TIEMPO DEL VIDEO: | | | |

| HÁBITOS BUENOS |
|---|
| ○ |
| ○ |
| ○ |

| HÁBITOS MALOS |
|---|
| ○ |
| ○ |
| ○ |

| REFLECCIONES POSITIVAS O NEGATIVAS | | |
|---|---|---|
| ✓ | ✕ | |
| ✓ | ✕ | |
| ✓ | ✕ | |

El éxito está en la perseverancia

| FRASE DEL DÍA: | |
|---|---|

## ESCRIBE 10 LOGROS DEL DÍA

| | |
|---|---|
| 1 | |
| 2 | |
| 3 | |
| 4 | |
| 5 | |
| 6 | |
| 7 | |
| 8 | |
| 9 | |
| 10 | |

## MOMENTOS MÁGICOS PARA RECORDAR

| | |
|---|---|
| 1 | |
| 2 | |
| 3 | |
| 4 | |
| 5 | |

## YO AGRADEZCO POR...

| | |
|---|---|
| 1 | |
| 2 | |
| 3 | |

| DÍA | LOGRO A LARGO PLAZO: |
|---|---|

**METAS EN 3 MESES**

| | |
|---|---|
| TIEMPO | |
| PERSONAL | |
| ECONÓMICA | |

**METAS EN 1 MES**

| | |
|---|---|
| TIEMPO | |
| PERSONAL | |
| ECONÓMICA | |

**ACTIVIDADES PARA HOY**
(O MAÑANA SI SE HACE EN LA NOCHE)

| | | |
|---|---|---|
| 1 | | ○ |
| 2 | | ○ |
| 3 | | ○ |

| ESTOY APRENDIENDO DE: | ○ LIBRO | ○ AUDIO | ○ VIDEO |
|---|---|---|---|
| NOMBRE: | | | |
| ESTOY EN LA PÁGINA O TIEMPO DEL VIDEO: | | | |

**HÁBITOS BUENOS**

| |
|---|
| ○ |
| ○ |
| ○ |

**HÁBITOS MALOS**

| |
|---|
| ○ |
| ○ |
| ○ |

**REFLECCIONES POSITIVAS O NEGATIVAS**

| | | |
|---|---|---|
| ✓ | ✕ | |
| ✓ | ✕ | |
| ✓ | ✕ | |

El éxito está en la perseverancia

| FRASE DEL DÍA: | |
|---|---|

| ESCRIBE 10 LOGROS DEL DÍA | |
|---|---|
| 1 | |
| 2 | |
| 3 | |
| 4 | |
| 5 | |
| 6 | |
| 7 | |
| 8 | |
| 9 | |
| 10 | |

| MOMENTOS MÁGICOS PARA RECORDAR | |
|---|---|
| 1 | |
| 2 | |
| 3 | |
| 4 | |
| 5 | |

| YO AGRADEZCO POR… | |
|---|---|
| 1 | |
| 2 | |
| 3 | |

| DÍA | LOGRO A LARGO PLAZO: |
|---|---|

| METAS EN 3 MESES | |
|---|---|
| TIEMPO | |
| PERSONAL | |
| ECONÓMICA | |

| METAS EN 1 MES | |
|---|---|
| TIEMPO | |
| PERSONAL | |
| ECONÓMICA | |

| ACTIVIDADES PARA HOY (O MAÑANA SI SE HACE EN LA NOCHE) | | |
|---|---|---|
| 1 | | ○ |
| 2 | | ○ |
| 3 | | ○ |

| ESTOY APRENDIENDO DE: | ○ LIBRO ○ AUDIO ○ VIDEO |
|---|---|
| NOMBRE: | |
| ESTOY EN LA PÁGINA O TIEMPO DEL VIDEO: | |

| HÁBITOS BUENOS |
|---|
| ○ |
| ○ |
| ○ |

| HÁBITOS MALOS |
|---|
| ○ |
| ○ |
| ○ |

| REFLECCIONES POSITIVAS O NEGATIVAS | | |
|---|---|---|
| ✓ | ✕ | |
| ✓ | ✕ | |
| ✓ | ✕ | |

El éxito está en la perseverancia

| FRASE DEL DÍA: | |
|---|---|

## ESCRIBE 10 LOGROS DEL DÍA

| | |
|---|---|
| 1 | |
| 2 | |
| 3 | |
| 4 | |
| 5 | |
| 6 | |
| 7 | |
| 8 | |
| 9 | |
| 10 | |

## MOMENTOS MÁGICOS PARA RECORDAR

| | |
|---|---|
| 1 | |
| 2 | |
| 3 | |
| 4 | |
| 5 | |

## YO AGRADEZCO POR…

| | |
|---|---|
| 1 | |
| 2 | |
| 3 | |

| DÍA | # LOGRO A LARGO PLAZO: |
|---|---|

| METAS EN 3 MESES | |
|---|---|
| TIEMPO | |
| PERSONAL | |
| ECONÓMICA | |

| METAS EN 1 MES | |
|---|---|
| TIEMPO | |
| PERSONAL | |
| ECONÓMICA | |

| ACTIVIDADES PARA HOY<br>(O MAÑANA SI SE HACE EN LA NOCHE) | | |
|---|---|---|
| 1 | | ○ |
| 2 | | ○ |
| 3 | | ○ |

| ESTOY APRENDIENDO DE: | ○ LIBRO ○ AUDIO ○ VIDEO |
|---|---|
| NOMBRE: | |
| ESTOY EN LA PÁGINA O TIEMPO DEL VIDEO: | |

| HÁBITOS BUENOS |
|---|
| ○ |
| ○ |
| ○ |

| HÁBITOS MALOS |
|---|
| ○ |
| ○ |
| ○ |

| REFLECCIONES POSITIVAS O NEGATIVAS | | |
|---|---|---|
| ✓ | ✕ | |
| ✓ | ✕ | |
| ✓ | ✕ | |

El éxito está en la perseverancia

| FRASE DEL DÍA: | |
|---|---|

## ESCRIBE 10 LOGROS DEL DÍA

| | |
|---|---|
| 1 | |
| 2 | |
| 3 | |
| 4 | |
| 5 | |
| 6 | |
| 7 | |
| 8 | |
| 9 | |
| 10 | |

## MOMENTOS MÁGICOS PARA RECORDAR

| | |
|---|---|
| 1 | |
| 2 | |
| 3 | |
| 4 | |
| 5 | |

## YO AGRADEZCO POR…

| | |
|---|---|
| 1 | |
| 2 | |
| 3 | |

| DÍA | LOGRO A LARGO PLAZO: |
|---|---|

| METAS EN 3 MESES | |
|---|---|
| TIEMPO | |
| PERSONAL | |
| ECONÓMICA | |

| METAS EN 1 MES | |
|---|---|
| TIEMPO | |
| PERSONAL | |
| ECONÓMICA | |

| ACTIVIDADES PARA HOY (O MAÑANA SI SE HACE EN LA NOCHE) | | |
|---|---|---|
| 1 | | ○ |
| 2 | | ○ |
| 3 | | ○ |

| ESTOY APRENDIENDO DE: | ○ LIBRO | ○ AUDIO | ○ VIDEO |
|---|---|---|---|
| NOMBRE: | | | |
| ESTOY EN LA PÁGINA O TIEMPO DEL VIDEO: | | | |

| HÁBITOS BUENOS |
|---|
| ○ |
| ○ |
| ○ |

| HÁBITOS MALOS |
|---|
| ○ |
| ○ |
| ○ |

| REFLECCIONES POSITIVAS O NEGATIVAS | | |
|---|---|---|
| ✓ | ✕ | |
| ✓ | ✕ | |
| ✓ | ✕ | |

El éxito está en la perseverancia

| FRASE DEL DÍA: | |
|---|---|

## ESCRIBE 10 LOGROS DEL DÍA

| | |
|---|---|
| 1 | |
| 2 | |
| 3 | |
| 4 | |
| 5 | |
| 6 | |
| 7 | |
| 8 | |
| 9 | |
| 10 | |

## MOMENTOS MÁGICOS PARA RECORDAR

| | |
|---|---|
| 1 | |
| 2 | |
| 3 | |
| 4 | |
| 5 | |

## YO AGRADEZCO POR…

| | |
|---|---|
| 1 | |
| 2 | |
| 3 | |

| DÍA | # LOGRO A LARGO PLAZO: |
|---|---|

**METAS EN 3 MESES**

| | |
|---|---|
| TIEMPO | |
| PERSONAL | |
| ECONÓMICA | |

**METAS EN 1 MES**

| | |
|---|---|
| TIEMPO | |
| PERSONAL | |
| ECONÓMICA | |

**ACTIVIDADES PARA HOY**
(O MAÑANA SI SE HACE EN LA NOCHE)

| | | |
|---|---|---|
| 1 | | ○ |
| 2 | | ○ |
| 3 | | ○ |

| ESTOY APRENDIENDO DE: | ○ LIBRO | ○ AUDIO | ○ VIDEO |
|---|---|---|---|
| NOMBRE: | | | |
| ESTOY EN LA PÁGINA O TIEMPO DEL VIDEO: | | | |

**HÁBITOS BUENOS**

| |
|---|
| ○ |
| ○ |
| ○ |

**HÁBITOS MALOS**

| |
|---|
| ○ |
| ○ |
| ○ |

**REFLECCIONES POSITIVAS O NEGATIVAS**

| | | |
|---|---|---|
| ✓ | ✗ | |
| ✓ | ✗ | |
| ✓ | ✗ | |

El éxito está en la perseverancia

| FRASE DEL DÍA: | |
|---|---|

## ESCRIBE 10 LOGROS DEL DÍA

| | |
|---|---|
| 1 | |
| 2 | |
| 3 | |
| 4 | |
| 5 | |
| 6 | |
| 7 | |
| 8 | |
| 9 | |
| 10 | |

## MOMENTOS MÁGICOS PARA RECORDAR

| | |
|---|---|
| 1 | |
| 2 | |
| 3 | |
| 4 | |
| 5 | |

## YO AGRADEZCO POR…

| | |
|---|---|
| 1 | |
| 2 | |
| 3 | |

| DÍA | LOGRO A LARGO PLAZO: |
|---|---|

**METAS EN 3 MESES**

| | |
|---|---|
| TIEMPO | |
| PERSONAL | |
| ECONÓMICA | |

**METAS EN 1 MES**

| | |
|---|---|
| TIEMPO | |
| PERSONAL | |
| ECONÓMICA | |

**ACTIVIDADES PARA HOY**
(O MAÑANA SI SE HACE EN LA NOCHE)

| | | |
|---|---|---|
| 1 | | ○ |
| 2 | | ○ |
| 3 | | ○ |

| ESTOY APRENDIENDO DE: | ○ LIBRO | ○ AUDIO | ○ VIDEO |
|---|---|---|---|
| NOMBRE: | | | |
| ESTOY EN LA PÁGINA O TIEMPO DEL VIDEO: | | | |

**HÁBITOS BUENOS**

- ○
- ○
- ○

**HÁBITOS MALOS**

- ○
- ○
- ○

**REFLECCIONES POSITIVAS O NEGATIVAS**

| | | |
|---|---|---|
| ✓ | ✕ | |
| ✓ | ✕ | |
| ✓ | ✕ | |

El éxito está en la perseverancia

| FRASE DEL DÍA: | |
|---|---|

## ESCRIBE 10 LOGROS DEL DÍA

| | |
|---|---|
| 1 | |
| 2 | |
| 3 | |
| 4 | |
| 5 | |
| 6 | |
| 7 | |
| 8 | |
| 9 | |
| 10 | |

## MOMENTOS MÁGICOS PARA RECORDAR

| | |
|---|---|
| 1 | |
| 2 | |
| 3 | |
| 4 | |
| 5 | |

## YO AGRADEZCO POR…

| | |
|---|---|
| 1 | |
| 2 | |
| 3 | |

| DÍA | LOGRO A LARGO PLAZO: |
|---|---|

| METAS EN 3 MESES | |
|---|---|
| TIEMPO | |
| PERSONAL | |
| ECONÓMICA | |

| METAS EN 1 MES | |
|---|---|
| TIEMPO | |
| PERSONAL | |
| ECONÓMICA | |

| ACTIVIDADES PARA HOY (O MAÑANA SI SE HACE EN LA NOCHE) | | |
|---|---|---|
| 1 | | ○ |
| 2 | | ○ |
| 3 | | ○ |

| ESTOY APRENDIENDO DE: | ○ LIBRO | ○ AUDIO | ○ VIDEO |
|---|---|---|---|
| NOMBRE: | | | |
| ESTOY EN LA PÁGINA O TIEMPO DEL VIDEO: | | | |

| HÁBITOS BUENOS |
|---|
| ○ |
| ○ |
| ○ |

| HÁBITOS MALOS |
|---|
| ○ |
| ○ |
| ○ |

| REFLECCIONES POSITIVAS O NEGATIVAS | | |
|---|---|---|
| ✓ | ✗ | |
| ✓ | ✗ | |
| ✓ | ✗ | |

El éxito está en la perseverancia

| FRASE DEL DÍA: | |
|---|---|

## ESCRIBE 10 LOGROS DEL DÍA

| | |
|---|---|
| 1 | |
| 2 | |
| 3 | |
| 4 | |
| 5 | |
| 6 | |
| 7 | |
| 8 | |
| 9 | |
| 10 | |

## MOMENTOS MÁGICOS PARA RECORDAR

| | |
|---|---|
| 1 | |
| 2 | |
| 3 | |
| 4 | |
| 5 | |

## YO AGRADEZCO POR…

| | |
|---|---|
| 1 | |
| 2 | |
| 3 | |

| DÍA | LOGRO A LARGO PLAZO: |
|---|---|

**METAS EN 3 MESES**

| | |
|---|---|
| TIEMPO | |
| PERSONAL | |
| ECONÓMICA | |

**METAS EN 1 MES**

| | |
|---|---|
| TIEMPO | |
| PERSONAL | |
| ECONÓMICA | |

**ACTIVIDADES PARA HOY**
(O MAÑANA SI SE HACE EN LA NOCHE)

| | | |
|---|---|---|
| 1 | | ○ |
| 2 | | ○ |
| 3 | | ○ |

| ESTOY APRENDIENDO DE: | ○ LIBRO | ○ AUDIO | ○ VIDEO |
|---|---|---|---|
| NOMBRE: | | | |
| ESTOY EN LA PÁGINA O TIEMPO DEL VIDEO: | | | |

**HÁBITOS BUENOS**

| |
|---|
| ○ |
| ○ |
| ○ |

**HÁBITOS MALOS**

| |
|---|
| ○ |
| ○ |
| ○ |

**REFLECCIONES POSITIVAS O NEGATIVAS**

| | | |
|---|---|---|
| ✓ | ✕ | |
| ✓ | ✕ | |
| ✓ | ✕ | |

El éxito está en la perseverancia

| FRASE DEL DÍA: | |
|---|---|

## ESCRIBE 10 LOGROS DEL DÍA

| | |
|---|---|
| 1 | |
| 2 | |
| 3 | |
| 4 | |
| 5 | |
| 6 | |
| 7 | |
| 8 | |
| 9 | |
| 10 | |

## MOMENTOS MÁGICOS PARA RECORDAR

| | |
|---|---|
| 1 | |
| 2 | |
| 3 | |
| 4 | |
| 5 | |

## YO AGRADEZCO POR...

| | |
|---|---|
| 1 | |
| 2 | |
| 3 | |

| DÍA | LOGRO A LARGO PLAZO: |
|---|---|

**METAS EN 3 MESES**

| | |
|---|---|
| TIEMPO | |
| PERSONAL | |
| ECONÓMICA | |

**METAS EN 1 MES**

| | |
|---|---|
| TIEMPO | |
| PERSONAL | |
| ECONÓMICA | |

**ACTIVIDADES PARA HOY**
(O MAÑANA SI SE HACE EN LA NOCHE)

| | | |
|---|---|---|
| 1 | | ○ |
| 2 | | ○ |
| 3 | | ○ |

| ESTOY APRENDIENDO DE: | ○ LIBRO | ○ AUDIO | ○ VIDEO |
|---|---|---|---|
| NOMBRE: | | | |
| ESTOY EN LA PÁGINA O TIEMPO DEL VIDEO: | | | |

**HÁBITOS BUENOS**

| |
|---|
| ○ |
| ○ |
| ○ |

**HÁBITOS MALOS**

| |
|---|
| ○ |
| ○ |
| ○ |

**REFLECCIONES POSITIVAS O NEGATIVAS**

| | | |
|---|---|---|
| ✓ | ✕ | |
| ✓ | ✕ | |
| ✓ | ✕ | |

El éxito está en la perseverancia

| FRASE DEL DÍA: | |
|---|---|

## ESCRIBE 10 LOGROS DEL DÍA

| | |
|---|---|
| 1 | |
| 2 | |
| 3 | |
| 4 | |
| 5 | |
| 6 | |
| 7 | |
| 8 | |
| 9 | |
| 10 | |

## MOMENTOS MÁGICOS PARA RECORDAR

| | |
|---|---|
| 1 | |
| 2 | |
| 3 | |
| 4 | |
| 5 | |

## YO AGRADEZCO POR…

| | |
|---|---|
| 1 | |
| 2 | |
| 3 | |

| DÍA | LOGRO A LARGO PLAZO: |
|---|---|

**METAS EN 3 MESES**

| | |
|---|---|
| TIEMPO | |
| PERSONAL | |
| ECONÓMICA | |

**METAS EN 1 MES**

| | |
|---|---|
| TIEMPO | |
| PERSONAL | |
| ECONÓMICA | |

**ACTIVIDADES PARA HOY**
**(O MAÑANA SI SE HACE EN LA NOCHE)**

| | | |
|---|---|---|
| 1 | | ○ |
| 2 | | ○ |
| 3 | | ○ |

| ESTOY APRENDIENDO DE: | ○ LIBRO ○ AUDIO ○ VIDEO |
|---|---|
| NOMBRE: | |
| ESTOY EN LA PÁGINA O TIEMPO DEL VIDEO: | |

**HÁBITOS BUENOS**

| |
|---|
| ○ |
| ○ |
| ○ |

**HÁBITOS MALOS**

| |
|---|
| ○ |
| ○ |
| ○ |

**REFLECCIONES POSITIVAS O NEGATIVAS**

| | | |
|---|---|---|
| ✓ | ✕ | |
| ✓ | ✕ | |
| ✓ | ✕ | |

El éxito está en la perseverancia

| FRASE DEL DÍA: | |
|---|---|

## ESCRIBE 10 LOGROS DEL DÍA

| | |
|---|---|
| 1 | |
| 2 | |
| 3 | |
| 4 | |
| 5 | |
| 6 | |
| 7 | |
| 8 | |
| 9 | |
| 10 | |

## MOMENTOS MÁGICOS PARA RECORDAR

| | |
|---|---|
| 1 | |
| 2 | |
| 3 | |
| 4 | |
| 5 | |

## YO AGRADEZCO POR…

| | |
|---|---|
| 1 | |
| 2 | |
| 3 | |

| DÍA | LOGRO A LARGO PLAZO: |
|---|---|

| METAS EN 3 MESES | |
|---|---|
| TIEMPO | |
| PERSONAL | |
| ECONÓMICA | |

| METAS EN 1 MES | |
|---|---|
| TIEMPO | |
| PERSONAL | |
| ECONÓMICA | |

| ACTIVIDADES PARA HOY (O MAÑANA SI SE HACE EN LA NOCHE) | | |
|---|---|---|
| 1 | | ○ |
| 2 | | ○ |
| 3 | | ○ |

| ESTOY APRENDIENDO DE: | ○ LIBRO ○ AUDIO ○ VIDEO |
|---|---|
| NOMBRE: | |
| ESTOY EN LA PÁGINA O TIEMPO DEL VIDEO: | |

| HÁBITOS BUENOS |
|---|
| ○ |
| ○ |
| ○ |

| HÁBITOS MALOS |
|---|
| ○ |
| ○ |
| ○ |

| REFLECCIONES POSITIVAS O NEGATIVAS | | |
|---|---|---|
| ✓ | ✕ | |
| ✓ | ✕ | |
| ✓ | ✕ | |

El éxito está en la perseverancia

| FRASE DEL DÍA: | |
|---|---|

| ESCRIBE 10 LOGROS DEL DÍA | |
|---|---|
| 1 | |
| 2 | |
| 3 | |
| 4 | |
| 5 | |
| 6 | |
| 7 | |
| 8 | |
| 9 | |
| 10 | |

| MOMENTOS MÁGICOS PARA RECORDAR | |
|---|---|
| 1 | |
| 2 | |
| 3 | |
| 4 | |
| 5 | |

| YO AGRADEZCO POR… | |
|---|---|
| 1 | |
| 2 | |
| 3 | |

| DÍA | # LOGRO A LARGO PLAZO: |
|---|---|

**METAS EN 3 MESES**

| | |
|---|---|
| TIEMPO | |
| PERSONAL | |
| ECONÓMICA | |

**METAS EN 1 MES**

| | |
|---|---|
| TIEMPO | |
| PERSONAL | |
| ECONÓMICA | |

**ACTIVIDADES PARA HOY**
(O MAÑANA SI SE HACE EN LA NOCHE)

| | | |
|---|---|---|
| 1 | | ○ |
| 2 | | ○ |
| 3 | | ○ |

| ESTOY APRENDIENDO DE: | ○ LIBRO | ○ AUDIO | ○ VIDEO |
|---|---|---|---|
| NOMBRE: | | | |
| ESTOY EN LA PÁGINA O TIEMPO DEL VIDEO: | | | |

**HÁBITOS BUENOS**

| |
|---|
| ○ |
| ○ |
| ○ |

**HÁBITOS MALOS**

| |
|---|
| ○ |
| ○ |
| ○ |

**REFLECCIONES POSITIVAS O NEGATIVAS**

| | | |
|---|---|---|
| ✓ | ✗ | |
| ✓ | ✗ | |
| ✓ | ✗ | |

El éxito está en la perseverancia

| FRASE DEL DÍA: | |
|---|---|

| ESCRIBE 10 LOGROS DEL DÍA | |
|---|---|
| 1 | |
| 2 | |
| 3 | |
| 4 | |
| 5 | |
| 6 | |
| 7 | |
| 8 | |
| 9 | |
| 10 | |

| MOMENTOS MÁGICOS PARA RECORDAR | |
|---|---|
| 1 | |
| 2 | |
| 3 | |
| 4 | |
| 5 | |

| YO AGRADEZCO POR… | |
|---|---|
| 1 | |
| 2 | |
| 3 | |

| DÍA | LOGRO A LARGO PLAZO: |
|---|---|

**METAS EN 3 MESES**

| | |
|---|---|
| TIEMPO | |
| PERSONAL | |
| ECONÓMICA | |

**METAS EN 1 MES**

| | |
|---|---|
| TIEMPO | |
| PERSONAL | |
| ECONÓMICA | |

**ACTIVIDADES PARA HOY**
(O MAÑANA SI SE HACE EN LA NOCHE)

| | | |
|---|---|---|
| 1 | | ○ |
| 2 | | ○ |
| 3 | | ○ |

| ESTOY APRENDIENDO DE: | ○ LIBRO | ○ AUDIO | ○ VIDEO |
|---|---|---|---|
| NOMBRE: | | | |
| ESTOY EN LA PÁGINA O TIEMPO DEL VIDEO: | | | |

**HÁBITOS BUENOS**

| |
|---|
| ○ |
| ○ |
| ○ |

**HÁBITOS MALOS**

| |
|---|
| ○ |
| ○ |
| ○ |

**REFLECCIONES POSITIVAS O NEGATIVAS**

| | | |
|---|---|---|
| ✓ | ✕ | |
| ✓ | ✕ | |
| ✓ | ✕ | |

El éxito está en la perseverancia

| FRASE DEL DÍA: | |
|---|---|

## ESCRIBE 10 LOGROS DEL DÍA

| | |
|---|---|
| 1 | |
| 2 | |
| 3 | |
| 4 | |
| 5 | |
| 6 | |
| 7 | |
| 8 | |
| 9 | |
| 10 | |

## MOMENTOS MÁGICOS PARA RECORDAR

| | |
|---|---|
| 1 | |
| 2 | |
| 3 | |
| 4 | |
| 5 | |

## YO AGRADEZCO POR…

| | |
|---|---|
| 1 | |
| 2 | |
| 3 | |

| DÍA | LOGRO A LARGO PLAZO: |
|---|---|

| METAS EN 3 MESES | |
|---|---|
| TIEMPO | |
| PERSONAL | |
| ECONÓMICA | |

| METAS EN 1 MES | |
|---|---|
| TIEMPO | |
| PERSONAL | |
| ECONÓMICA | |

| ACTIVIDADES PARA HOY<br>(O MAÑANA SI SE HACE EN LA NOCHE) | | |
|---|---|---|
| 1 | | ○ |
| 2 | | ○ |
| 3 | | ○ |

| ESTOY APRENDIENDO DE: | ○ LIBRO ○ AUDIO ○ VIDEO |
|---|---|
| NOMBRE: | |
| ESTOY EN LA PÁGINA O TIEMPO DEL VIDEO: | |

| HÁBITOS BUENOS |
|---|
| ○ |
| ○ |
| ○ |

| HÁBITOS MALOS |
|---|
| ○ |
| ○ |
| ○ |

| REFLECCIONES POSITIVAS O NEGATIVAS | | |
|---|---|---|
| ✓ | ✕ | |
| ✓ | ✕ | |
| ✓ | ✕ | |

El éxito está en la perseverancia

| FRASE DEL DÍA: | |
|---|---|

## ESCRIBE 10 LOGROS DEL DÍA

| | |
|---|---|
| 1 | |
| 2 | |
| 3 | |
| 4 | |
| 5 | |
| 6 | |
| 7 | |
| 8 | |
| 9 | |
| 10 | |

## MOMENTOS MÁGICOS PARA RECORDAR

| | |
|---|---|
| 1 | |
| 2 | |
| 3 | |
| 4 | |
| 5 | |

## YO AGRADEZCO POR…

| | |
|---|---|
| 1 | |
| 2 | |
| 3 | |

| DÍA | # LOGRO A LARGO PLAZO: |
|---|---|

| METAS EN 3 MESES | |
|---|---|
| TIEMPO | |
| PERSONAL | |
| ECONÓMICA | |

| METAS EN 1 MES | |
|---|---|
| TIEMPO | |
| PERSONAL | |
| ECONÓMICA | |

| ACTIVIDADES PARA HOY (O MAÑANA SI SE HACE EN LA NOCHE) | | |
|---|---|---|
| 1 | | ○ |
| 2 | | ○ |
| 3 | | ○ |

| ESTOY APRENDIENDO DE: | ○ LIBRO ○ AUDIO ○ VIDEO |
|---|---|
| NOMBRE: | |
| ESTOY EN LA PÁGINA O TIEMPO DEL VIDEO: | |

| HÁBITOS BUENOS |
|---|
| ○ |
| ○ |
| ○ |

| HÁBITOS MALOS |
|---|
| ○ |
| ○ |
| ○ |

| REFLECCIONES POSITIVAS O NEGATIVAS | | |
|---|---|---|
| ✓ | ✗ | |
| ✓ | ✗ | |
| ✓ | ✗ | |

El éxito está en la perseverancia

| FRASE DEL DÍA: | |
|---|---|

## ESCRIBE 10 LOGROS DEL DÍA

| | |
|---|---|
| 1 | |
| 2 | |
| 3 | |
| 4 | |
| 5 | |
| 6 | |
| 7 | |
| 8 | |
| 9 | |
| 10 | |

## MOMENTOS MÁGICOS PARA RECORDAR

| | |
|---|---|
| 1 | |
| 2 | |
| 3 | |
| 4 | |
| 5 | |

## YO AGRADEZCO POR…

| | |
|---|---|
| 1 | |
| 2 | |
| 3 | |

| DÍA | # LOGRO A LARGO PLAZO: |
|---|---|

| METAS EN 3 MESES | |
|---|---|
| TIEMPO | |
| PERSONAL | |
| ECONÓMICA | |

| METAS EN 1 MES | |
|---|---|
| TIEMPO | |
| PERSONAL | |
| ECONÓMICA | |

| ACTIVIDADES PARA HOY<br>(O MAÑANA SI SE HACE EN LA NOCHE) | | |
|---|---|---|
| 1 | | ○ |
| 2 | | ○ |
| 3 | | ○ |

| ESTOY APRENDIENDO DE: | ○ LIBRO ○ AUDIO ○ VIDEO |
|---|---|
| NOMBRE: | |
| ESTOY EN LA PÁGINA O TIEMPO DEL VIDEO: | |

| HÁBITOS BUENOS |
|---|
| ○ |
| ○ |
| ○ |

| HÁBITOS MALOS |
|---|
| ○ |
| ○ |
| ○ |

| REFLECCIONES POSITIVAS O NEGATIVAS | | |
|---|---|---|
| ✓ | ✕ | |
| ✓ | ✕ | |
| ✓ | ✕ | |

El éxito está en la perseverancia

| FRASE DEL DÍA: | |
|---|---|

## ESCRIBE 10 LOGROS DEL DÍA

| | |
|---|---|
| 1 | |
| 2 | |
| 3 | |
| 4 | |
| 5 | |
| 6 | |
| 7 | |
| 8 | |
| 9 | |
| 10 | |

## MOMENTOS MÁGICOS PARA RECORDAR

| | |
|---|---|
| 1 | |
| 2 | |
| 3 | |
| 4 | |
| 5 | |

## YO AGRADEZCO POR…

| | |
|---|---|
| 1 | |
| 2 | |
| 3 | |

| DÍA | LOGRO A LARGO PLAZO: |
|---|---|

| METAS EN 3 MESES | |
|---|---|
| TIEMPO | |
| PERSONAL | |
| ECONÓMICA | |

| METAS EN 1 MES | |
|---|---|
| TIEMPO | |
| PERSONAL | |
| ECONÓMICA | |

| ACTIVIDADES PARA HOY<br>(O MAÑANA SI SE HACE EN LA NOCHE) | | |
|---|---|---|
| 1 | | ○ |
| 2 | | ○ |
| 3 | | ○ |

| ESTOY APRENDIENDO DE: | ○ LIBRO ○ AUDIO ○ VIDEO |
|---|---|
| NOMBRE: | |
| ESTOY EN LA PÁGINA O TIEMPO DEL VIDEO: | |

| HÁBITOS BUENOS |
|---|
| ○ |
| ○ |
| ○ |

| HÁBITOS MALOS |
|---|
| ○ |
| ○ |
| ○ |

| REFLECCIONES POSITIVAS O NEGATIVAS | | |
|---|---|---|
| ✓ | ✕ | |
| ✓ | ✕ | |
| ✓ | ✕ | |

El éxito está en la perseverancia

| FRASE DEL DÍA: | |
|---|---|

## ESCRIBE 10 LOGROS DEL DÍA

| | |
|---|---|
| 1 | |
| 2 | |
| 3 | |
| 4 | |
| 5 | |
| 6 | |
| 7 | |
| 8 | |
| 9 | |
| 10 | |

## MOMENTOS MÁGICOS PARA RECORDAR

| | |
|---|---|
| 1 | |
| 2 | |
| 3 | |
| 4 | |
| 5 | |

## YO AGRADEZCO POR...

| | |
|---|---|
| 1 | |
| 2 | |
| 3 | |

| DÍA | LOGRO A LARGO PLAZO: |
|---|---|

| METAS EN 3 MESES | |
|---|---|
| TIEMPO | |
| PERSONAL | |
| ECONÓMICA | |

| METAS EN 1 MES | |
|---|---|
| TIEMPO | |
| PERSONAL | |
| ECONÓMICA | |

| ACTIVIDADES PARA HOY (O MAÑANA SI SE HACE EN LA NOCHE) | | |
|---|---|---|
| 1 | | ○ |
| 2 | | ○ |
| 3 | | ○ |

| ESTOY APRENDIENDO DE: | ○ LIBRO | ○ AUDIO | ○ VIDEO |
|---|---|---|---|
| NOMBRE: | | | |
| ESTOY EN LA PÁGINA O TIEMPO DEL VIDEO: | | | |

| HÁBITOS BUENOS | |
|---|---|
| ○ | |
| ○ | |
| ○ | |

| HÁBITOS MALOS | |
|---|---|
| ○ | |
| ○ | |
| ○ | |

| REFLECCIONES POSITIVAS O NEGATIVAS | | |
|---|---|---|
| ✓ | ✕ | |
| ✓ | ✕ | |
| ✓ | ✕ | |

El éxito está en la perseverancia

| FRASE DEL DÍA: | |
|---|---|

## ESCRIBE 10 LOGROS DEL DÍA

| | |
|---|---|
| 1 | |
| 2 | |
| 3 | |
| 4 | |
| 5 | |
| 6 | |
| 7 | |
| 8 | |
| 9 | |
| 10 | |

## MOMENTOS MÁGICOS PARA RECORDAR

| | |
|---|---|
| 1 | |
| 2 | |
| 3 | |
| 4 | |
| 5 | |

## YO AGRADEZCO POR...

| | |
|---|---|
| 1 | |
| 2 | |
| 3 | |

| DÍA | LOGRO A LARGO PLAZO: |
|---|---|

**METAS EN 3 MESES**

| | |
|---|---|
| TIEMPO | |
| PERSONAL | |
| ECONÓMICA | |

**METAS EN 1 MES**

| | |
|---|---|
| TIEMPO | |
| PERSONAL | |
| ECONÓMICA | |

**ACTIVIDADES PARA HOY**
(O MAÑANA SI SE HACE EN LA NOCHE)

| | | |
|---|---|---|
| 1 | | ○ |
| 2 | | ○ |
| 3 | | ○ |

| ESTOY APRENDIENDO DE: | ○ LIBRO | ○ AUDIO | ○ VIDEO |
|---|---|---|---|
| NOMBRE: | | | |
| ESTOY EN LA PÁGINA O TIEMPO DEL VIDEO: | | | |

**HÁBITOS BUENOS**

- ○
- ○
- ○

**HÁBITOS MALOS**

- ○
- ○
- ○

**REFLECCIONES POSITIVAS O NEGATIVAS**

| | | |
|---|---|---|
| ✓ | ✕ | |
| ✓ | ✕ | |
| ✓ | ✕ | |

El éxito está en la perseverancia

| FRASE DEL DÍA: | |
|---|---|

## ESCRIBE 10 LOGROS DEL DÍA

| | |
|---|---|
| 1 | |
| 2 | |
| 3 | |
| 4 | |
| 5 | |
| 6 | |
| 7 | |
| 8 | |
| 9 | |
| 10 | |

## MOMENTOS MÁGICOS PARA RECORDAR

| | |
|---|---|
| 1 | |
| 2 | |
| 3 | |
| 4 | |
| 5 | |

## YO AGRADEZCO POR…

| | |
|---|---|
| 1 | |
| 2 | |
| 3 | |

| DÍA | LOGRO A LARGO PLAZO: |
|---|---|

| METAS EN 3 MESES | |
|---|---|
| TIEMPO | |
| PERSONAL | |
| ECONÓMICA | |

| METAS EN 1 MES | |
|---|---|
| TIEMPO | |
| PERSONAL | |
| ECONÓMICA | |

| ACTIVIDADES PARA HOY (O MAÑANA SI SE HACE EN LA NOCHE) | | |
|---|---|---|
| 1 | | ○ |
| 2 | | ○ |
| 3 | | ○ |

| ESTOY APRENDIENDO DE: | ○ LIBRO | ○ AUDIO | ○ VIDEO |
|---|---|---|---|
| NOMBRE: | | | |
| ESTOY EN LA PÁGINA O TIEMPO DEL VIDEO: | | | |

| HÁBITOS BUENOS |
|---|
| ○ |
| ○ |
| ○ |

| HÁBITOS MALOS |
|---|
| ○ |
| ○ |
| ○ |

| REFLECCIONES POSITIVAS O NEGATIVAS | | |
|---|---|---|
| ✓ | ✗ | |
| ✓ | ✗ | |
| ✓ | ✗ | |

El éxito está en la perseverancia

| FRASE DEL DÍA: | |
|---|---|

## ESCRIBE 10 LOGROS DEL DÍA

| | |
|---|---|
| 1 | |
| 2 | |
| 3 | |
| 4 | |
| 5 | |
| 6 | |
| 7 | |
| 8 | |
| 9 | |
| 10 | |

## MOMENTOS MÁGICOS PARA RECORDAR

| | |
|---|---|
| 1 | |
| 2 | |
| 3 | |
| 4 | |
| 5 | |

## YO AGRADEZCO POR...

| | |
|---|---|
| 1 | |
| 2 | |
| 3 | |

| DÍA | # LOGRO A LARGO PLAZO: |
|---|---|

| METAS EN 3 MESES | |
|---|---|
| TIEMPO | |
| PERSONAL | |
| ECONÓMICA | |

| METAS EN 1 MES | |
|---|---|
| TIEMPO | |
| PERSONAL | |
| ECONÓMICA | |

| ACTIVIDADES PARA HOY (O MAÑANA SI SE HACE EN LA NOCHE) | | |
|---|---|---|
| 1 | | ○ |
| 2 | | ○ |
| 3 | | ○ |

| ESTOY APRENDIENDO DE: | ○ LIBRO | ○ AUDIO | ○ VIDEO |
|---|---|---|---|
| NOMBRE: | | | |
| ESTOY EN LA PÁGINA O TIEMPO DEL VIDEO: | | | |

| HÁBITOS BUENOS |
|---|
| ○ |
| ○ |
| ○ |

| HÁBITOS MALOS |
|---|
| ○ |
| ○ |
| ○ |

| REFLECCIONES POSITIVAS O NEGATIVAS | | |
|---|---|---|
| ✓ | ✕ | |
| ✓ | ✕ | |
| ✓ | ✕ | |

El éxito está en la perseverancia

| FRASE DEL DÍA: | |
|---|---|

## ESCRIBE 10 LOGROS DEL DÍA

| | |
|---|---|
| 1 | |
| 2 | |
| 3 | |
| 4 | |
| 5 | |
| 6 | |
| 7 | |
| 8 | |
| 9 | |
| 10 | |

## MOMENTOS MÁGICOS PARA RECORDAR

| | |
|---|---|
| 1 | |
| 2 | |
| 3 | |
| 4 | |
| 5 | |

## YO AGRADEZCO POR…

| | |
|---|---|
| 1 | |
| 2 | |
| 3 | |

| DÍA | LOGRO A LARGO PLAZO: |
|---|---|

| METAS EN 3 MESES | |
|---|---|
| TIEMPO | |
| PERSONAL | |
| ECONÓMICA | |

| METAS EN 1 MES | |
|---|---|
| TIEMPO | |
| PERSONAL | |
| ECONÓMICA | |

| ACTIVIDADES PARA HOY<br>(O MAÑANA SI SE HACE EN LA NOCHE) | | |
|---|---|---|
| 1 | | ○ |
| 2 | | ○ |
| 3 | | ○ |

| ESTOY APRENDIENDO DE: | ○ LIBRO ○ AUDIO ○ VIDEO |
|---|---|
| NOMBRE: | |
| ESTOY EN LA PÁGINA O TIEMPO DEL VIDEO: | |

| HÁBITOS BUENOS |
|---|
| ○ |
| ○ |
| ○ |

| HÁBITOS MALOS |
|---|
| ○ |
| ○ |
| ○ |

| REFLECCIONES POSITIVAS O NEGATIVAS | | |
|---|---|---|
| ✓ | ✕ | |
| ✓ | ✕ | |
| ✓ | ✕ | |

El éxito está en la perseverancia

| FRASE DEL DÍA: | |
|---|---|

## ESCRIBE 10 LOGROS DEL DÍA

| | |
|---|---|
| 1 | |
| 2 | |
| 3 | |
| 4 | |
| 5 | |
| 6 | |
| 7 | |
| 8 | |
| 9 | |
| 10 | |

## MOMENTOS MÁGICOS PARA RECORDAR

| | |
|---|---|
| 1 | |
| 2 | |
| 3 | |
| 4 | |
| 5 | |

## YO AGRADEZCO POR…

| | |
|---|---|
| 1 | |
| 2 | |
| 3 | |

| DÍA | LOGRO A LARGO PLAZO: |
|---|---|

**METAS EN 3 MESES**

| | |
|---|---|
| TIEMPO | |
| PERSONAL | |
| ECONÓMICA | |

**METAS EN 1 MES**

| | |
|---|---|
| TIEMPO | |
| PERSONAL | |
| ECONÓMICA | |

**ACTIVIDADES PARA HOY**
(O MAÑANA SI SE HACE EN LA NOCHE)

| | | |
|---|---|---|
| 1 | | ○ |
| 2 | | ○ |
| 3 | | ○ |

| ESTOY APRENDIENDO DE: | ○ LIBRO | ○ AUDIO | ○ VIDEO |
|---|---|---|---|
| NOMBRE: | | | |
| ESTOY EN LA PÁGINA O TIEMPO DEL VIDEO: | | | |

**HÁBITOS BUENOS**

| | |
|---|---|
| ○ | |
| ○ | |
| ○ | |

**HÁBITOS MALOS**

| | |
|---|---|
| ○ | |
| ○ | |
| ○ | |

**REFLECCIONES POSITIVAS O NEGATIVAS**

| | | |
|---|---|---|
| ✓ | ✕ | |
| ✓ | ✕ | |
| ✓ | ✕ | |

El éxito está en la perseverancia

| FRASE DEL DÍA: | |
|---|---|

## ESCRIBE 10 LOGROS DEL DÍA

| | |
|---|---|
| 1 | |
| 2 | |
| 3 | |
| 4 | |
| 5 | |
| 6 | |
| 7 | |
| 8 | |
| 9 | |
| 10 | |

## MOMENTOS MÁGICOS PARA RECORDAR

| | |
|---|---|
| 1 | |
| 2 | |
| 3 | |
| 4 | |
| 5 | |

## YO AGRADEZCO POR...

| | |
|---|---|
| 1 | |
| 2 | |
| 3 | |

| DÍA | LOGRO A LARGO PLAZO: |
|---|---|

| METAS EN 3 MESES | |
|---|---|
| TIEMPO | |
| PERSONAL | |
| ECONÓMICA | |

| METAS EN 1 MES | |
|---|---|
| TIEMPO | |
| PERSONAL | |
| ECONÓMICA | |

| ACTIVIDADES PARA HOY (O MAÑANA SI SE HACE EN LA NOCHE) | | |
|---|---|---|
| 1 | | ○ |
| 2 | | ○ |
| 3 | | ○ |

| ESTOY APRENDIENDO DE: | ○ LIBRO | ○ AUDIO | ○ VIDEO |
|---|---|---|---|
| NOMBRE: | | | |
| ESTOY EN LA PÁGINA O TIEMPO DEL VIDEO: | | | |

| HÁBITOS BUENOS |
|---|
| ○ |
| ○ |
| ○ |

| HÁBITOS MALOS |
|---|
| ○ |
| ○ |
| ○ |

| REFLECCIONES POSITIVAS O NEGATIVAS | | |
|---|---|---|
| ✓ | ✕ | |
| ✓ | ✕ | |
| ✓ | ✕ | |

El éxito está en la perseverancia

| FRASE DEL DÍA: | |
|---|---|

## ESCRIBE 10 LOGROS DEL DÍA

| | |
|---|---|
| 1 | |
| 2 | |
| 3 | |
| 4 | |
| 5 | |
| 6 | |
| 7 | |
| 8 | |
| 9 | |
| 10 | |

## MOMENTOS MÁGICOS PARA RECORDAR

| | |
|---|---|
| 1 | |
| 2 | |
| 3 | |
| 4 | |
| 5 | |

## YO AGRADEZCO POR...

| | |
|---|---|
| 1 | |
| 2 | |
| 3 | |

| DÍA | LOGRO A LARGO PLAZO: |
|---|---|

**METAS EN 3 MESES**

| | |
|---|---|
| TIEMPO | |
| PERSONAL | |
| ECONÓMICA | |

**METAS EN 1 MES**

| | |
|---|---|
| TIEMPO | |
| PERSONAL | |
| ECONÓMICA | |

**ACTIVIDADES PARA HOY**
(O MAÑANA SI SE HACE EN LA NOCHE)

| | | |
|---|---|---|
| 1 | | ○ |
| 2 | | ○ |
| 3 | | ○ |

| ESTOY APRENDIENDO DE: | ○ LIBRO | ○ AUDIO | ○ VIDEO |
|---|---|---|---|
| NOMBRE: | | | |
| ESTOY EN LA PÁGINA O TIEMPO DEL VIDEO: | | | |

**HÁBITOS BUENOS**

- ○
- ○
- ○

**HÁBITOS MALOS**

- ○
- ○
- ○

**REFLECCIONES POSITIVAS O NEGATIVAS**

| | | |
|---|---|---|
| ✓ | ✕ | |
| ✓ | ✕ | |
| ✓ | ✕ | |

El éxito está en la perseverancia

| FRASE DEL DÍA: | |
|---|---|

## ESCRIBE 10 LOGROS DEL DÍA

| | |
|---|---|
| 1 | |
| 2 | |
| 3 | |
| 4 | |
| 5 | |
| 6 | |
| 7 | |
| 8 | |
| 9 | |
| 10 | |

## MOMENTOS MÁGICOS PARA RECORDAR

| | |
|---|---|
| 1 | |
| 2 | |
| 3 | |
| 4 | |
| 5 | |

## YO AGRADEZCO POR…

| | |
|---|---|
| 1 | |
| 2 | |
| 3 | |

| DÍA | # LOGRO A LARGO PLAZO: |
|---|---|

**METAS EN 3 MESES**

| | |
|---|---|
| TIEMPO | |
| PERSONAL | |
| ECONÓMICA | |

**METAS EN 1 MES**

| | |
|---|---|
| TIEMPO | |
| PERSONAL | |
| ECONÓMICA | |

**ACTIVIDADES PARA HOY**
(O MAÑANA SI SE HACE EN LA NOCHE)

| | | |
|---|---|---|
| 1 | | ○ |
| 2 | | ○ |
| 3 | | ○ |

| ESTOY APRENDIENDO DE: | ○ LIBRO | ○ AUDIO | ○ VIDEO |
|---|---|---|---|
| NOMBRE: | | | |
| ESTOY EN LA PÁGINA O TIEMPO DEL VIDEO: | | | |

**HÁBITOS BUENOS**

| |
|---|
| ○ |
| ○ |
| ○ |

**HÁBITOS MALOS**

| |
|---|
| ○ |
| ○ |
| ○ |

**REFLECCIONES POSITIVAS O NEGATIVAS**

| | | |
|---|---|---|
| ✓ | ✕ | |
| ✓ | ✕ | |
| ✓ | ✕ | |

El éxito está en la perseverancia

| FRASE DEL DÍA: | |
|---|---|

## ESCRIBE 10 LOGROS DEL DÍA

| | |
|---|---|
| 1 | |
| 2 | |
| 3 | |
| 4 | |
| 5 | |
| 6 | |
| 7 | |
| 8 | |
| 9 | |
| 10 | |

## MOMENTOS MÁGICOS PARA RECORDAR

| | |
|---|---|
| 1 | |
| 2 | |
| 3 | |
| 4 | |
| 5 | |

## YO AGRADEZCO POR…

| | |
|---|---|
| 1 | |
| 2 | |
| 3 | |

| DÍA | LOGRO A LARGO PLAZO: |
|---|---|

**METAS EN 3 MESES**

| | |
|---|---|
| TIEMPO | |
| PERSONAL | |
| ECONÓMICA | |

**METAS EN 1 MES**

| | |
|---|---|
| TIEMPO | |
| PERSONAL | |
| ECONÓMICA | |

**ACTIVIDADES PARA HOY**
(O MAÑANA SI SE HACE EN LA NOCHE)

| | | |
|---|---|---|
| 1 | | ○ |
| 2 | | ○ |
| 3 | | ○ |

| ESTOY APRENDIENDO DE: | ○ LIBRO | ○ AUDIO | ○ VIDEO |
|---|---|---|---|
| NOMBRE: | | | |
| ESTOY EN LA PÁGINA O TIEMPO DEL VIDEO: | | | |

**HÁBITOS BUENOS**

- ○
- ○
- ○

**HÁBITOS MALOS**

- ○
- ○
- ○

**REFLECCIONES POSITIVAS O NEGATIVAS**

| | | |
|---|---|---|
| ✓ | ✕ | |
| ✓ | ✕ | |
| ✓ | ✕ | |

El éxito está en la perseverancia

| FRASE DEL DÍA: | |
|---|---|

## ESCRIBE 10 LOGROS DEL DÍA

| | |
|---|---|
| 1 | |
| 2 | |
| 3 | |
| 4 | |
| 5 | |
| 6 | |
| 7 | |
| 8 | |
| 9 | |
| 10 | |

## MOMENTOS MÁGICOS PARA RECORDAR

| | |
|---|---|
| 1 | |
| 2 | |
| 3 | |
| 4 | |
| 5 | |

## YO AGRADEZCO POR…

| | |
|---|---|
| 1 | |
| 2 | |
| 3 | |

| DÍA | LOGRO A LARGO PLAZO: |
|---|---|

| METAS EN 3 MESES | |
|---|---|
| TIEMPO | |
| PERSONAL | |
| ECONÓMICA | |

| METAS EN 1 MES | |
|---|---|
| TIEMPO | |
| PERSONAL | |
| ECONÓMICA | |

| ACTIVIDADES PARA HOY (O MAÑANA SI SE HACE EN LA NOCHE) | | |
|---|---|---|
| 1 | | ○ |
| 2 | | ○ |
| 3 | | ○ |

| ESTOY APRENDIENDO DE: | ○ LIBRO ○ AUDIO ○ VIDEO |
|---|---|
| NOMBRE: | |
| ESTOY EN LA PÁGINA O TIEMPO DEL VIDEO: | |

| HÁBITOS BUENOS |
|---|
| ○ |
| ○ |
| ○ |

| HÁBITOS MALOS |
|---|
| ○ |
| ○ |
| ○ |

| REFLECCIONES POSITIVAS O NEGATIVAS | | |
|---|---|---|
| ✓ | ✕ | |
| ✓ | ✕ | |
| ✓ | ✕ | |

El éxito está en la perseverancia

| FRASE DEL DÍA: | |
|---|---|

## ESCRIBE 10 LOGROS DEL DÍA

| | |
|---|---|
| 1 | |
| 2 | |
| 3 | |
| 4 | |
| 5 | |
| 6 | |
| 7 | |
| 8 | |
| 9 | |
| 10 | |

## MOMENTOS MÁGICOS PARA RECORDAR

| | |
|---|---|
| 1 | |
| 2 | |
| 3 | |
| 4 | |
| 5 | |

## YO AGRADEZCO POR…

| | |
|---|---|
| 1 | |
| 2 | |
| 3 | |

| DÍA | LOGRO A LARGO PLAZO: |
|---|---|

| METAS EN 3 MESES | |
|---|---|
| TIEMPO | |
| PERSONAL | |
| ECONÓMICA | |

| METAS EN 1 MES | |
|---|---|
| TIEMPO | |
| PERSONAL | |
| ECONÓMICA | |

| ACTIVIDADES PARA HOY (O MAÑANA SI SE HACE EN LA NOCHE) | | |
|---|---|---|
| 1 | | ○ |
| 2 | | ○ |
| 3 | | ○ |

| ESTOY APRENDIENDO DE: | ○ LIBRO ○ AUDIO ○ VIDEO |
|---|---|
| NOMBRE: | |
| ESTOY EN LA PÁGINA O TIEMPO DEL VIDEO: | |

| HÁBITOS BUENOS |
|---|
| ○ |
| ○ |
| ○ |

| HÁBITOS MALOS |
|---|
| ○ |
| ○ |
| ○ |

| REFLECCIONES POSITIVAS O NEGATIVAS | | |
|---|---|---|
| ✓ | ✕ | |
| ✓ | ✕ | |
| ✓ | ✕ | |

El éxito está en la perseverancia

| FRASE DEL DÍA: | |
|---|---|

## ESCRIBE 10 LOGROS DEL DÍA

| | |
|---|---|
| 1 | |
| 2 | |
| 3 | |
| 4 | |
| 5 | |
| 6 | |
| 7 | |
| 8 | |
| 9 | |
| 10 | |

## MOMENTOS MÁGICOS PARA RECORDAR

| | |
|---|---|
| 1 | |
| 2 | |
| 3 | |
| 4 | |
| 5 | |

## YO AGRADEZCO POR…

| | |
|---|---|
| 1 | |
| 2 | |
| 3 | |

| DÍA | # LOGRO A LARGO PLAZO: |
|---|---|

| METAS EN 3 MESES | |
|---|---|
| TIEMPO | |
| PERSONAL | |
| ECONÓMICA | |

| METAS EN 1 MES | |
|---|---|
| TIEMPO | |
| PERSONAL | |
| ECONÓMICA | |

| ACTIVIDADES PARA HOY (O MAÑANA SI SE HACE EN LA NOCHE) | | |
|---|---|---|
| 1 | | ○ |
| 2 | | ○ |
| 3 | | ○ |

| ESTOY APRENDIENDO DE: | ○ LIBRO ○ AUDIO ○ VIDEO |
|---|---|
| NOMBRE: | |
| ESTOY EN LA PÁGINA O TIEMPO DEL VIDEO: | |

| HÁBITOS BUENOS |
|---|
| ○ |
| ○ |
| ○ |

| HÁBITOS MALOS |
|---|
| ○ |
| ○ |
| ○ |

| REFLECCIONES POSITIVAS O NEGATIVAS | | |
|---|---|---|
| ✓ | ✕ | |
| ✓ | ✕ | |
| ✓ | ✕ | |

El éxito está en la perseverancia

| FRASE DEL DÍA: | |
|---|---|

## ESCRIBE 10 LOGROS DEL DÍA

| | |
|---|---|
| 1 | |
| 2 | |
| 3 | |
| 4 | |
| 5 | |
| 6 | |
| 7 | |
| 8 | |
| 9 | |
| 10 | |

## MOMENTOS MÁGICOS PARA RECORDAR

| | |
|---|---|
| 1 | |
| 2 | |
| 3 | |
| 4 | |
| 5 | |

## YO AGRADEZCO POR…

| | |
|---|---|
| 1 | |
| 2 | |
| 3 | |

| DÍA | # LOGRO A LARGO PLAZO: |
|---|---|

| METAS EN 3 MESES | |
|---|---|
| TIEMPO | |
| PERSONAL | |
| ECONÓMICA | |

| METAS EN 1 MES | |
|---|---|
| TIEMPO | |
| PERSONAL | |
| ECONÓMICA | |

| ACTIVIDADES PARA HOY<br>(O MAÑANA SI SE HACE EN LA NOCHE) | | |
|---|---|---|
| 1 | | ○ |
| 2 | | ○ |
| 3 | | ○ |

| ESTOY APRENDIENDO DE: | ○ LIBRO ○ AUDIO ○ VIDEO |
|---|---|
| NOMBRE: | |
| ESTOY EN LA PÁGINA O TIEMPO DEL VIDEO: | |

| HÁBITOS BUENOS |
|---|
| ○ |
| ○ |
| ○ |

| HÁBITOS MALOS |
|---|
| ○ |
| ○ |
| ○ |

| REFLECCIONES POSITIVAS O NEGATIVAS | | |
|---|---|---|
| ✓ | ✕ | |
| ✓ | ✕ | |
| ✓ | ✕ | |

El éxito está en la perseverancia

| FRASE DEL DÍA: | |
|---|---|

## ESCRIBE 10 LOGROS DEL DÍA

| | |
|---|---|
| 1 | |
| 2 | |
| 3 | |
| 4 | |
| 5 | |
| 6 | |
| 7 | |
| 8 | |
| 9 | |
| 10 | |

## MOMENTOS MÁGICOS PARA RECORDAR

| | |
|---|---|
| 1 | |
| 2 | |
| 3 | |
| 4 | |
| 5 | |

## YO AGRADEZCO POR…

| | |
|---|---|
| 1 | |
| 2 | |
| 3 | |

| DÍA | LOGRO A LARGO PLAZO: |
|---|---|

| METAS EN 3 MESES | |
|---|---|
| TIEMPO | |
| PERSONAL | |
| ECONÓMICA | |

| METAS EN 1 MES | |
|---|---|
| TIEMPO | |
| PERSONAL | |
| ECONÓMICA | |

| ACTIVIDADES PARA HOY<br>(O MAÑANA SI SE HACE EN LA NOCHE) | | |
|---|---|---|
| 1 | | ○ |
| 2 | | ○ |
| 3 | | ○ |

| ESTOY APRENDIENDO DE: | ○ LIBRO | ○ AUDIO | ○ VIDEO |
|---|---|---|---|
| NOMBRE: | | | |
| ESTOY EN LA PÁGINA O TIEMPO DEL VIDEO: | | | |

| HÁBITOS BUENOS |
|---|
| ○ |
| ○ |
| ○ |

| HÁBITOS MALOS |
|---|
| ○ |
| ○ |
| ○ |

| REFLECCIONES POSITIVAS O NEGATIVAS | | |
|---|---|---|
| ✓ | ✕ | |
| ✓ | ✕ | |
| ✓ | ✕ | |

El éxito está en la perseverancia

| FRASE DEL DÍA: | |
|---|---|

## ESCRIBE 10 LOGROS DEL DÍA

| | |
|---|---|
| 1 | |
| 2 | |
| 3 | |
| 4 | |
| 5 | |
| 6 | |
| 7 | |
| 8 | |
| 9 | |
| 10 | |

## MOMENTOS MÁGICOS PARA RECORDAR

| | |
|---|---|
| 1 | |
| 2 | |
| 3 | |
| 4 | |
| 5 | |

## YO AGRADEZCO POR...

| | |
|---|---|
| 1 | |
| 2 | |
| 3 | |

| DÍA | # LOGRO A LARGO PLAZO: |
|---|---|

**METAS EN 3 MESES**

| | |
|---|---|
| TIEMPO | |
| PERSONAL | |
| ECONÓMICA | |

**METAS EN 1 MES**

| | |
|---|---|
| TIEMPO | |
| PERSONAL | |
| ECONÓMICA | |

**ACTIVIDADES PARA HOY**
(O MAÑANA SI SE HACE EN LA NOCHE)

| | | |
|---|---|---|
| 1 | | ○ |
| 2 | | ○ |
| 3 | | ○ |

| ESTOY APRENDIENDO DE: | ○ LIBRO | ○ AUDIO | ○ VIDEO |
|---|---|---|---|
| NOMBRE: | | | |
| ESTOY EN LA PÁGINA O TIEMPO DEL VIDEO: | | | |

**HÁBITOS BUENOS**

| | |
|---|---|
| ○ | |
| ○ | |
| ○ | |

**HÁBITOS MALOS**

| | |
|---|---|
| ○ | |
| ○ | |
| ○ | |

**REFLECCIONES POSITIVAS O NEGATIVAS**

| | | |
|---|---|---|
| ✓ | ✕ | |
| ✓ | ✕ | |
| ✓ | ✕ | |

El éxito está en la perseverancia

| FRASE DEL DÍA: | |
|---|---|

## ESCRIBE 10 LOGROS DEL DÍA

| | |
|---|---|
| 1 | |
| 2 | |
| 3 | |
| 4 | |
| 5 | |
| 6 | |
| 7 | |
| 8 | |
| 9 | |
| 10 | |

## MOMENTOS MÁGICOS PARA RECORDAR

| | |
|---|---|
| 1 | |
| 2 | |
| 3 | |
| 4 | |
| 5 | |

## YO AGRADEZCO POR…

| | |
|---|---|
| 1 | |
| 2 | |
| 3 | |

| DÍA | LOGRO A LARGO PLAZO: |
|---|---|

| METAS EN 3 MESES | |
|---|---|
| TIEMPO | |
| PERSONAL | |
| ECONÓMICA | |

| METAS EN 1 MES | |
|---|---|
| TIEMPO | |
| PERSONAL | |
| ECONÓMICA | |

| ACTIVIDADES PARA HOY (O MAÑANA SI SE HACE EN LA NOCHE) | | |
|---|---|---|
| 1 | | ○ |
| 2 | | ○ |
| 3 | | ○ |

| ESTOY APRENDIENDO DE: | ○ LIBRO | ○ AUDIO | ○ VIDEO |
|---|---|---|---|
| NOMBRE: | | | |
| ESTOY EN LA PÁGINA O TIEMPO DEL VIDEO: | | | |

| HÁBITOS BUENOS |
|---|
| ○ |
| ○ |
| ○ |

| HÁBITOS MALOS |
|---|
| ○ |
| ○ |
| ○ |

| REFLECCIONES POSITIVAS O NEGATIVAS | | |
|---|---|---|
| ✓ | ✕ | |
| ✓ | ✕ | |
| ✓ | ✕ | |

El éxito está en la perseverancia

| FRASE DEL DÍA: | |
|---|---|

## ESCRIBE 10 LOGROS DEL DÍA

| | |
|---|---|
| 1 | |
| 2 | |
| 3 | |
| 4 | |
| 5 | |
| 6 | |
| 7 | |
| 8 | |
| 9 | |
| 10 | |

## MOMENTOS MÁGICOS PARA RECORDAR

| | |
|---|---|
| 1 | |
| 2 | |
| 3 | |
| 4 | |
| 5 | |

## YO AGRADEZCO POR…

| | |
|---|---|
| 1 | |
| 2 | |
| 3 | |

| DÍA | LOGRO A LARGO PLAZO: |
|---|---|

**METAS EN 3 MESES**

| | |
|---|---|
| TIEMPO | |
| PERSONAL | |
| ECONÓMICA | |

**METAS EN 1 MES**

| | |
|---|---|
| TIEMPO | |
| PERSONAL | |
| ECONÓMICA | |

**ACTIVIDADES PARA HOY**
(O MAÑANA SI SE HACE EN LA NOCHE)

| | | |
|---|---|---|
| 1 | | ○ |
| 2 | | ○ |
| 3 | | ○ |

| ESTOY APRENDIENDO DE: | ○ LIBRO | ○ AUDIO | ○ VIDEO |
|---|---|---|---|
| NOMBRE: | | | |
| ESTOY EN LA PÁGINA O TIEMPO DEL VIDEO: | | | |

**HÁBITOS BUENOS**

| |
|---|
| ○ |
| ○ |
| ○ |

**HÁBITOS MALOS**

| |
|---|
| ○ |
| ○ |
| ○ |

**REFLECCIONES POSITIVAS O NEGATIVAS**

| | | |
|---|---|---|
| ✓ | × | |
| ✓ | × | |
| ✓ | × | |

El éxito está en la perseverancia

| FRASE DEL DÍA: | |
|---|---|

## ESCRIBE 10 LOGROS DEL DÍA

| | |
|---|---|
| 1 | |
| 2 | |
| 3 | |
| 4 | |
| 5 | |
| 6 | |
| 7 | |
| 8 | |
| 9 | |
| 10 | |

## MOMENTOS MÁGICOS PARA RECORDAR

| | |
|---|---|
| 1 | |
| 2 | |
| 3 | |
| 4 | |
| 5 | |

## YO AGRADEZCO POR…

| | |
|---|---|
| 1 | |
| 2 | |
| 3 | |

| DÍA | LOGRO A LARGO PLAZO: |
|---|---|

**METAS EN 3 MESES**

| | |
|---|---|
| TIEMPO | |
| PERSONAL | |
| ECONÓMICA | |

**METAS EN 1 MES**

| | |
|---|---|
| TIEMPO | |
| PERSONAL | |
| ECONÓMICA | |

**ACTIVIDADES PARA HOY**
(O MAÑANA SI SE HACE EN LA NOCHE)

| | | |
|---|---|---|
| 1 | | ○ |
| 2 | | ○ |
| 3 | | ○ |

| ESTOY APRENDIENDO DE: | ○ LIBRO | ○ AUDIO | ○ VIDEO |
|---|---|---|---|
| NOMBRE: | | | |
| ESTOY EN LA PÁGINA O TIEMPO DEL VIDEO: | | | |

**HÁBITOS BUENOS**

| |
|---|
| ○ |
| ○ |
| ○ |

**HÁBITOS MALOS**

| |
|---|
| ○ |
| ○ |
| ○ |

**REFLECCIONES POSITIVAS O NEGATIVAS**

| | | |
|---|---|---|
| ✓ | ✕ | |
| ✓ | ✕ | |
| ✓ | ✕ | |

El éxito está en la perseverancia

| FRASE DEL DÍA: | |
|---|---|

## ESCRIBE 10 LOGROS DEL DÍA

| | |
|---|---|
| 1 | |
| 2 | |
| 3 | |
| 4 | |
| 5 | |
| 6 | |
| 7 | |
| 8 | |
| 9 | |
| 10 | |

## MOMENTOS MÁGICOS PARA RECORDAR

| | |
|---|---|
| 1 | |
| 2 | |
| 3 | |
| 4 | |
| 5 | |

## YO AGRADEZCO POR…

| | |
|---|---|
| 1 | |
| 2 | |
| 3 | |

| DÍA | LOGRO A LARGO PLAZO: |
|---|---|

| METAS EN 3 MESES | |
|---|---|
| TIEMPO | |
| PERSONAL | |
| ECONÓMICA | |

| METAS EN 1 MES | |
|---|---|
| TIEMPO | |
| PERSONAL | |
| ECONÓMICA | |

| ACTIVIDADES PARA HOY (O MAÑANA SI SE HACE EN LA NOCHE) | | |
|---|---|---|
| 1 | | ○ |
| 2 | | ○ |
| 3 | | ○ |

| ESTOY APRENDIENDO DE: | ○ LIBRO ○ AUDIO ○ VIDEO |
|---|---|
| NOMBRE: | |
| ESTOY EN LA PÁGINA O TIEMPO DEL VIDEO: | |

| HÁBITOS BUENOS |
|---|
| ○ |
| ○ |
| ○ |

| HÁBITOS MALOS |
|---|
| ○ |
| ○ |
| ○ |

| REFLECCIONES POSITIVAS O NEGATIVAS | | |
|---|---|---|
| ✓ | ✕ | |
| ✓ | ✕ | |
| ✓ | ✕ | |

El éxito está en la perseverancia

| FRASE DEL DÍA: | |
|---|---|

## ESCRIBE 10 LOGROS DEL DÍA

| | |
|---|---|
| 1 | |
| 2 | |
| 3 | |
| 4 | |
| 5 | |
| 6 | |
| 7 | |
| 8 | |
| 9 | |
| 10 | |

## MOMENTOS MÁGICOS PARA RECORDAR

| | |
|---|---|
| 1 | |
| 2 | |
| 3 | |
| 4 | |
| 5 | |

## YO AGRADEZCO POR…

| | |
|---|---|
| 1 | |
| 2 | |
| 3 | |

| DÍA | LOGRO A LARGO PLAZO: |
|---|---|

**METAS EN 3 MESES**

| | |
|---|---|
| TIEMPO | |
| PERSONAL | |
| ECONÓMICA | |

**METAS EN 1 MES**

| | |
|---|---|
| TIEMPO | |
| PERSONAL | |
| ECONÓMICA | |

**ACTIVIDADES PARA HOY**
(O MAÑANA SI SE HACE EN LA NOCHE)

| | | |
|---|---|---|
| 1 | | ○ |
| 2 | | ○ |
| 3 | | ○ |

| ESTOY APRENDIENDO DE: | ○ LIBRO | ○ AUDIO | ○ VIDEO |
|---|---|---|---|
| NOMBRE: | | | |
| ESTOY EN LA PÁGINA O TIEMPO DEL VIDEO: | | | |

**HÁBITOS BUENOS**

| |
|---|
| ○ |
| ○ |
| ○ |

**HÁBITOS MALOS**

| |
|---|
| ○ |
| ○ |
| ○ |

**REFLECCIONES POSITIVAS O NEGATIVAS**

| | | |
|---|---|---|
| ✓ | ✕ | |
| ✓ | ✕ | |
| ✓ | ✕ | |

El éxito está en la perseverancia

| FRASE DEL DÍA: | |
|---|---|

## ESCRIBE 10 LOGROS DEL DÍA

| | |
|---|---|
| 1 | |
| 2 | |
| 3 | |
| 4 | |
| 5 | |
| 6 | |
| 7 | |
| 8 | |
| 9 | |
| 10 | |

## MOMENTOS MÁGICOS PARA RECORDAR

| | |
|---|---|
| 1 | |
| 2 | |
| 3 | |
| 4 | |
| 5 | |

## YO AGRADEZCO POR…

| | |
|---|---|
| 1 | |
| 2 | |
| 3 | |

| DÍA | # LOGRO A LARGO PLAZO: |
|---|---|

**METAS EN 3 MESES**

| | |
|---|---|
| TIEMPO | |
| PERSONAL | |
| ECONÓMICA | |

**METAS EN 1 MES**

| | |
|---|---|
| TIEMPO | |
| PERSONAL | |
| ECONÓMICA | |

**ACTIVIDADES PARA HOY**
(O MAÑANA SI SE HACE EN LA NOCHE)

| | | |
|---|---|---|
| 1 | | ○ |
| 2 | | ○ |
| 3 | | ○ |

| ESTOY APRENDIENDO DE: | ○ LIBRO | ○ AUDIO | ○ VIDEO |
|---|---|---|---|
| NOMBRE: | | | |
| ESTOY EN LA PÁGINA O TIEMPO DEL VIDEO: | | | |

**HÁBITOS BUENOS**

| |
|---|
| ○ |
| ○ |
| ○ |

**HÁBITOS MALOS**

| |
|---|
| ○ |
| ○ |
| ○ |

**REFLECCIONES POSITIVAS O NEGATIVAS**

| | | |
|---|---|---|
| ✓ | ✕ | |
| ✓ | ✕ | |
| ✓ | ✕ | |

El éxito está en la perseverancia

| FRASE DEL DÍA: | |
|---|---|

## ESCRIBE 10 LOGROS DEL DÍA

| | |
|---|---|
| 1 | |
| 2 | |
| 3 | |
| 4 | |
| 5 | |
| 6 | |
| 7 | |
| 8 | |
| 9 | |
| 10 | |

## MOMENTOS MÁGICOS PARA RECORDAR

| | |
|---|---|
| 1 | |
| 2 | |
| 3 | |
| 4 | |
| 5 | |

## YO AGRADEZCO POR…

| | |
|---|---|
| 1 | |
| 2 | |
| 3 | |

| DÍA | LOGRO A LARGO PLAZO: |
|---|---|

| METAS EN 3 MESES | |
|---|---|
| TIEMPO | |
| PERSONAL | |
| ECONÓMICA | |

| METAS EN 1 MES | |
|---|---|
| TIEMPO | |
| PERSONAL | |
| ECONÓMICA | |

| ACTIVIDADES PARA HOY<br>(O MAÑANA SI SE HACE EN LA NOCHE) | | |
|---|---|---|
| 1 | | ○ |
| 2 | | ○ |
| 3 | | ○ |

| ESTOY APRENDIENDO DE: | ○ LIBRO ○ AUDIO ○ VIDEO |
|---|---|
| NOMBRE: | |
| ESTOY EN LA PÁGINA O TIEMPO DEL VIDEO: | |

| HÁBITOS BUENOS |
|---|
| ○ |
| ○ |
| ○ |

| HÁBITOS MALOS |
|---|
| ○ |
| ○ |
| ○ |

| REFLECCIONES POSITIVAS O NEGATIVAS | | |
|---|---|---|
| ✓ | ✕ | |
| ✓ | ✕ | |
| ✓ | ✕ | |

El éxito está en la perseverancia

| FRASE DEL DÍA: | |
|---|---|

## ESCRIBE 10 LOGROS DEL DÍA

| | |
|---|---|
| 1 | |
| 2 | |
| 3 | |
| 4 | |
| 5 | |
| 6 | |
| 7 | |
| 8 | |
| 9 | |
| 10 | |

## MOMENTOS MÁGICOS PARA RECORDAR

| | |
|---|---|
| 1 | |
| 2 | |
| 3 | |
| 4 | |
| 5 | |

## YO AGRADEZCO POR…

| | |
|---|---|
| 1 | |
| 2 | |
| 3 | |

| DÍA | LOGRO A LARGO PLAZO: |
|---|---|

| METAS EN 3 MESES | |
|---|---|
| TIEMPO | |
| PERSONAL | |
| ECONÓMICA | |

| METAS EN 1 MES | |
|---|---|
| TIEMPO | |
| PERSONAL | |
| ECONÓMICA | |

ACTIVIDADES PARA HOY
(O MAÑANA SI SE HACE EN LA NOCHE)

| | | |
|---|---|---|
| 1 | | ○ |
| 2 | | ○ |
| 3 | | ○ |

| ESTOY APRENDIENDO DE: | ○ LIBRO ○ AUDIO ○ VIDEO |
|---|---|
| NOMBRE: | |
| ESTOY EN LA PÁGINA O TIEMPO DEL VIDEO: | |

| HÁBITOS BUENOS |
|---|
| ○ |
| ○ |
| ○ |

| HÁBITOS MALOS |
|---|
| ○ |
| ○ |
| ○ |

REFLECCIONES POSITIVAS O NEGATIVAS

| | | |
|---|---|---|
| ✓ | ✕ | |
| ✓ | ✕ | |
| ✓ | ✕ | |

El éxito está en la perseverancia

| FRASE DEL DÍA: | |
|---|---|

## ESCRIBE 10 LOGROS DEL DÍA

| | |
|---|---|
| 1 | |
| 2 | |
| 3 | |
| 4 | |
| 5 | |
| 6 | |
| 7 | |
| 8 | |
| 9 | |
| 10 | |

## MOMENTOS MÁGICOS PARA RECORDAR

| | |
|---|---|
| 1 | |
| 2 | |
| 3 | |
| 4 | |
| 5 | |

## YO AGRADEZCO POR...

| | |
|---|---|
| 1 | |
| 2 | |
| 3 | |

| DÍA | LOGRO A LARGO PLAZO: |
|---|---|

**METAS EN 3 MESES**

| | |
|---|---|
| TIEMPO | |
| PERSONAL | |
| ECONÓMICA | |

**METAS EN 1 MES**

| | |
|---|---|
| TIEMPO | |
| PERSONAL | |
| ECONÓMICA | |

**ACTIVIDADES PARA HOY**
(O MAÑANA SI SE HACE EN LA NOCHE)

| | | |
|---|---|---|
| 1 | | ○ |
| 2 | | ○ |
| 3 | | ○ |

| ESTOY APRENDIENDO DE: | ○ LIBRO | ○ AUDIO | ○ VIDEO |
|---|---|---|---|
| NOMBRE: | | | |
| ESTOY EN LA PÁGINA O TIEMPO DEL VIDEO: | | | |

**HÁBITOS BUENOS**

| |
|---|
| ○ |
| ○ |
| ○ |

**HÁBITOS MALOS**

| |
|---|
| ○ |
| ○ |
| ○ |

**REFLECCIONES POSITIVAS O NEGATIVAS**

| | | |
|---|---|---|
| ✓ | ✕ | |
| ✓ | ✕ | |
| ✓ | ✕ | |

El éxito está en la perseverancia

| FRASE DEL DÍA: | |
|---|---|

## ESCRIBE 10 LOGROS DEL DÍA

| | |
|---|---|
| 1 | |
| 2 | |
| 3 | |
| 4 | |
| 5 | |
| 6 | |
| 7 | |
| 8 | |
| 9 | |
| 10 | |

## MOMENTOS MÁGICOS PARA RECORDAR

| | |
|---|---|
| 1 | |
| 2 | |
| 3 | |
| 4 | |
| 5 | |

## YO AGRADEZCO POR…

| | |
|---|---|
| 1 | |
| 2 | |
| 3 | |

| DÍA | # LOGRO A LARGO PLAZO: |
|---|---|

**METAS EN 3 MESES**

| | |
|---|---|
| TIEMPO | |
| PERSONAL | |
| ECONÓMICA | |

**METAS EN 1 MES**

| | |
|---|---|
| TIEMPO | |
| PERSONAL | |
| ECONÓMICA | |

**ACTIVIDADES PARA HOY**
(O MAÑANA SI SE HACE EN LA NOCHE)

| | | |
|---|---|---|
| 1 | | ○ |
| 2 | | ○ |
| 3 | | ○ |

| ESTOY APRENDIENDO DE: | ○ LIBRO ○ AUDIO ○ VIDEO |
|---|---|
| NOMBRE: | |
| ESTOY EN LA PÁGINA O TIEMPO DEL VIDEO: | |

**HÁBITOS BUENOS**

- ○
- ○
- ○

**HÁBITOS MALOS**

- ○
- ○
- ○

**REFLECCIONES POSITIVAS O NEGATIVAS**

| | | |
|---|---|---|
| ✓ | ✕ | |
| ✓ | ✕ | |
| ✓ | ✕ | |

El éxito está en la perseverancia

| FRASE DEL DÍA: | |
|---|---|

## ESCRIBE 10 LOGROS DEL DÍA

| | |
|---|---|
| 1 | |
| 2 | |
| 3 | |
| 4 | |
| 5 | |
| 6 | |
| 7 | |
| 8 | |
| 9 | |
| 10 | |

## MOMENTOS MÁGICOS PARA RECORDAR

| | |
|---|---|
| 1 | |
| 2 | |
| 3 | |
| 4 | |
| 5 | |

## YO AGRADEZCO POR…

| | |
|---|---|
| 1 | |
| 2 | |
| 3 | |

| DÍA | LOGRO A LARGO PLAZO: |
|---|---|

**METAS EN 3 MESES**

| | |
|---|---|
| TIEMPO | |
| PERSONAL | |
| ECONÓMICA | |

**METAS EN 1 MES**

| | |
|---|---|
| TIEMPO | |
| PERSONAL | |
| ECONÓMICA | |

**ACTIVIDADES PARA HOY**
(O MAÑANA SI SE HACE EN LA NOCHE)

| | | |
|---|---|---|
| 1 | | ○ |
| 2 | | ○ |
| 3 | | ○ |

| ESTOY APRENDIENDO DE: | ○ LIBRO ○ AUDIO ○ VIDEO |
|---|---|
| NOMBRE: | |
| ESTOY EN LA PÁGINA O TIEMPO DEL VIDEO: | |

**HÁBITOS BUENOS**

- ○
- ○
- ○

**HÁBITOS MALOS**

- ○
- ○
- ○

**REFLECCIONES POSITIVAS O NEGATIVAS**

| | | |
|---|---|---|
| ✓ | ✕ | |
| ✓ | ✕ | |
| ✓ | ✕ | |

El éxito está en la perseverancia

| FRASE DEL DÍA: | |
|---|---|

## ESCRIBE 10 LOGROS DEL DÍA

| | |
|---|---|
| 1 | |
| 2 | |
| 3 | |
| 4 | |
| 5 | |
| 6 | |
| 7 | |
| 8 | |
| 9 | |
| 10 | |

## MOMENTOS MÁGICOS PARA RECORDAR

| | |
|---|---|
| 1 | |
| 2 | |
| 3 | |
| 4 | |
| 5 | |

## YO AGRADEZCO POR…

| | |
|---|---|
| 1 | |
| 2 | |
| 3 | |

| DÍA | LOGRO A LARGO PLAZO: |
| --- | --- |

## METAS EN 3 MESES

| | |
| --- | --- |
| TIEMPO | |
| PERSONAL | |
| ECONÓMICA | |

## METAS EN 1 MES

| | |
| --- | --- |
| TIEMPO | |
| PERSONAL | |
| ECONÓMICA | |

## ACTIVIDADES PARA HOY
(O MAÑANA SI SE HACE EN LA NOCHE)

| | | |
| --- | --- | --- |
| 1 | | ○ |
| 2 | | ○ |
| 3 | | ○ |

| ESTOY APRENDIENDO DE: | ○ LIBRO | ○ AUDIO | ○ VIDEO |
| --- | --- | --- | --- |
| NOMBRE: | | | |
| ESTOY EN LA PÁGINA O TIEMPO DEL VIDEO: | | | |

## HÁBITOS BUENOS

- ○
- ○
- ○

## HÁBITOS MALOS

- ○
- ○
- ○

## REFLECCIONES POSITIVAS O NEGATIVAS

| | | |
| --- | --- | --- |
| ✓ | ✕ | |
| ✓ | ✕ | |
| ✓ | ✕ | |

El éxito está en la perseverancia

| FRASE DEL DÍA: | |
|---|---|

## ESCRIBE 10 LOGROS DEL DÍA

| | |
|---|---|
| 1 | |
| 2 | |
| 3 | |
| 4 | |
| 5 | |
| 6 | |
| 7 | |
| 8 | |
| 9 | |
| 10 | |

## MOMENTOS MÁGICOS PARA RECORDAR

| | |
|---|---|
| 1 | |
| 2 | |
| 3 | |
| 4 | |
| 5 | |

## YO AGRADEZCO POR…

| | |
|---|---|
| 1 | |
| 2 | |
| 3 | |

| DÍA | LOGRO A LARGO PLAZO: |
| --- | --- |

**METAS EN 3 MESES**

| | |
| --- | --- |
| TIEMPO | |
| PERSONAL | |
| ECONÓMICA | |

**METAS EN 1 MES**

| | |
| --- | --- |
| TIEMPO | |
| PERSONAL | |
| ECONÓMICA | |

**ACTIVIDADES PARA HOY**
**(O MAÑANA SI SE HACE EN LA NOCHE)**

| | | |
| --- | --- | --- |
| 1 | | ○ |
| 2 | | ○ |
| 3 | | ○ |

| ESTOY APRENDIENDO DE: | ○ LIBRO | ○ AUDIO | ○ VIDEO |
| --- | --- | --- | --- |
| NOMBRE: | | | |
| ESTOY EN LA PÁGINA O TIEMPO DEL VIDEO: | | | |

**HÁBITOS BUENOS**

| |
| --- |
| ○ |
| ○ |
| ○ |

**HÁBITOS MALOS**

| |
| --- |
| ○ |
| ○ |
| ○ |

**REFLECCIONES POSITIVAS O NEGATIVAS**

| | | |
| --- | --- | --- |
| ✓ | ✕ | |
| ✓ | ✕ | |
| ✓ | ✕ | |

El éxito está en la perseverancia

| FRASE DEL DÍA: | |
|---|---|

## ESCRIBE 10 LOGROS DEL DÍA

| | |
|---|---|
| 1 | |
| 2 | |
| 3 | |
| 4 | |
| 5 | |
| 6 | |
| 7 | |
| 8 | |
| 9 | |
| 10 | |

## MOMENTOS MÁGICOS PARA RECORDAR

| | |
|---|---|
| 1 | |
| 2 | |
| 3 | |
| 4 | |
| 5 | |

## YO AGRADEZCO POR…

| | |
|---|---|
| 1 | |
| 2 | |
| 3 | |

| DÍA | LOGRO A LARGO PLAZO: |
|---|---|

**METAS EN 3 MESES**

| | |
|---|---|
| TIEMPO | |
| PERSONAL | |
| ECONÓMICA | |

**METAS EN 1 MES**

| | |
|---|---|
| TIEMPO | |
| PERSONAL | |
| ECONÓMICA | |

**ACTIVIDADES PARA HOY**
(O MAÑANA SI SE HACE EN LA NOCHE)

| | | |
|---|---|---|
| 1 | | ○ |
| 2 | | ○ |
| 3 | | ○ |

| ESTOY APRENDIENDO DE: | ○ LIBRO ○ AUDIO ○ VIDEO |
|---|---|
| NOMBRE: | |
| ESTOY EN LA PÁGINA O TIEMPO DEL VIDEO: | |

**HÁBITOS BUENOS**

| | |
|---|---|
| ○ | |
| ○ | |
| ○ | |

**HÁBITOS MALOS**

| | |
|---|---|
| ○ | |
| ○ | |
| ○ | |

**REFLECCIONES POSITIVAS O NEGATIVAS**

| | | |
|---|---|---|
| ✓ | ✗ | |
| ✓ | ✗ | |
| ✓ | ✗ | |

El éxito está en la perseverancia

| FRASE DEL DÍA: | |
|---|---|

## ESCRIBE 10 LOGROS DEL DÍA

| | |
|---|---|
| 1 | |
| 2 | |
| 3 | |
| 4 | |
| 5 | |
| 6 | |
| 7 | |
| 8 | |
| 9 | |
| 10 | |

## MOMENTOS MÁGICOS PARA RECORDAR

| | |
|---|---|
| 1 | |
| 2 | |
| 3 | |
| 4 | |
| 5 | |

## YO AGRADEZCO POR…

| | |
|---|---|
| 1 | |
| 2 | |
| 3 | |

| DÍA | LOGRO A LARGO PLAZO: |
|---|---|

**METAS EN 3 MESES**

| | |
|---|---|
| TIEMPO | |
| PERSONAL | |
| ECONÓMICA | |

**METAS EN 1 MES**

| | |
|---|---|
| TIEMPO | |
| PERSONAL | |
| ECONÓMICA | |

**ACTIVIDADES PARA HOY**
(O MAÑANA SI SE HACE EN LA NOCHE)

| | | |
|---|---|---|
| 1 | | ○ |
| 2 | | ○ |
| 3 | | ○ |

| ESTOY APRENDIENDO DE: | ○ LIBRO | ○ AUDIO | ○ VIDEO |
|---|---|---|---|
| NOMBRE: | | | |
| ESTOY EN LA PÁGINA O TIEMPO DEL VIDEO: | | | |

**HÁBITOS BUENOS**

| | |
|---|---|
| ○ | |
| ○ | |
| ○ | |

**HÁBITOS MALOS**

| | |
|---|---|
| ○ | |
| ○ | |
| ○ | |

**REFLECCIONES POSITIVAS O NEGATIVAS**

| | | |
|---|---|---|
| ✓ | ✕ | |
| ✓ | ✕ | |
| ✓ | ✕ | |

El éxito está en la perseverancia

| FRASE DEL DÍA: | |
|---|---|

## ESCRIBE 10 LOGROS DEL DÍA

| | |
|---|---|
| 1 | |
| 2 | |
| 3 | |
| 4 | |
| 5 | |
| 6 | |
| 7 | |
| 8 | |
| 9 | |
| 10 | |

## MOMENTOS MÁGICOS PARA RECORDAR

| | |
|---|---|
| 1 | |
| 2 | |
| 3 | |
| 4 | |
| 5 | |

## YO AGRADEZCO POR…

| | |
|---|---|
| 1 | |
| 2 | |
| 3 | |

| DÍA | LOGRO A LARGO PLAZO: |
|---|---|

**METAS EN 3 MESES**

| | |
|---|---|
| TIEMPO | |
| PERSONAL | |
| ECONÓMICA | |

**METAS EN 1 MES**

| | |
|---|---|
| TIEMPO | |
| PERSONAL | |
| ECONÓMICA | |

**ACTIVIDADES PARA HOY**
(O MAÑANA SI SE HACE EN LA NOCHE)

| | | |
|---|---|---|
| 1 | | ○ |
| 2 | | ○ |
| 3 | | ○ |

| ESTOY APRENDIENDO DE: | ○ LIBRO | ○ AUDIO | ○ VIDEO |
|---|---|---|---|
| NOMBRE: | | | |
| ESTOY EN LA PÁGINA O TIEMPO DEL VIDEO: | | | |

**HÁBITOS BUENOS**

| |
|---|
| ○ |
| ○ |
| ○ |

**HÁBITOS MALOS**

| |
|---|
| ○ |
| ○ |
| ○ |

**REFLECCIONES POSITIVAS O NEGATIVAS**

| | | |
|---|---|---|
| ✓ | ✕ | |
| ✓ | ✕ | |
| ✓ | ✕ | |

El éxito está en la perseverancia

| FRASE DEL DÍA: | |
|---|---|

## ESCRIBE 10 LOGROS DEL DÍA

| | |
|---|---|
| 1 | |
| 2 | |
| 3 | |
| 4 | |
| 5 | |
| 6 | |
| 7 | |
| 8 | |
| 9 | |
| 10 | |

## MOMENTOS MÁGICOS PARA RECORDAR

| | |
|---|---|
| 1 | |
| 2 | |
| 3 | |
| 4 | |
| 5 | |

## YO AGRADEZCO POR…

| | |
|---|---|
| 1 | |
| 2 | |
| 3 | |

| DÍA | LOGRO A LARGO PLAZO: |
|---|---|

| METAS EN 3 MESES | |
|---|---|
| TIEMPO | |
| PERSONAL | |
| ECONÓMICA | |

| METAS EN 1 MES | |
|---|---|
| TIEMPO | |
| PERSONAL | |
| ECONÓMICA | |

| ACTIVIDADES PARA HOY (O MAÑANA SI SE HACE EN LA NOCHE) | | |
|---|---|---|
| 1 | | ○ |
| 2 | | ○ |
| 3 | | ○ |

| ESTOY APRENDIENDO DE: | ○ LIBRO ○ AUDIO ○ VIDEO |
|---|---|
| NOMBRE: | |
| ESTOY EN LA PÁGINA O TIEMPO DEL VIDEO: | |

| HÁBITOS BUENOS |
|---|
| ○ |
| ○ |
| ○ |

| HÁBITOS MALOS |
|---|
| ○ |
| ○ |
| ○ |

| REFLECCIONES POSITIVAS O NEGATIVAS | | |
|---|---|---|
| ✓ | ✕ | |
| ✓ | ✕ | |
| ✓ | ✕ | |

El éxito está en la perseverancia

| FRASE DEL DÍA: | |
|---|---|

## ESCRIBE 10 LOGROS DEL DÍA

| | |
|---|---|
| 1 | |
| 2 | |
| 3 | |
| 4 | |
| 5 | |
| 6 | |
| 7 | |
| 8 | |
| 9 | |
| 10 | |

## MOMENTOS MÁGICOS PARA RECORDAR

| | |
|---|---|
| 1 | |
| 2 | |
| 3 | |
| 4 | |
| 5 | |

## YO AGRADEZCO POR…

| | |
|---|---|
| 1 | |
| 2 | |
| 3 | |

| DÍA | LOGRO A LARGO PLAZO: |
|---|---|

**METAS EN 3 MESES**

| TIEMPO | |
|---|---|
| PERSONAL | |
| ECONÓMICA | |

**METAS EN 1 MES**

| TIEMPO | |
|---|---|
| PERSONAL | |
| ECONÓMICA | |

**ACTIVIDADES PARA HOY**
(O MAÑANA SI SE HACE EN LA NOCHE)

| | | |
|---|---|---|
| 1 | | ○ |
| 2 | | ○ |
| 3 | | ○ |

| ESTOY APRENDIENDO DE: | ○ LIBRO ○ AUDIO ○ VIDEO |
|---|---|
| NOMBRE: | |
| ESTOY EN LA PÁGINA O TIEMPO DEL VIDEO: | |

**HÁBITOS BUENOS**

| |
|---|
| ○ |
| ○ |
| ○ |

**HÁBITOS MALOS**

| |
|---|
| ○ |
| ○ |
| ○ |

**REFLECCIONES POSITIVAS O NEGATIVAS**

| | | |
|---|---|---|
| ✓ | ✕ | |
| ✓ | ✕ | |
| ✓ | ✕ | |

El éxito está en la perseverancia

| FRASE DEL DÍA: | |
|---|---|

## ESCRIBE 10 LOGROS DEL DÍA

| | |
|---|---|
| 1 | |
| 2 | |
| 3 | |
| 4 | |
| 5 | |
| 6 | |
| 7 | |
| 8 | |
| 9 | |
| 10 | |

## MOMENTOS MÁGICOS PARA RECORDAR

| | |
|---|---|
| 1 | |
| 2 | |
| 3 | |
| 4 | |
| 5 | |

## YO AGRADEZCO POR...

| | |
|---|---|
| 1 | |
| 2 | |
| 3 | |

| DÍA | LOGRO A LARGO PLAZO: |
|---|---|

| METAS EN 3 MESES | |
|---|---|
| TIEMPO | |
| PERSONAL | |
| ECONÓMICA | |

| METAS EN 1 MES | |
|---|---|
| TIEMPO | |
| PERSONAL | |
| ECONÓMICA | |

| ACTIVIDADES PARA HOY (O MAÑANA SI SE HACE EN LA NOCHE) | | |
|---|---|---|
| 1 | | ○ |
| 2 | | ○ |
| 3 | | ○ |

| ESTOY APRENDIENDO DE: | ○ LIBRO | ○ AUDIO | ○ VIDEO |
|---|---|---|---|
| NOMBRE: | | | |
| ESTOY EN LA PÁGINA O TIEMPO DEL VIDEO: | | | |

| HÁBITOS BUENOS |
|---|
| ○ |
| ○ |
| ○ |

| HÁBITOS MALOS |
|---|
| ○ |
| ○ |
| ○ |

| REFLECCIONES POSITIVAS O NEGATIVAS | | |
|---|---|---|
| ✓ | ✕ | |
| ✓ | ✕ | |
| ✓ | ✕ | |

El éxito está en la perseverancia

| FRASE DEL DÍA: | |
|---|---|

## ESCRIBE 10 LOGROS DEL DÍA

| | |
|---|---|
| 1 | |
| 2 | |
| 3 | |
| 4 | |
| 5 | |
| 6 | |
| 7 | |
| 8 | |
| 9 | |
| 10 | |

## MOMENTOS MÁGICOS PARA RECORDAR

| | |
|---|---|
| 1 | |
| 2 | |
| 3 | |
| 4 | |
| 5 | |

## YO AGRADEZCO POR…

| | |
|---|---|
| 1 | |
| 2 | |
| 3 | |

| DÍA | # LOGRO A LARGO PLAZO: |
|---|---|

**METAS EN 3 MESES**

| | |
|---|---|
| TIEMPO | |
| PERSONAL | |
| ECONÓMICA | |

**METAS EN 1 MES**

| | |
|---|---|
| TIEMPO | |
| PERSONAL | |
| ECONÓMICA | |

**ACTIVIDADES PARA HOY**
(O MAÑANA SI SE HACE EN LA NOCHE)

| | | |
|---|---|---|
| 1 | | ○ |
| 2 | | ○ |
| 3 | | ○ |

| ESTOY APRENDIENDO DE: | ○ LIBRO | ○ AUDIO | ○ VIDEO |
|---|---|---|---|
| NOMBRE: | | | |
| ESTOY EN LA PÁGINA O TIEMPO DEL VIDEO: | | | |

**HÁBITOS BUENOS**

| | |
|---|---|
| ○ | |
| ○ | |
| ○ | |

**HÁBITOS MALOS**

| | |
|---|---|
| ○ | |
| ○ | |
| ○ | |

**REFLECCIONES POSITIVAS O NEGATIVAS**

| | | |
|---|---|---|
| ✓ | ✕ | |
| ✓ | ✕ | |
| ✓ | ✕ | |

El éxito está en la perseverancia

| FRASE DEL DÍA: | |
|---|---|

## ESCRIBE 10 LOGROS DEL DÍA

| | |
|---|---|
| 1 | |
| 2 | |
| 3 | |
| 4 | |
| 5 | |
| 6 | |
| 7 | |
| 8 | |
| 9 | |
| 10 | |

## MOMENTOS MÁGICOS PARA RECORDAR

| | |
|---|---|
| 1 | |
| 2 | |
| 3 | |
| 4 | |
| 5 | |

## YO AGRADEZCO POR…

| | |
|---|---|
| 1 | |
| 2 | |
| 3 | |

| DÍA | LOGRO A LARGO PLAZO: |
|---|---|

**METAS EN 3 MESES**

| | |
|---|---|
| TIEMPO | |
| PERSONAL | |
| ECONÓMICA | |

**METAS EN 1 MES**

| | |
|---|---|
| TIEMPO | |
| PERSONAL | |
| ECONÓMICA | |

**ACTIVIDADES PARA HOY**
**(O MAÑANA SI SE HACE EN LA NOCHE)**

| | | |
|---|---|---|
| 1 | | ○ |
| 2 | | ○ |
| 3 | | ○ |

| ESTOY APRENDIENDO DE: | ○ LIBRO | ○ AUDIO | ○ VIDEO |
|---|---|---|---|
| NOMBRE: | | | |
| ESTOY EN LA PÁGINA O TIEMPO DEL VIDEO: | | | |

**HÁBITOS BUENOS**

- ○
- ○
- ○

**HÁBITOS MALOS**

- ○
- ○
- ○

**REFLECCIONES POSITIVAS O NEGATIVAS**

| | | |
|---|---|---|
| ✓ | ✕ | |
| ✓ | ✕ | |
| ✓ | ✕ | |

El éxito está en la perseverancia

| FRASE DEL DÍA: | |
|---|---|

## ESCRIBE 10 LOGROS DEL DÍA

| | |
|---|---|
| 1 | |
| 2 | |
| 3 | |
| 4 | |
| 5 | |
| 6 | |
| 7 | |
| 8 | |
| 9 | |
| 10 | |

## MOMENTOS MÁGICOS PARA RECORDAR

| | |
|---|---|
| 1 | |
| 2 | |
| 3 | |
| 4 | |
| 5 | |

## YO AGRADEZCO POR…

| | |
|---|---|
| 1 | |
| 2 | |
| 3 | |

| DÍA | LOGRO A LARGO PLAZO: |
|---|---|

| METAS EN 3 MESES | |
|---|---|
| TIEMPO | |
| PERSONAL | |
| ECONÓMICA | |

| METAS EN 1 MES | |
|---|---|
| TIEMPO | |
| PERSONAL | |
| ECONÓMICA | |

| ACTIVIDADES PARA HOY<br>(O MAÑANA SI SE HACE EN LA NOCHE) | | |
|---|---|---|
| 1 | | ○ |
| 2 | | ○ |
| 3 | | ○ |

| ESTOY APRENDIENDO DE: | ○ LIBRO ○ AUDIO ○ VIDEO |
|---|---|
| NOMBRE: | |
| ESTOY EN LA PÁGINA O TIEMPO DEL VIDEO: | |

| HÁBITOS BUENOS |
|---|
| ○ |
| ○ |
| ○ |

| HÁBITOS MALOS |
|---|
| ○ |
| ○ |
| ○ |

| REFLECCIONES POSITIVAS O NEGATIVAS | | |
|---|---|---|
| ✓ | ✕ | |
| ✓ | ✕ | |
| ✓ | ✕ | |

El éxito está en la perseverancia

| FRASE DEL DÍA: | |
|---|---|

## ESCRIBE 10 LOGROS DEL DÍA

| | |
|---|---|
| 1 | |
| 2 | |
| 3 | |
| 4 | |
| 5 | |
| 6 | |
| 7 | |
| 8 | |
| 9 | |
| 10 | |

## MOMENTOS MÁGICOS PARA RECORDAR

| | |
|---|---|
| 1 | |
| 2 | |
| 3 | |
| 4 | |
| 5 | |

## YO AGRADEZCO POR…

| | |
|---|---|
| 1 | |
| 2 | |
| 3 | |

| DÍA | LOGRO A LARGO PLAZO: |
|---|---|

**METAS EN 3 MESES**

| | |
|---|---|
| TIEMPO | |
| PERSONAL | |
| ECONÓMICA | |

**METAS EN 1 MES**

| | |
|---|---|
| TIEMPO | |
| PERSONAL | |
| ECONÓMICA | |

**ACTIVIDADES PARA HOY**
(O MAÑANA SI SE HACE EN LA NOCHE)

| | | |
|---|---|---|
| 1 | | ○ |
| 2 | | ○ |
| 3 | | ○ |

| ESTOY APRENDIENDO DE: | ○ LIBRO ○ AUDIO ○ VIDEO |
|---|---|
| NOMBRE: | |
| ESTOY EN LA PÁGINA O TIEMPO DEL VIDEO: | |

**HÁBITOS BUENOS**

| | |
|---|---|
| ○ | |
| ○ | |
| ○ | |

**HÁBITOS MALOS**

| | |
|---|---|
| ○ | |
| ○ | |
| ○ | |

**REFLECCIONES POSITIVAS O NEGATIVAS**

| | | |
|---|---|---|
| ✓ | ✕ | |
| ✓ | ✕ | |
| ✓ | ✕ | |

El éxito está en la perseverancia

| FRASE DEL DÍA: | |
|---|---|

## ESCRIBE 10 LOGROS DEL DÍA

| | |
|---|---|
| 1 | |
| 2 | |
| 3 | |
| 4 | |
| 5 | |
| 6 | |
| 7 | |
| 8 | |
| 9 | |
| 10 | |

## MOMENTOS MÁGICOS PARA RECORDAR

| | |
|---|---|
| 1 | |
| 2 | |
| 3 | |
| 4 | |
| 5 | |

## YO AGRADEZCO POR…

| | |
|---|---|
| 1 | |
| 2 | |
| 3 | |

| DÍA | LOGRO A LARGO PLAZO: |
| --- | --- |

**METAS EN 3 MESES**

| | |
| --- | --- |
| TIEMPO | |
| PERSONAL | |
| ECONÓMICA | |

**METAS EN 1 MES**

| | |
| --- | --- |
| TIEMPO | |
| PERSONAL | |
| ECONÓMICA | |

**ACTIVIDADES PARA HOY**
(O MAÑANA SI SE HACE EN LA NOCHE)

| | | |
| --- | --- | --- |
| 1 | | ○ |
| 2 | | ○ |
| 3 | | ○ |

| ESTOY APRENDIENDO DE: | ○ LIBRO ○ AUDIO ○ VIDEO |
| --- | --- |
| NOMBRE: | |
| ESTOY EN LA PÁGINA O TIEMPO DEL VIDEO: | |

**HÁBITOS BUENOS**

- ○
- ○
- ○

**HÁBITOS MALOS**

- ○
- ○
- ○

**REFLECCIONES POSITIVAS O NEGATIVAS**

| | | |
| --- | --- | --- |
| ✓ | ✕ | |
| ✓ | ✕ | |
| ✓ | ✕ | |

El éxito está en la perseverancia

| FRASE DEL DÍA: | |
|---|---|

## ESCRIBE 10 LOGROS DEL DÍA

| | |
|---|---|
| 1 | |
| 2 | |
| 3 | |
| 4 | |
| 5 | |
| 6 | |
| 7 | |
| 8 | |
| 9 | |
| 10 | |

## MOMENTOS MÁGICOS PARA RECORDAR

| | |
|---|---|
| 1 | |
| 2 | |
| 3 | |
| 4 | |
| 5 | |

## YO AGRADEZCO POR…

| | |
|---|---|
| 1 | |
| 2 | |
| 3 | |

| DÍA | LOGRO A LARGO PLAZO: |
|---|---|

**METAS EN 3 MESES**

| | |
|---|---|
| TIEMPO | |
| PERSONAL | |
| ECONÓMICA | |

**METAS EN 1 MES**

| | |
|---|---|
| TIEMPO | |
| PERSONAL | |
| ECONÓMICA | |

**ACTIVIDADES PARA HOY**
(O MAÑANA SI SE HACE EN LA NOCHE)

| | | |
|---|---|---|
| 1 | | ○ |
| 2 | | ○ |
| 3 | | ○ |

| ESTOY APRENDIENDO DE: | ○ LIBRO | ○ AUDIO | ○ VIDEO |
|---|---|---|---|
| NOMBRE: | | | |
| ESTOY EN LA PÁGINA O TIEMPO DEL VIDEO: | | | |

**HÁBITOS BUENOS**

- ○
- ○
- ○

**HÁBITOS MALOS**

- ○
- ○
- ○

**REFLECCIONES POSITIVAS O NEGATIVAS**

| | | |
|---|---|---|
| ✓ | ✕ | |
| ✓ | ✕ | |
| ✓ | ✕ | |

El éxito está en la perseverancia

| FRASE DEL DÍA: | |
|---|---|

## ESCRIBE 10 LOGROS DEL DÍA

| | |
|---|---|
| 1 | |
| 2 | |
| 3 | |
| 4 | |
| 5 | |
| 6 | |
| 7 | |
| 8 | |
| 9 | |
| 10 | |

## MOMENTOS MÁGICOS PARA RECORDAR

| | |
|---|---|
| 1 | |
| 2 | |
| 3 | |
| 4 | |
| 5 | |

## YO AGRADEZCO POR…

| | |
|---|---|
| 1 | |
| 2 | |
| 3 | |

| DÍA | LOGRO A LARGO PLAZO: |
|---|---|

| METAS EN 3 MESES | |
|---|---|
| TIEMPO | |
| PERSONAL | |
| ECONÓMICA | |

| METAS EN 1 MES | |
|---|---|
| TIEMPO | |
| PERSONAL | |
| ECONÓMICA | |

| ACTIVIDADES PARA HOY (O MAÑANA SI SE HACE EN LA NOCHE) | | |
|---|---|---|
| 1 | | ○ |
| 2 | | ○ |
| 3 | | ○ |

| ESTOY APRENDIENDO DE: | ○ LIBRO | ○ AUDIO | ○ VIDEO |
|---|---|---|---|
| NOMBRE: | | | |
| ESTOY EN LA PÁGINA O TIEMPO DEL VIDEO: | | | |

| HÁBITOS BUENOS |
|---|
| ○ |
| ○ |
| ○ |

| HÁBITOS MALOS |
|---|
| ○ |
| ○ |
| ○ |

| REFLECCIONES POSITIVAS O NEGATIVAS | | |
|---|---|---|
| ✓ | × | |
| ✓ | × | |
| ✓ | × | |

El éxito está en la perseverancia

| FRASE DEL DÍA: | |
|---|---|

## ESCRIBE 10 LOGROS DEL DÍA

| | |
|---|---|
| 1 | |
| 2 | |
| 3 | |
| 4 | |
| 5 | |
| 6 | |
| 7 | |
| 8 | |
| 9 | |
| 10 | |

## MOMENTOS MÁGICOS PARA RECORDAR

| | |
|---|---|
| 1 | |
| 2 | |
| 3 | |
| 4 | |
| 5 | |

## YO AGRADEZCO POR…

| | |
|---|---|
| 1 | |
| 2 | |
| 3 | |

| DÍA | LOGRO A LARGO PLAZO: |
|---|---|

| METAS EN 3 MESES | |
|---|---|
| TIEMPO | |
| PERSONAL | |
| ECONÓMICA | |

| METAS EN 1 MES | |
|---|---|
| TIEMPO | |
| PERSONAL | |
| ECONÓMICA | |

| ACTIVIDADES PARA HOY (O MAÑANA SI SE HACE EN LA NOCHE) | | |
|---|---|---|
| 1 | | ○ |
| 2 | | ○ |
| 3 | | ○ |

| ESTOY APRENDIENDO DE: | ○ LIBRO | ○ AUDIO | ○ VIDEO |
|---|---|---|---|
| NOMBRE: | | | |
| ESTOY EN LA PÁGINA O TIEMPO DEL VIDEO: | | | |

| HÁBITOS BUENOS |
|---|
| ○ |
| ○ |
| ○ |

| HÁBITOS MALOS |
|---|
| ○ |
| ○ |
| ○ |

| REFLECCIONES POSITIVAS O NEGATIVAS | | |
|---|---|---|
| ✓ | ✕ | |
| ✓ | ✕ | |
| ✓ | ✕ | |

El éxito está en la perseverancia

| FRASE DEL DÍA: | |
|---|---|

## ESCRIBE 10 LOGROS DEL DÍA

| | |
|---|---|
| 1 | |
| 2 | |
| 3 | |
| 4 | |
| 5 | |
| 6 | |
| 7 | |
| 8 | |
| 9 | |
| 10 | |

## MOMENTOS MÁGICOS PARA RECORDAR

| | |
|---|---|
| 1 | |
| 2 | |
| 3 | |
| 4 | |
| 5 | |

## YO AGRADEZCO POR…

| | |
|---|---|
| 1 | |
| 2 | |
| 3 | |

| DÍA | LOGRO A LARGO PLAZO: |
| --- | --- |

**METAS EN 3 MESES**

| TIEMPO | |
| --- | --- |
| PERSONAL | |
| ECONÓMICA | |

**METAS EN 1 MES**

| TIEMPO | |
| --- | --- |
| PERSONAL | |
| ECONÓMICA | |

**ACTIVIDADES PARA HOY**
(O MAÑANA SI SE HACE EN LA NOCHE)

| | | |
| --- | --- | --- |
| 1 | | ○ |
| 2 | | ○ |
| 3 | | ○ |

| ESTOY APRENDIENDO DE: | ○ LIBRO ○ AUDIO ○ VIDEO |
| --- | --- |
| NOMBRE: | |
| ESTOY EN LA PÁGINA O TIEMPO DEL VIDEO: | |

**HÁBITOS BUENOS**

- ○
- ○
- ○

**HÁBITOS MALOS**

- ○
- ○
- ○

**REFLECCIONES POSITIVAS O NEGATIVAS**

| | | |
| --- | --- | --- |
| ✓ | ✕ | |
| ✓ | ✕ | |
| ✓ | ✕ | |

El éxito está en la perseverancia

| FRASE DEL DÍA: | |
|---|---|

## ESCRIBE 10 LOGROS DEL DÍA

| | |
|---|---|
| 1 | |
| 2 | |
| 3 | |
| 4 | |
| 5 | |
| 6 | |
| 7 | |
| 8 | |
| 9 | |
| 10 | |

## MOMENTOS MÁGICOS PARA RECORDAR

| | |
|---|---|
| 1 | |
| 2 | |
| 3 | |
| 4 | |
| 5 | |

## YO AGRADEZCO POR…

| | |
|---|---|
| 1 | |
| 2 | |
| 3 | |

| DÍA | # LOGRO A LARGO PLAZO: |
|---|---|

**METAS EN 3 MESES**

| | |
|---|---|
| TIEMPO | |
| PERSONAL | |
| ECONÓMICA | |

**METAS EN 1 MES**

| | |
|---|---|
| TIEMPO | |
| PERSONAL | |
| ECONÓMICA | |

**ACTIVIDADES PARA HOY**
(O MAÑANA SI SE HACE EN LA NOCHE)

| | | |
|---|---|---|
| 1 | | ○ |
| 2 | | ○ |
| 3 | | ○ |

| ESTOY APRENDIENDO DE: | ○ LIBRO ○ AUDIO ○ VIDEO |
|---|---|
| NOMBRE: | |
| ESTOY EN LA PÁGINA O TIEMPO DEL VIDEO: | |

**HÁBITOS BUENOS**

- ○
- ○
- ○

**HÁBITOS MALOS**

- ○
- ○
- ○

**REFLECCIONES POSITIVAS O NEGATIVAS**

| | | |
|---|---|---|
| ✓ | ✕ | |
| ✓ | ✕ | |
| ✓ | ✕ | |

El éxito está en la perseverancia

| FRASE DEL DÍA: | |
|---|---|

## ESCRIBE 10 LOGROS DEL DÍA

| | |
|---|---|
| 1 | |
| 2 | |
| 3 | |
| 4 | |
| 5 | |
| 6 | |
| 7 | |
| 8 | |
| 9 | |
| 10 | |

## MOMENTOS MÁGICOS PARA RECORDAR

| | |
|---|---|
| 1 | |
| 2 | |
| 3 | |
| 4 | |
| 5 | |

## YO AGRADEZCO POR…

| | |
|---|---|
| 1 | |
| 2 | |
| 3 | |

| DÍA | LOGRO A LARGO PLAZO: |
|---|---|

| METAS EN 3 MESES | |
|---|---|
| TIEMPO | |
| PERSONAL | |
| ECONÓMICA | |

| METAS EN 1 MES | |
|---|---|
| TIEMPO | |
| PERSONAL | |
| ECONÓMICA | |

| ACTIVIDADES PARA HOY (O MAÑANA SI SE HACE EN LA NOCHE) | | |
|---|---|---|
| 1 | | ○ |
| 2 | | ○ |
| 3 | | ○ |

| ESTOY APRENDIENDO DE: | ○ LIBRO ○ AUDIO ○ VIDEO |
|---|---|
| NOMBRE: | |
| ESTOY EN LA PÁGINA O TIEMPO DEL VIDEO: | |

| HÁBITOS BUENOS |
|---|
| ○ |
| ○ |
| ○ |

| HÁBITOS MALOS |
|---|
| ○ |
| ○ |
| ○ |

| REFLECCIONES POSITIVAS O NEGATIVAS | | |
|---|---|---|
| ✓ | ✕ | |
| ✓ | ✕ | |
| ✓ | ✕ | |

El éxito está en la perseverancia

| FRASE DEL DÍA: | |
|---|---|

## ESCRIBE 10 LOGROS DEL DÍA

| | |
|---|---|
| 1 | |
| 2 | |
| 3 | |
| 4 | |
| 5 | |
| 6 | |
| 7 | |
| 8 | |
| 9 | |
| 10 | |

## MOMENTOS MÁGICOS PARA RECORDAR

| | |
|---|---|
| 1 | |
| 2 | |
| 3 | |
| 4 | |
| 5 | |

## YO AGRADEZCO POR…

| | |
|---|---|
| 1 | |
| 2 | |
| 3 | |

| DÍA | LOGRO A LARGO PLAZO: |
|---|---|

**METAS EN 3 MESES**

| | |
|---|---|
| TIEMPO | |
| PERSONAL | |
| ECONÓMICA | |

**METAS EN 1 MES**

| | |
|---|---|
| TIEMPO | |
| PERSONAL | |
| ECONÓMICA | |

**ACTIVIDADES PARA HOY**
(O MAÑANA SI SE HACE EN LA NOCHE)

| | | |
|---|---|---|
| 1 | | ○ |
| 2 | | ○ |
| 3 | | ○ |

| ESTOY APRENDIENDO DE: | ○ LIBRO | ○ AUDIO | ○ VIDEO |
|---|---|---|---|
| NOMBRE: | | | |
| ESTOY EN LA PÁGINA O TIEMPO DEL VIDEO: | | | |

**HÁBITOS BUENOS**

| |
|---|
| ○ |
| ○ |
| ○ |

**HÁBITOS MALOS**

| |
|---|
| ○ |
| ○ |
| ○ |

**REFLECCIONES POSITIVAS O NEGATIVAS**

| | | |
|---|---|---|
| ✓ | ✕ | |
| ✓ | ✕ | |
| ✓ | ✕ | |

El éxito está en la perseverancia

| FRASE DEL DÍA: | |
|---|---|

## ESCRIBE 10 LOGROS DEL DÍA

| | |
|---|---|
| 1 | |
| 2 | |
| 3 | |
| 4 | |
| 5 | |
| 6 | |
| 7 | |
| 8 | |
| 9 | |
| 10 | |

## MOMENTOS MÁGICOS PARA RECORDAR

| | |
|---|---|
| 1 | |
| 2 | |
| 3 | |
| 4 | |
| 5 | |

## YO AGRADEZCO POR…

| | |
|---|---|
| 1 | |
| 2 | |
| 3 | |

| DÍA | # LOGRO A LARGO PLAZO: |
|---|---|

| METAS EN 3 MESES | |
|---|---|
| TIEMPO | |
| PERSONAL | |
| ECONÓMICA | |

| METAS EN 1 MES | |
|---|---|
| TIEMPO | |
| PERSONAL | |
| ECONÓMICA | |

| ACTIVIDADES PARA HOY (O MAÑANA SI SE HACE EN LA NOCHE) | | |
|---|---|---|
| 1 | | ○ |
| 2 | | ○ |
| 3 | | ○ |

| ESTOY APRENDIENDO DE: | ○ LIBRO ○ AUDIO ○ VIDEO |
|---|---|
| NOMBRE: | |
| ESTOY EN LA PÁGINA O TIEMPO DEL VIDEO: | |

| HÁBITOS BUENOS |
|---|
| ○ |
| ○ |
| ○ |

| HÁBITOS MALOS |
|---|
| ○ |
| ○ |
| ○ |

| REFLECCIONES POSITIVAS O NEGATIVAS | | |
|---|---|---|
| ✓ | ✕ | |
| ✓ | ✕ | |
| ✓ | ✕ | |

El éxito está en la perseverancia

| FRASE DEL DÍA: | |
|---|---|

## ESCRIBE 10 LOGROS DEL DÍA

| | |
|---|---|
| 1 | |
| 2 | |
| 3 | |
| 4 | |
| 5 | |
| 6 | |
| 7 | |
| 8 | |
| 9 | |
| 10 | |

## MOMENTOS MÁGICOS PARA RECORDAR

| | |
|---|---|
| 1 | |
| 2 | |
| 3 | |
| 4 | |
| 5 | |

## YO AGRADEZCO POR…

| | |
|---|---|
| 1 | |
| 2 | |
| 3 | |

| DÍA | LOGRO A LARGO PLAZO: |
| --- | --- |

**METAS EN 3 MESES**

| TIEMPO | |
| --- | --- |
| PERSONAL | |
| ECONÓMICA | |

**METAS EN 1 MES**

| TIEMPO | |
| --- | --- |
| PERSONAL | |
| ECONÓMICA | |

**ACTIVIDADES PARA HOY**
(O MAÑANA SI SE HACE EN LA NOCHE)

| | | |
| --- | --- | --- |
| 1 | | ○ |
| 2 | | ○ |
| 3 | | ○ |

| ESTOY APRENDIENDO DE: | ○ LIBRO | ○ AUDIO | ○ VIDEO |
| --- | --- | --- | --- |
| NOMBRE: | | | |
| ESTOY EN LA PÁGINA O TIEMPO DEL VIDEO: | | | |

**HÁBITOS BUENOS**

- ○
- ○
- ○

**HÁBITOS MALOS**

- ○
- ○
- ○

**REFLECCIONES POSITIVAS O NEGATIVAS**

| | | |
| --- | --- | --- |
| ✓ | ✕ | |
| ✓ | ✕ | |
| ✓ | ✕ | |

El éxito está en la perseverancia

| FRASE DEL DÍA: | |
|---|---|

## ESCRIBE 10 LOGROS DEL DÍA

| | |
|---|---|
| 1 | |
| 2 | |
| 3 | |
| 4 | |
| 5 | |
| 6 | |
| 7 | |
| 8 | |
| 9 | |
| 10 | |

## MOMENTOS MÁGICOS PARA RECORDAR

| | |
|---|---|
| 1 | |
| 2 | |
| 3 | |
| 4 | |
| 5 | |

## YO AGRADEZCO POR...

| | |
|---|---|
| 1 | |
| 2 | |
| 3 | |

| DÍA | # LOGRO A LARGO PLAZO: |
|---|---|

**METAS EN 3 MESES**

| | |
|---|---|
| TIEMPO | |
| PERSONAL | |
| ECONÓMICA | |

**METAS EN 1 MES**

| | |
|---|---|
| TIEMPO | |
| PERSONAL | |
| ECONÓMICA | |

**ACTIVIDADES PARA HOY**
(O MAÑANA SI SE HACE EN LA NOCHE)

| | | |
|---|---|---|
| 1 | | ○ |
| 2 | | ○ |
| 3 | | ○ |

| ESTOY APRENDIENDO DE: | ○ LIBRO | ○ AUDIO | ○ VIDEO |
|---|---|---|---|
| NOMBRE: | | | |
| ESTOY EN LA PÁGINA O TIEMPO DEL VIDEO: | | | |

**HÁBITOS BUENOS**

| |
|---|
| ○ |
| ○ |
| ○ |

**HÁBITOS MALOS**

| |
|---|
| ○ |
| ○ |
| ○ |

**REFLECCIONES POSITIVAS O NEGATIVAS**

| | | |
|---|---|---|
| ✓ | ✗ | |
| ✓ | ✗ | |
| ✓ | ✗ | |

El éxito está en la perseverancia

| FRASE DEL DÍA: | |
|---|---|

## ESCRIBE 10 LOGROS DEL DÍA

| | |
|---|---|
| 1 | |
| 2 | |
| 3 | |
| 4 | |
| 5 | |
| 6 | |
| 7 | |
| 8 | |
| 9 | |
| 10 | |

## MOMENTOS MÁGICOS PARA RECORDAR

| | |
|---|---|
| 1 | |
| 2 | |
| 3 | |
| 4 | |
| 5 | |

## YO AGRADEZCO POR…

| | |
|---|---|
| 1 | |
| 2 | |
| 3 | |

| DÍA | LOGRO A LARGO PLAZO: |
|---|---|

**METAS EN 3 MESES**

| | |
|---|---|
| TIEMPO | |
| PERSONAL | |
| ECONÓMICA | |

**METAS EN 1 MES**

| | |
|---|---|
| TIEMPO | |
| PERSONAL | |
| ECONÓMICA | |

**ACTIVIDADES PARA HOY**
(O MAÑANA SI SE HACE EN LA NOCHE)

| | | |
|---|---|---|
| 1 | | ○ |
| 2 | | ○ |
| 3 | | ○ |

| ESTOY APRENDIENDO DE: | ○ LIBRO ○ AUDIO ○ VIDEO |
|---|---|
| NOMBRE: | |
| ESTOY EN LA PÁGINA O TIEMPO DEL VIDEO: | |

**HÁBITOS BUENOS**

| |
|---|
| ○ |
| ○ |
| ○ |

**HÁBITOS MALOS**

| |
|---|
| ○ |
| ○ |
| ○ |

**REFLECCIONES POSITIVAS O NEGATIVAS**

| | | |
|---|---|---|
| ✓ | ✕ | |
| ✓ | ✕ | |
| ✓ | ✕ | |

El éxito está en la perseverancia

| FRASE DEL DÍA: | |
|---|---|

## ESCRIBE 10 LOGROS DEL DÍA

| | |
|---|---|
| 1 | |
| 2 | |
| 3 | |
| 4 | |
| 5 | |
| 6 | |
| 7 | |
| 8 | |
| 9 | |
| 10 | |

## MOMENTOS MÁGICOS PARA RECORDAR

| | |
|---|---|
| 1 | |
| 2 | |
| 3 | |
| 4 | |
| 5 | |

## YO AGRADEZCO POR…

| | |
|---|---|
| 1 | |
| 2 | |
| 3 | |

| DÍA | LOGRO A LARGO PLAZO: |
|---|---|

| METAS EN 3 MESES | |
|---|---|
| TIEMPO | |
| PERSONAL | |
| ECONÓMICA | |

| METAS EN 1 MES | |
|---|---|
| TIEMPO | |
| PERSONAL | |
| ECONÓMICA | |

| ACTIVIDADES PARA HOY (O MAÑANA SI SE HACE EN LA NOCHE) | | |
|---|---|---|
| 1 | | ○ |
| 2 | | ○ |
| 3 | | ○ |

| ESTOY APRENDIENDO DE: | ○ LIBRO ○ AUDIO ○ VIDEO |
|---|---|
| NOMBRE: | |
| ESTOY EN LA PÁGINA O TIEMPO DEL VIDEO: | |

| HÁBITOS BUENOS |
|---|
| ○ |
| ○ |
| ○ |

| HÁBITOS MALOS |
|---|
| ○ |
| ○ |
| ○ |

| REFLECCIONES POSITIVAS O NEGATIVAS | | |
|---|---|---|
| ✓ | ✗ | |
| ✓ | ✗ | |
| ✓ | ✗ | |

El éxito está en la perseverancia

| FRASE DEL DÍA: | |
|---|---|

## ESCRIBE 10 LOGROS DEL DÍA

| | |
|---|---|
| 1 | |
| 2 | |
| 3 | |
| 4 | |
| 5 | |
| 6 | |
| 7 | |
| 8 | |
| 9 | |
| 10 | |

## MOMENTOS MÁGICOS PARA RECORDAR

| | |
|---|---|
| 1 | |
| 2 | |
| 3 | |
| 4 | |
| 5 | |

## YO AGRADEZCO POR...

| | |
|---|---|
| 1 | |
| 2 | |
| 3 | |

| DÍA | # LOGRO A LARGO PLAZO: |
|---|---|

| METAS EN 3 MESES | |
|---|---|
| TIEMPO | |
| PERSONAL | |
| ECONÓMICA | |

| METAS EN 1 MES | |
|---|---|
| TIEMPO | |
| PERSONAL | |
| ECONÓMICA | |

| ACTIVIDADES PARA HOY (O MAÑANA SI SE HACE EN LA NOCHE) | | |
|---|---|---|
| 1 | | ○ |
| 2 | | ○ |
| 3 | | ○ |

| ESTOY APRENDIENDO DE: | ○ LIBRO ○ AUDIO ○ VIDEO |
|---|---|
| NOMBRE: | |
| ESTOY EN LA PÁGINA O TIEMPO DEL VIDEO: | |

| HÁBITOS BUENOS |
|---|
| ○ |
| ○ |
| ○ |

| HÁBITOS MALOS |
|---|
| ○ |
| ○ |
| ○ |

| REFLECCIONES POSITIVAS O NEGATIVAS | | |
|---|---|---|
| ✓ | ✕ | |
| ✓ | ✕ | |
| ✓ | ✕ | |

El éxito está en la perseverancia

| FRASE DEL DÍA: | |
|---|---|

## ESCRIBE 10 LOGROS DEL DÍA

| | |
|---|---|
| 1 | |
| 2 | |
| 3 | |
| 4 | |
| 5 | |
| 6 | |
| 7 | |
| 8 | |
| 9 | |
| 10 | |

## MOMENTOS MÁGICOS PARA RECORDAR

| | |
|---|---|
| 1 | |
| 2 | |
| 3 | |
| 4 | |
| 5 | |

## YO AGRADEZCO POR…

| | |
|---|---|
| 1 | |
| 2 | |
| 3 | |

| DÍA | LOGRO A LARGO PLAZO: |
|---|---|

**METAS EN 3 MESES**

| | |
|---|---|
| TIEMPO | |
| PERSONAL | |
| ECONÓMICA | |

**METAS EN 1 MES**

| | |
|---|---|
| TIEMPO | |
| PERSONAL | |
| ECONÓMICA | |

**ACTIVIDADES PARA HOY**
(O MAÑANA SI SE HACE EN LA NOCHE)

| | | |
|---|---|---|
| 1 | | ○ |
| 2 | | ○ |
| 3 | | ○ |

| ESTOY APRENDIENDO DE: | ○ LIBRO | ○ AUDIO | ○ VIDEO |
|---|---|---|---|
| NOMBRE: | | | |
| ESTOY EN LA PÁGINA O TIEMPO DEL VIDEO: | | | |

**HÁBITOS BUENOS**

| |
|---|
| ○ |
| ○ |
| ○ |

**HÁBITOS MALOS**

| |
|---|
| ○ |
| ○ |
| ○ |

**REFLECCIONES POSITIVAS O NEGATIVAS**

| | | |
|---|---|---|
| ✓ | ✕ | |
| ✓ | ✕ | |
| ✓ | ✕ | |

El éxito está en la perseverancia

| FRASE DEL DÍA: | |
|---|---|

## ESCRIBE 10 LOGROS DEL DÍA

| | |
|---|---|
| 1 | |
| 2 | |
| 3 | |
| 4 | |
| 5 | |
| 6 | |
| 7 | |
| 8 | |
| 9 | |
| 10 | |

## MOMENTOS MÁGICOS PARA RECORDAR

| | |
|---|---|
| 1 | |
| 2 | |
| 3 | |
| 4 | |
| 5 | |

## YO AGRADEZCO POR…

| | |
|---|---|
| 1 | |
| 2 | |
| 3 | |

| DÍA | LOGRO A LARGO PLAZO: |
|---|---|

**METAS EN 3 MESES**

| TIEMPO | |
|---|---|
| PERSONAL | |
| ECONÓMICA | |

**METAS EN 1 MES**

| TIEMPO | |
|---|---|
| PERSONAL | |
| ECONÓMICA | |

**ACTIVIDADES PARA HOY**
(O MAÑANA SI SE HACE EN LA NOCHE)

| 1 | | ○ |
|---|---|---|
| 2 | | ○ |
| 3 | | ○ |

| ESTOY APRENDIENDO DE: | ○ LIBRO ○ AUDIO ○ VIDEO |
|---|---|
| NOMBRE: | |
| ESTOY EN LA PÁGINA O TIEMPO DEL VIDEO: | |

**HÁBITOS BUENOS**

| ○ |
|---|
| ○ |
| ○ |

**HÁBITOS MALOS**

| ○ |
|---|
| ○ |
| ○ |

**REFLECCIONES POSITIVAS O NEGATIVAS**

| ✓ | ✕ | |
|---|---|---|
| ✓ | ✕ | |
| ✓ | ✕ | |

El éxito está en la perseverancia

| FRASE DEL DÍA: | |
|---|---|

## ESCRIBE 10 LOGROS DEL DÍA

| | |
|---|---|
| 1 | |
| 2 | |
| 3 | |
| 4 | |
| 5 | |
| 6 | |
| 7 | |
| 8 | |
| 9 | |
| 10 | |

## MOMENTOS MÁGICOS PARA RECORDAR

| | |
|---|---|
| 1 | |
| 2 | |
| 3 | |
| 4 | |
| 5 | |

## YO AGRADEZCO POR…

| | |
|---|---|
| 1 | |
| 2 | |
| 3 | |

| DÍA | LOGRO A LARGO PLAZO: |
|---|---|

| METAS EN 3 MESES | |
|---|---|
| TIEMPO | |
| PERSONAL | |
| ECONÓMICA | |

| METAS EN 1 MES | |
|---|---|
| TIEMPO | |
| PERSONAL | |
| ECONÓMICA | |

| ACTIVIDADES PARA HOY<br>(O MAÑANA SI SE HACE EN LA NOCHE) | | |
|---|---|---|
| 1 | | ○ |
| 2 | | ○ |
| 3 | | ○ |

| ESTOY APRENDIENDO DE: | ○ LIBRO ○ AUDIO ○ VIDEO |
|---|---|
| NOMBRE: | |
| ESTOY EN LA PÁGINA O TIEMPO DEL VIDEO: | |

| HÁBITOS BUENOS |
|---|
| ○ |
| ○ |
| ○ |

| HÁBITOS MALOS |
|---|
| ○ |
| ○ |
| ○ |

| REFLECCIONES POSITIVAS O NEGATIVAS | | |
|---|---|---|
| ✓ | ✕ | |
| ✓ | ✕ | |
| ✓ | ✕ | |

El éxito está en la perseverancia

| FRASE DEL DÍA: | |
|---|---|

## ESCRIBE 10 LOGROS DEL DÍA

| | |
|---|---|
| 1 | |
| 2 | |
| 3 | |
| 4 | |
| 5 | |
| 6 | |
| 7 | |
| 8 | |
| 9 | |
| 10 | |

## MOMENTOS MÁGICOS PARA RECORDAR

| | |
|---|---|
| 1 | |
| 2 | |
| 3 | |
| 4 | |
| 5 | |

## YO AGRADEZCO POR…

| | |
|---|---|
| 1 | |
| 2 | |
| 3 | |

| DÍA | # LOGRO A LARGO PLAZO: |
|---|---|

**METAS EN 3 MESES**

| | |
|---|---|
| TIEMPO | |
| PERSONAL | |
| ECONÓMICA | |

**METAS EN 1 MES**

| | |
|---|---|
| TIEMPO | |
| PERSONAL | |
| ECONÓMICA | |

**ACTIVIDADES PARA HOY**
(O MAÑANA SI SE HACE EN LA NOCHE)

| | | |
|---|---|---|
| 1 | | ○ |
| 2 | | ○ |
| 3 | | ○ |

| ESTOY APRENDIENDO DE: | ○ LIBRO ○ AUDIO ○ VIDEO |
|---|---|
| NOMBRE: | |
| ESTOY EN LA PÁGINA O TIEMPO DEL VIDEO: | |

**HÁBITOS BUENOS**

| |
|---|
| ○ |
| ○ |
| ○ |

**HÁBITOS MALOS**

| |
|---|
| ○ |
| ○ |
| ○ |

**REFLECCIONES POSITIVAS O NEGATIVAS**

| | | |
|---|---|---|
| ✓ | ✕ | |
| ✓ | ✕ | |
| ✓ | ✕ | |

El éxito está en la perseverancia

| FRASE DEL DÍA: | |
|---|---|

## ESCRIBE 10 LOGROS DEL DÍA

| | |
|---|---|
| 1 | |
| 2 | |
| 3 | |
| 4 | |
| 5 | |
| 6 | |
| 7 | |
| 8 | |
| 9 | |
| 10 | |

## MOMENTOS MÁGICOS PARA RECORDAR

| | |
|---|---|
| 1 | |
| 2 | |
| 3 | |
| 4 | |
| 5 | |

## YO AGRADEZCO POR…

| | |
|---|---|
| 1 | |
| 2 | |
| 3 | |

| DÍA | LOGRO A LARGO PLAZO: |
|---|---|

| METAS EN 3 MESES | |
|---|---|
| TIEMPO | |
| PERSONAL | |
| ECONÓMICA | |

| METAS EN 1 MES | |
|---|---|
| TIEMPO | |
| PERSONAL | |
| ECONÓMICA | |

| ACTIVIDADES PARA HOY<br>(O MAÑANA SI SE HACE EN LA NOCHE) | | |
|---|---|---|
| 1 | | ○ |
| 2 | | ○ |
| 3 | | ○ |

| ESTOY APRENDIENDO DE: | ○ LIBRO ○ AUDIO ○ VIDEO |
|---|---|
| NOMBRE: | |
| ESTOY EN LA PÁGINA O TIEMPO DEL VIDEO: | |

| HÁBITOS BUENOS |
|---|
| ○ |
| ○ |
| ○ |

| HÁBITOS MALOS |
|---|
| ○ |
| ○ |
| ○ |

| REFLECCIONES POSITIVAS O NEGATIVAS | | |
|---|---|---|
| ✓ | ✕ | |
| ✓ | ✕ | |
| ✓ | ✕ | |

El éxito está en la perseverancia

| FRASE DEL DÍA: | |
|---|---|

## ESCRIBE 10 LOGROS DEL DÍA

| | |
|---|---|
| 1 | |
| 2 | |
| 3 | |
| 4 | |
| 5 | |
| 6 | |
| 7 | |
| 8 | |
| 9 | |
| 10 | |

## MOMENTOS MÁGICOS PARA RECORDAR

| | |
|---|---|
| 1 | |
| 2 | |
| 3 | |
| 4 | |
| 5 | |

## YO AGRADEZCO POR…

| | |
|---|---|
| 1 | |
| 2 | |
| 3 | |

| DÍA | LOGRO A LARGO PLAZO: |
|---|---|

**METAS EN 3 MESES**

| | |
|---|---|
| TIEMPO | |
| PERSONAL | |
| ECONÓMICA | |

**METAS EN 1 MES**

| | |
|---|---|
| TIEMPO | |
| PERSONAL | |
| ECONÓMICA | |

**ACTIVIDADES PARA HOY**
(O MAÑANA SI SE HACE EN LA NOCHE)

| | | |
|---|---|---|
| 1 | | ○ |
| 2 | | ○ |
| 3 | | ○ |

| ESTOY APRENDIENDO DE: | ○ LIBRO | ○ AUDIO | ○ VIDEO |
|---|---|---|---|
| NOMBRE: | | | |
| ESTOY EN LA PÁGINA O TIEMPO DEL VIDEO: | | | |

**HÁBITOS BUENOS**

| |
|---|
| ○ |
| ○ |
| ○ |

**HÁBITOS MALOS**

| |
|---|
| ○ |
| ○ |
| ○ |

**REFLECCIONES POSITIVAS O NEGATIVAS**

| | | |
|---|---|---|
| ✓ | ✕ | |
| ✓ | ✕ | |
| ✓ | ✕ | |

El éxito está en la perseverancia

| FRASE DEL DÍA: | |
|---|---|

## ESCRIBE 10 LOGROS DEL DÍA

| | |
|---|---|
| 1 | |
| 2 | |
| 3 | |
| 4 | |
| 5 | |
| 6 | |
| 7 | |
| 8 | |
| 9 | |
| 10 | |

## MOMENTOS MÁGICOS PARA RECORDAR

| | |
|---|---|
| 1 | |
| 2 | |
| 3 | |
| 4 | |
| 5 | |

## YO AGRADEZCO POR…

| | |
|---|---|
| 1 | |
| 2 | |
| 3 | |

| DÍA | LOGRO A LARGO PLAZO: |
| --- | --- |

**METAS EN 3 MESES**

| | |
| --- | --- |
| TIEMPO | |
| PERSONAL | |
| ECONÓMICA | |

**METAS EN 1 MES**

| | |
| --- | --- |
| TIEMPO | |
| PERSONAL | |
| ECONÓMICA | |

**ACTIVIDADES PARA HOY**
(O MAÑANA SI SE HACE EN LA NOCHE)

| | | |
| --- | --- | --- |
| 1 | | ○ |
| 2 | | ○ |
| 3 | | ○ |

| ESTOY APRENDIENDO DE: | ○ LIBRO ○ AUDIO ○ VIDEO |
| --- | --- |
| NOMBRE: | |
| ESTOY EN LA PÁGINA O TIEMPO DEL VIDEO: | |

**HÁBITOS BUENOS**

- ○
- ○
- ○

**HÁBITOS MALOS**

- ○
- ○
- ○

**REFLECCIONES POSITIVAS O NEGATIVAS**

| | | |
| --- | --- | --- |
| ✓ | ✕ | |
| ✓ | ✕ | |
| ✓ | ✕ | |

El éxito está en la perseverancia

| FRASE DEL DÍA: | |
|---|---|

## ESCRIBE 10 LOGROS DEL DÍA

| | |
|---|---|
| 1 | |
| 2 | |
| 3 | |
| 4 | |
| 5 | |
| 6 | |
| 7 | |
| 8 | |
| 9 | |
| 10 | |

## MOMENTOS MÁGICOS PARA RECORDAR

| | |
|---|---|
| 1 | |
| 2 | |
| 3 | |
| 4 | |
| 5 | |

## YO AGRADEZCO POR…

| | |
|---|---|
| 1 | |
| 2 | |
| 3 | |

| DÍA | LOGRO A LARGO PLAZO: |
|---|---|

**METAS EN 3 MESES**

| | |
|---|---|
| TIEMPO | |
| PERSONAL | |
| ECONÓMICA | |

**METAS EN 1 MES**

| | |
|---|---|
| TIEMPO | |
| PERSONAL | |
| ECONÓMICA | |

**ACTIVIDADES PARA HOY**
(O MAÑANA SI SE HACE EN LA NOCHE)

| | | |
|---|---|---|
| 1 | | ○ |
| 2 | | ○ |
| 3 | | ○ |

| ESTOY APRENDIENDO DE: | ○ LIBRO | ○ AUDIO | ○ VIDEO |
|---|---|---|---|
| NOMBRE: | | | |
| ESTOY EN LA PÁGINA O TIEMPO DEL VIDEO: | | | |

**HÁBITOS BUENOS**

| |
|---|
| ○ |
| ○ |
| ○ |

**HÁBITOS MALOS**

| |
|---|
| ○ |
| ○ |
| ○ |

**REFLECCIONES POSITIVAS O NEGATIVAS**

| | | |
|---|---|---|
| ✓ | ✕ | |
| ✓ | ✕ | |
| ✓ | ✕ | |

El éxito está en la perseverancia

| FRASE DEL DÍA: | |
|---|---|

## ESCRIBE 10 LOGROS DEL DÍA

| | |
|---|---|
| 1 | |
| 2 | |
| 3 | |
| 4 | |
| 5 | |
| 6 | |
| 7 | |
| 8 | |
| 9 | |
| 10 | |

## MOMENTOS MÁGICOS PARA RECORDAR

| | |
|---|---|
| 1 | |
| 2 | |
| 3 | |
| 4 | |
| 5 | |

## YO AGRADEZCO POR…

| | |
|---|---|
| 1 | |
| 2 | |
| 3 | |

| DÍA | LOGRO A LARGO PLAZO: |
|---|---|

| METAS EN 3 MESES | |
|---|---|
| TIEMPO | |
| PERSONAL | |
| ECONÓMICA | |

| METAS EN 1 MES | |
|---|---|
| TIEMPO | |
| PERSONAL | |
| ECONÓMICA | |

| ACTIVIDADES PARA HOY (O MAÑANA SI SE HACE EN LA NOCHE) | | |
|---|---|---|
| 1 | | ○ |
| 2 | | ○ |
| 3 | | ○ |

| ESTOY APRENDIENDO DE: | ○ LIBRO ○ AUDIO ○ VIDEO |
|---|---|
| NOMBRE: | |
| ESTOY EN LA PÁGINA O TIEMPO DEL VIDEO: | |

| HÁBITOS BUENOS |
|---|
| ○ |
| ○ |
| ○ |

| HÁBITOS MALOS |
|---|
| ○ |
| ○ |
| ○ |

| REFLECCIONES POSITIVAS O NEGATIVAS | | |
|---|---|---|
| ✓ | ✕ | |
| ✓ | ✕ | |
| ✓ | ✕ | |

El éxito está en la perseverancia

| FRASE DEL DÍA: | |
|---|---|

## ESCRIBE 10 LOGROS DEL DÍA

| | |
|---|---|
| 1 | |
| 2 | |
| 3 | |
| 4 | |
| 5 | |
| 6 | |
| 7 | |
| 8 | |
| 9 | |
| 10 | |

## MOMENTOS MÁGICOS PARA RECORDAR

| | |
|---|---|
| 1 | |
| 2 | |
| 3 | |
| 4 | |
| 5 | |

## YO AGRADEZCO POR…

| | |
|---|---|
| 1 | |
| 2 | |
| 3 | |

| DÍA | LOGRO A LARGO PLAZO: |
|---|---|

| METAS EN 3 MESES | |
|---|---|
| TIEMPO | |
| PERSONAL | |
| ECONÓMICA | |

| METAS EN 1 MES | |
|---|---|
| TIEMPO | |
| PERSONAL | |
| ECONÓMICA | |

| ACTIVIDADES PARA HOY (O MAÑANA SI SE HACE EN LA NOCHE) | | |
|---|---|---|
| 1 | | ○ |
| 2 | | ○ |
| 3 | | ○ |

| ESTOY APRENDIENDO DE: | ○ LIBRO ○ AUDIO ○ VIDEO |
|---|---|
| NOMBRE: | |
| ESTOY EN LA PÁGINA O TIEMPO DEL VIDEO: | |

| HÁBITOS BUENOS |
|---|
| ○ |
| ○ |
| ○ |

| HÁBITOS MALOS |
|---|
| ○ |
| ○ |
| ○ |

| REFLECCIONES POSITIVAS O NEGATIVAS | | |
|---|---|---|
| ✓ | ✕ | |
| ✓ | ✕ | |
| ✓ | ✕ | |

El éxito está en la perseverancia

| FRASE DEL DÍA: | |
|---|---|

## ESCRIBE 10 LOGROS DEL DÍA

| | |
|---|---|
| 1 | |
| 2 | |
| 3 | |
| 4 | |
| 5 | |
| 6 | |
| 7 | |
| 8 | |
| 9 | |
| 10 | |

## MOMENTOS MÁGICOS PARA RECORDAR

| | |
|---|---|
| 1 | |
| 2 | |
| 3 | |
| 4 | |
| 5 | |

## YO AGRADEZCO POR…

| | |
|---|---|
| 1 | |
| 2 | |
| 3 | |

| DÍA | LOGRO A LARGO PLAZO: |
|---|---|

**METAS EN 3 MESES**

| | |
|---|---|
| TIEMPO | |
| PERSONAL | |
| ECONÓMICA | |

**METAS EN 1 MES**

| | |
|---|---|
| TIEMPO | |
| PERSONAL | |
| ECONÓMICA | |

**ACTIVIDADES PARA HOY**
(O MAÑANA SI SE HACE EN LA NOCHE)

| | | |
|---|---|---|
| 1 | | ○ |
| 2 | | ○ |
| 3 | | ○ |

| ESTOY APRENDIENDO DE: | ○ LIBRO | ○ AUDIO | ○ VIDEO |
|---|---|---|---|
| NOMBRE: | | | |
| ESTOY EN LA PÁGINA O TIEMPO DEL VIDEO: | | | |

**HÁBITOS BUENOS**

- ○
- ○
- ○

**HÁBITOS MALOS**

- ○
- ○
- ○

**REFLECCIONES POSITIVAS O NEGATIVAS**

| | | |
|---|---|---|
| ✓ | ✕ | |
| ✓ | ✕ | |
| ✓ | ✕ | |

El éxito está en la perseverancia

| FRASE DEL DÍA: | |
|---|---|

## ESCRIBE 10 LOGROS DEL DÍA

| | |
|---|---|
| 1 | |
| 2 | |
| 3 | |
| 4 | |
| 5 | |
| 6 | |
| 7 | |
| 8 | |
| 9 | |
| 10 | |

## MOMENTOS MÁGICOS PARA RECORDAR

| | |
|---|---|
| 1 | |
| 2 | |
| 3 | |
| 4 | |
| 5 | |

## YO AGRADEZCO POR…

| | |
|---|---|
| 1 | |
| 2 | |
| 3 | |

| DÍA | LOGRO A LARGO PLAZO: |
|---|---|

| METAS EN 3 MESES | |
|---|---|
| TIEMPO | |
| PERSONAL | |
| ECONÓMICA | |

| METAS EN 1 MES | |
|---|---|
| TIEMPO | |
| PERSONAL | |
| ECONÓMICA | |

| ACTIVIDADES PARA HOY (O MAÑANA SI SE HACE EN LA NOCHE) | | |
|---|---|---|
| 1 | | ○ |
| 2 | | ○ |
| 3 | | ○ |

| ESTOY APRENDIENDO DE: | ○ LIBRO ○ AUDIO ○ VIDEO |
|---|---|
| NOMBRE: | |
| ESTOY EN LA PÁGINA O TIEMPO DEL VIDEO: | |

| HÁBITOS BUENOS |
|---|
| ○ |
| ○ |
| ○ |

| HÁBITOS MALOS |
|---|
| ○ |
| ○ |
| ○ |

| REFLECCIONES POSITIVAS O NEGATIVAS | | |
|---|---|---|
| ✓ | ✕ | |
| ✓ | ✕ | |
| ✓ | ✕ | |

El éxito está en la perseverancia

| FRASE DEL DÍA: | |
|---|---|

## ESCRIBE 10 LOGROS DEL DÍA

| | |
|---|---|
| 1 | |
| 2 | |
| 3 | |
| 4 | |
| 5 | |
| 6 | |
| 7 | |
| 8 | |
| 9 | |
| 10 | |

## MOMENTOS MÁGICOS PARA RECORDAR

| | |
|---|---|
| 1 | |
| 2 | |
| 3 | |
| 4 | |
| 5 | |

## YO AGRADEZCO POR…

| | |
|---|---|
| 1 | |
| 2 | |
| 3 | |

| DÍA | LOGRO A LARGO PLAZO: |
|---|---|

**METAS EN 3 MESES**

| TIEMPO | |
|---|---|
| PERSONAL | |
| ECONÓMICA | |

**METAS EN 1 MES**

| TIEMPO | |
|---|---|
| PERSONAL | |
| ECONÓMICA | |

**ACTIVIDADES PARA HOY**
(O MAÑANA SI SE HACE EN LA NOCHE)

| 1 | | ○ |
|---|---|---|
| 2 | | ○ |
| 3 | | ○ |

| ESTOY APRENDIENDO DE: | ○ LIBRO | ○ AUDIO | ○ VIDEO |
|---|---|---|---|
| NOMBRE: | | | |
| ESTOY EN LA PÁGINA O TIEMPO DEL VIDEO: | | | |

**HÁBITOS BUENOS**

| ○ |
|---|
| ○ |
| ○ |

**HÁBITOS MALOS**

| ○ |
|---|
| ○ |
| ○ |

**REFLECCIONES POSITIVAS O NEGATIVAS**

| ✓ | ✕ | |
|---|---|---|
| ✓ | ✕ | |
| ✓ | ✕ | |

El éxito está en la perseverancia

| FRASE DEL DÍA: | |
|---|---|

## ESCRIBE 10 LOGROS DEL DÍA

| | |
|---|---|
| 1 | |
| 2 | |
| 3 | |
| 4 | |
| 5 | |
| 6 | |
| 7 | |
| 8 | |
| 9 | |
| 10 | |

## MOMENTOS MÁGICOS PARA RECORDAR

| | |
|---|---|
| 1 | |
| 2 | |
| 3 | |
| 4 | |
| 5 | |

## YO AGRADEZCO POR…

| | |
|---|---|
| 1 | |
| 2 | |
| 3 | |

| DÍA | LOGRO A LARGO PLAZO: |
|---|---|

| METAS EN 3 MESES | |
|---|---|
| TIEMPO | |
| PERSONAL | |
| ECONÓMICA | |

| METAS EN 1 MES | |
|---|---|
| TIEMPO | |
| PERSONAL | |
| ECONÓMICA | |

| ACTIVIDADES PARA HOY (O MAÑANA SI SE HACE EN LA NOCHE) | | |
|---|---|---|
| 1 | | ○ |
| 2 | | ○ |
| 3 | | ○ |

| ESTOY APRENDIENDO DE: | ○ LIBRO ○ AUDIO ○ VIDEO |
|---|---|
| NOMBRE: | |
| ESTOY EN LA PÁGINA O TIEMPO DEL VIDEO: | |

| HÁBITOS BUENOS |
|---|
| ○ |
| ○ |
| ○ |

| HÁBITOS MALOS |
|---|
| ○ |
| ○ |
| ○ |

| REFLECCIONES POSITIVAS O NEGATIVAS | | |
|---|---|---|
| ✓ | ✕ | |
| ✓ | ✕ | |
| ✓ | ✕ | |

El éxito está en la perseverancia

| FRASE DEL DÍA: | |
|---|---|

## ESCRIBE 10 LOGROS DEL DÍA

| | |
|---|---|
| 1 | |
| 2 | |
| 3 | |
| 4 | |
| 5 | |
| 6 | |
| 7 | |
| 8 | |
| 9 | |
| 10 | |

## MOMENTOS MÁGICOS PARA RECORDAR

| | |
|---|---|
| 1 | |
| 2 | |
| 3 | |
| 4 | |
| 5 | |

## YO AGRADEZCO POR...

| | |
|---|---|
| 1 | |
| 2 | |
| 3 | |

| DÍA | LOGRO A LARGO PLAZO: |
|---|---|

| METAS EN 3 MESES | |
|---|---|
| TIEMPO | |
| PERSONAL | |
| ECONÓMICA | |

| METAS EN 1 MES | |
|---|---|
| TIEMPO | |
| PERSONAL | |
| ECONÓMICA | |

| ACTIVIDADES PARA HOY (O MAÑANA SI SE HACE EN LA NOCHE) | | |
|---|---|---|
| 1 | | ○ |
| 2 | | ○ |
| 3 | | ○ |

| ESTOY APRENDIENDO DE: | ○ LIBRO | ○ AUDIO | ○ VIDEO |
|---|---|---|---|
| NOMBRE: | | | |
| ESTOY EN LA PÁGINA O TIEMPO DEL VIDEO: | | | |

| HÁBITOS BUENOS |
|---|
| ○ |
| ○ |
| ○ |

| HÁBITOS MALOS |
|---|
| ○ |
| ○ |
| ○ |

| REFLECCIONES POSITIVAS O NEGATIVAS | | |
|---|---|---|
| ✓ | ✗ | |
| ✓ | ✗ | |
| ✓ | ✗ | |

El éxito está en la perseverancia

| FRASE DEL DÍA: | |
|---|---|

## ESCRIBE 10 LOGROS DEL DÍA

| | |
|---|---|
| 1 | |
| 2 | |
| 3 | |
| 4 | |
| 5 | |
| 6 | |
| 7 | |
| 8 | |
| 9 | |
| 10 | |

## MOMENTOS MÁGICOS PARA RECORDAR

| | |
|---|---|
| 1 | |
| 2 | |
| 3 | |
| 4 | |
| 5 | |

## YO AGRADEZCO POR…

| | |
|---|---|
| 1 | |
| 2 | |
| 3 | |

| DÍA | # LOGRO A LARGO PLAZO: |
|---|---|

**METAS EN 3 MESES**

| | |
|---|---|
| TIEMPO | |
| PERSONAL | |
| ECONÓMICA | |

**METAS EN 1 MES**

| | |
|---|---|
| TIEMPO | |
| PERSONAL | |
| ECONÓMICA | |

**ACTIVIDADES PARA HOY**
(O MAÑANA SI SE HACE EN LA NOCHE)

| | | |
|---|---|---|
| 1 | | ○ |
| 2 | | ○ |
| 3 | | ○ |

| ESTOY APRENDIENDO DE: | ○ LIBRO | ○ AUDIO | ○ VIDEO |
|---|---|---|---|
| NOMBRE: | | | |
| ESTOY EN LA PÁGINA O TIEMPO DEL VIDEO: | | | |

**HÁBITOS BUENOS**

| | |
|---|---|
| ○ | |
| ○ | |
| ○ | |

**HÁBITOS MALOS**

| | |
|---|---|
| ○ | |
| ○ | |
| ○ | |

**REFLECCIONES POSITIVAS O NEGATIVAS**

| | | |
|---|---|---|
| ✓ | ✕ | |
| ✓ | ✕ | |
| ✓ | ✕ | |

El éxito está en la perseverancia

| DÍA | LOGRO A LARGO PLAZO: |
|---|---|

| METAS EN 3 MESES | |
|---|---|
| TIEMPO | |
| PERSONAL | |
| ECONÓMICA | |

| METAS EN 1 MES | |
|---|---|
| TIEMPO | |
| PERSONAL | |
| ECONÓMICA | |

| ACTIVIDADES PARA HOY<br>(O MAÑANA SI SE HACE EN LA NOCHE) | | |
|---|---|---|
| 1 | | ○ |
| 2 | | ○ |
| 3 | | ○ |

| ESTOY APRENDIENDO DE: | ○ LIBRO | ○ AUDIO | ○ VIDEO |
|---|---|---|---|
| NOMBRE: | | | |
| ESTOY EN LA PÁGINA O TIEMPO DEL VIDEO: | | | |

| HÁBITOS BUENOS |
|---|
| ○ |
| ○ |
| ○ |

| HÁBITOS MALOS |
|---|
| ○ |
| ○ |
| ○ |

| REFLECCIONES POSITIVAS O NEGATIVAS | | |
|---|---|---|
| ✓ | ✕ | |
| ✓ | ✕ | |
| ✓ | ✕ | |

El éxito está en la perseverancia

| FRASE DEL DÍA: | |
|---|---|

| ESCRIBE 10 LOGROS DEL DÍA | |
|---|---|
| 1 | |
| 2 | |
| 3 | |
| 4 | |
| 5 | |
| 6 | |
| 7 | |
| 8 | |
| 9 | |
| 10 | |

| MOMENTOS MÁGICOS PARA RECORDAR | |
|---|---|
| 1 | |
| 2 | |
| 3 | |
| 4 | |
| 5 | |

| YO AGRADEZCO POR… | |
|---|---|
| 1 | |
| 2 | |
| 3 | |

| DÍA | LOGRO A LARGO PLAZO: |
|---|---|

| METAS EN 3 MESES | |
|---|---|
| TIEMPO | |
| PERSONAL | |
| ECONÓMICA | |

| METAS EN 1 MES | |
|---|---|
| TIEMPO | |
| PERSONAL | |
| ECONÓMICA | |

| ACTIVIDADES PARA HOY<br>(O MAÑANA SI SE HACE EN LA NOCHE) | | |
|---|---|---|
| 1 | | ○ |
| 2 | | ○ |
| 3 | | ○ |

| ESTOY APRENDIENDO DE: | ○ LIBRO ○ AUDIO ○ VIDEO |
|---|---|
| NOMBRE: | |
| ESTOY EN LA PÁGINA O TIEMPO DEL VIDEO: | |

| HÁBITOS BUENOS |
|---|
| ○ |
| ○ |
| ○ |

| HÁBITOS MALOS |
|---|
| ○ |
| ○ |
| ○ |

| REFLECCIONES POSITIVAS O NEGATIVAS | | |
|---|---|---|
| ✓ | ✕ | |
| ✓ | ✕ | |
| ✓ | ✕ | |

El éxito está en la perseverancia

| FRASE DEL DÍA: | |
|---|---|

## ESCRIBE 10 LOGROS DEL DÍA

| | |
|---|---|
| 1 | |
| 2 | |
| 3 | |
| 4 | |
| 5 | |
| 6 | |
| 7 | |
| 8 | |
| 9 | |
| 10 | |

## MOMENTOS MÁGICOS PARA RECORDAR

| | |
|---|---|
| 1 | |
| 2 | |
| 3 | |
| 4 | |
| 5 | |

## YO AGRADEZCO POR...

| | |
|---|---|
| 1 | |
| 2 | |
| 3 | |

| DÍA | LOGRO A LARGO PLAZO: |
|---|---|

| METAS EN 3 MESES | |
|---|---|
| TIEMPO | |
| PERSONAL | |
| ECONÓMICA | |

| METAS EN 1 MES | |
|---|---|
| TIEMPO | |
| PERSONAL | |
| ECONÓMICA | |

| ACTIVIDADES PARA HOY (O MAÑANA SI SE HACE EN LA NOCHE) | | |
|---|---|---|
| 1 | | ○ |
| 2 | | ○ |
| 3 | | ○ |

| ESTOY APRENDIENDO DE: | ○ LIBRO ○ AUDIO ○ VIDEO |
|---|---|
| NOMBRE: | |
| ESTOY EN LA PÁGINA O TIEMPO DEL VIDEO: | |

| HÁBITOS BUENOS |
|---|
| ○ |
| ○ |
| ○ |

| HÁBITOS MALOS |
|---|
| ○ |
| ○ |
| ○ |

| REFLECCIONES POSITIVAS O NEGATIVAS | | |
|---|---|---|
| ✓ | ✕ | |
| ✓ | ✕ | |
| ✓ | ✕ | |

El éxito está en la perseverancia

| FRASE DEL DÍA: | |
|---|---|

## ESCRIBE 10 LOGROS DEL DÍA

| | |
|---|---|
| 1 | |
| 2 | |
| 3 | |
| 4 | |
| 5 | |
| 6 | |
| 7 | |
| 8 | |
| 9 | |
| 10 | |

## MOMENTOS MÁGICOS PARA RECORDAR

| | |
|---|---|
| 1 | |
| 2 | |
| 3 | |
| 4 | |
| 5 | |

## YO AGRADEZCO POR…

| | |
|---|---|
| 1 | |
| 2 | |
| 3 | |

| DÍA | LOGRO A LARGO PLAZO: |
| --- | --- |

**METAS EN 3 MESES**

| | |
| --- | --- |
| TIEMPO | |
| PERSONAL | |
| ECONÓMICA | |

**METAS EN 1 MES**

| | |
| --- | --- |
| TIEMPO | |
| PERSONAL | |
| ECONÓMICA | |

**ACTIVIDADES PARA HOY**
(O MAÑANA SI SE HACE EN LA NOCHE)

| | | |
| --- | --- | --- |
| 1 | | ○ |
| 2 | | ○ |
| 3 | | ○ |

| ESTOY APRENDIENDO DE: | ○ LIBRO | ○ AUDIO | ○ VIDEO |
| --- | --- | --- | --- |
| NOMBRE: | | | |
| ESTOY EN LA PÁGINA O TIEMPO DEL VIDEO: | | | |

**HÁBITOS BUENOS**

| |
| --- |
| ○ |
| ○ |
| ○ |

**HÁBITOS MALOS**

| |
| --- |
| ○ |
| ○ |
| ○ |

**REFLECCIONES POSITIVAS O NEGATIVAS**

| | | |
| --- | --- | --- |
| ✓ | ✕ | |
| ✓ | ✕ | |
| ✓ | ✕ | |

El éxito está en la perseverancia

| FRASE DEL DÍA: | |
|---|---|

## ESCRIBE 10 LOGROS DEL DÍA

| | |
|---|---|
| 1 | |
| 2 | |
| 3 | |
| 4 | |
| 5 | |
| 6 | |
| 7 | |
| 8 | |
| 9 | |
| 10 | |

## MOMENTOS MÁGICOS PARA RECORDAR

| | |
|---|---|
| 1 | |
| 2 | |
| 3 | |
| 4 | |
| 5 | |

## YO AGRADEZCO POR…

| | |
|---|---|
| 1 | |
| 2 | |
| 3 | |

| DÍA | # LOGRO A LARGO PLAZO: |
|---|---|

**METAS EN 3 MESES**

| | |
|---|---|
| TIEMPO | |
| PERSONAL | |
| ECONÓMICA | |

**METAS EN 1 MES**

| | |
|---|---|
| TIEMPO | |
| PERSONAL | |
| ECONÓMICA | |

**ACTIVIDADES PARA HOY**
**(O MAÑANA SI SE HACE EN LA NOCHE)**

| | | |
|---|---|---|
| 1 | | ○ |
| 2 | | ○ |
| 3 | | ○ |

| ESTOY APRENDIENDO DE: | ○ LIBRO | ○ AUDIO | ○ VIDEO |
|---|---|---|---|
| NOMBRE: | | | |
| ESTOY EN LA PÁGINA O TIEMPO DEL VIDEO: | | | |

**HÁBITOS BUENOS**

| | |
|---|---|
| ○ | |
| ○ | |
| ○ | |

**HÁBITOS MALOS**

| | |
|---|---|
| ○ | |
| ○ | |
| ○ | |

**REFLECCIONES POSITIVAS O NEGATIVAS**

| | | |
|---|---|---|
| ✓ | ✕ | |
| ✓ | ✕ | |
| ✓ | ✕ | |

El éxito está en la perseverancia

| FRASE DEL DÍA: | |
|---|---|

## ESCRIBE 10 LOGROS DEL DÍA

| | |
|---|---|
| 1 | |
| 2 | |
| 3 | |
| 4 | |
| 5 | |
| 6 | |
| 7 | |
| 8 | |
| 9 | |
| 10 | |

## MOMENTOS MÁGICOS PARA RECORDAR

| | |
|---|---|
| 1 | |
| 2 | |
| 3 | |
| 4 | |
| 5 | |

## YO AGRADEZCO POR…

| | |
|---|---|
| 1 | |
| 2 | |
| 3 | |

| DÍA | LOGRO A LARGO PLAZO: |
|---|---|

| METAS EN 3 MESES | |
|---|---|
| TIEMPO | |
| PERSONAL | |
| ECONÓMICA | |

| METAS EN 1 MES | |
|---|---|
| TIEMPO | |
| PERSONAL | |
| ECONÓMICA | |

| ACTIVIDADES PARA HOY<br>(O MAÑANA SI SE HACE EN LA NOCHE) | | |
|---|---|---|
| 1 | | ○ |
| 2 | | ○ |
| 3 | | ○ |

| ESTOY APRENDIENDO DE: | ○ LIBRO ○ AUDIO ○ VIDEO |
|---|---|
| NOMBRE: | |
| ESTOY EN LA PÁGINA O TIEMPO DEL VIDEO: | |

| HÁBITOS BUENOS |
|---|
| ○ |
| ○ |
| ○ |

| HÁBITOS MALOS |
|---|
| ○ |
| ○ |
| ○ |

| REFLECCIONES POSITIVAS O NEGATIVAS | | |
|---|---|---|
| ✓ | ✕ | |
| ✓ | ✕ | |
| ✓ | ✕ | |

El éxito está en la perseverancia

| FRASE DEL DÍA: | |
|---|---|

## ESCRIBE 10 LOGROS DEL DÍA

| | |
|---|---|
| 1 | |
| 2 | |
| 3 | |
| 4 | |
| 5 | |
| 6 | |
| 7 | |
| 8 | |
| 9 | |
| 10 | |

## MOMENTOS MÁGICOS PARA RECORDAR

| | |
|---|---|
| 1 | |
| 2 | |
| 3 | |
| 4 | |
| 5 | |

## YO AGRADEZCO POR…

| | |
|---|---|
| 1 | |
| 2 | |
| 3 | |

| DÍA | # LOGRO A LARGO PLAZO: |
|---|---|

**METAS EN 3 MESES**

| | |
|---|---|
| TIEMPO | |
| PERSONAL | |
| ECONÓMICA | |

**METAS EN 1 MES**

| | |
|---|---|
| TIEMPO | |
| PERSONAL | |
| ECONÓMICA | |

**ACTIVIDADES PARA HOY**
(O MAÑANA SI SE HACE EN LA NOCHE)

| | | |
|---|---|---|
| 1 | | ○ |
| 2 | | ○ |
| 3 | | ○ |

| ESTOY APRENDIENDO DE: | ○ LIBRO | ○ AUDIO | ○ VIDEO |
|---|---|---|---|
| NOMBRE: | | | |
| ESTOY EN LA PÁGINA O TIEMPO DEL VIDEO: | | | |

**HÁBITOS BUENOS**

| | |
|---|---|
| ○ | |
| ○ | |
| ○ | |

**HÁBITOS MALOS**

| | |
|---|---|
| ○ | |
| ○ | |
| ○ | |

**REFLECCIONES POSITIVAS O NEGATIVAS**

| | | |
|---|---|---|
| ✓ | ✕ | |
| ✓ | ✕ | |
| ✓ | ✕ | |

El éxito está en la perseverancia

| FRASE DEL DÍA: | |
|---|---|

## ESCRIBE 10 LOGROS DEL DÍA

| | |
|---|---|
| 1 | |
| 2 | |
| 3 | |
| 4 | |
| 5 | |
| 6 | |
| 7 | |
| 8 | |
| 9 | |
| 10 | |

## MOMENTOS MÁGICOS PARA RECORDAR

| | |
|---|---|
| 1 | |
| 2 | |
| 3 | |
| 4 | |
| 5 | |

## YO AGRADEZCO POR…

| | |
|---|---|
| 1 | |
| 2 | |
| 3 | |

| DÍA | # LOGRO A LARGO PLAZO: |
|---|---|

| METAS EN 3 MESES | |
|---|---|
| TIEMPO | |
| PERSONAL | |
| ECONÓMICA | |

| METAS EN 1 MES | |
|---|---|
| TIEMPO | |
| PERSONAL | |
| ECONÓMICA | |

| ACTIVIDADES PARA HOY<br>(O MAÑANA SI SE HACE EN LA NOCHE) | | |
|---|---|---|
| 1 | | ○ |
| 2 | | ○ |
| 3 | | ○ |

| ESTOY APRENDIENDO DE: | ○ LIBRO ○ AUDIO ○ VIDEO |
|---|---|
| NOMBRE: | |
| ESTOY EN LA PÁGINA O TIEMPO DEL VIDEO: | |

| HÁBITOS BUENOS |
|---|
| ○ |
| ○ |
| ○ |

| HÁBITOS MALOS |
|---|
| ○ |
| ○ |
| ○ |

| REFLECCIONES POSITIVAS O NEGATIVAS | | |
|---|---|---|
| ✓ | ✕ | |
| ✓ | ✕ | |
| ✓ | ✕ | |

El éxito está en la perseverancia

| FRASE DEL DÍA: | |
|---|---|

## ESCRIBE 10 LOGROS DEL DÍA

| | |
|---|---|
| 1 | |
| 2 | |
| 3 | |
| 4 | |
| 5 | |
| 6 | |
| 7 | |
| 8 | |
| 9 | |
| 10 | |

## MOMENTOS MÁGICOS PARA RECORDAR

| | |
|---|---|
| 1 | |
| 2 | |
| 3 | |
| 4 | |
| 5 | |

## YO AGRADEZCO POR…

| | |
|---|---|
| 1 | |
| 2 | |
| 3 | |

| DÍA | LOGRO A LARGO PLAZO: |
|---|---|

| METAS EN 3 MESES | |
|---|---|
| TIEMPO | |
| PERSONAL | |
| ECONÓMICA | |

| METAS EN 1 MES | |
|---|---|
| TIEMPO | |
| PERSONAL | |
| ECONÓMICA | |

| ACTIVIDADES PARA HOY (O MAÑANA SI SE HACE EN LA NOCHE) | | |
|---|---|---|
| 1 | | ○ |
| 2 | | ○ |
| 3 | | ○ |

| ESTOY APRENDIENDO DE: | ○ LIBRO ○ AUDIO ○ VIDEO |
|---|---|
| NOMBRE: | |
| ESTOY EN LA PÁGINA O TIEMPO DEL VIDEO: | |

| HÁBITOS BUENOS |
|---|
| ○ |
| ○ |
| ○ |

| HÁBITOS MALOS |
|---|
| ○ |
| ○ |
| ○ |

| REFLECCIONES POSITIVAS O NEGATIVAS | | |
|---|---|---|
| ✓ | ✕ | |
| ✓ | ✕ | |
| ✓ | ✕ | |

El éxito está en la perseverancia

| FRASE DEL DÍA: | |
|---|---|

## ESCRIBE 10 LOGROS DEL DÍA

| | |
|---|---|
| 1 | |
| 2 | |
| 3 | |
| 4 | |
| 5 | |
| 6 | |
| 7 | |
| 8 | |
| 9 | |
| 10 | |

## MOMENTOS MÁGICOS PARA RECORDAR

| | |
|---|---|
| 1 | |
| 2 | |
| 3 | |
| 4 | |
| 5 | |

## YO AGRADEZCO POR…

| | |
|---|---|
| 1 | |
| 2 | |
| 3 | |

Made in United States
Orlando, FL
26 January 2024